Guía de la fotografía digital

Diseño: Bruce Aiken

Título original: *An Intermediate Guide to Digital Photography*
Traducción: Joanna Furió

Diagonal, 662-664. 08034 Barcelona (España)
Libros Cúpula es marca registrada por Grupo Editorial Ceac, S.A.

ISBN: 84-480-4697-8

Impreso en Singapur

Guía de la fotografía digital

john clements

LIBROS CÚPULA

Índice

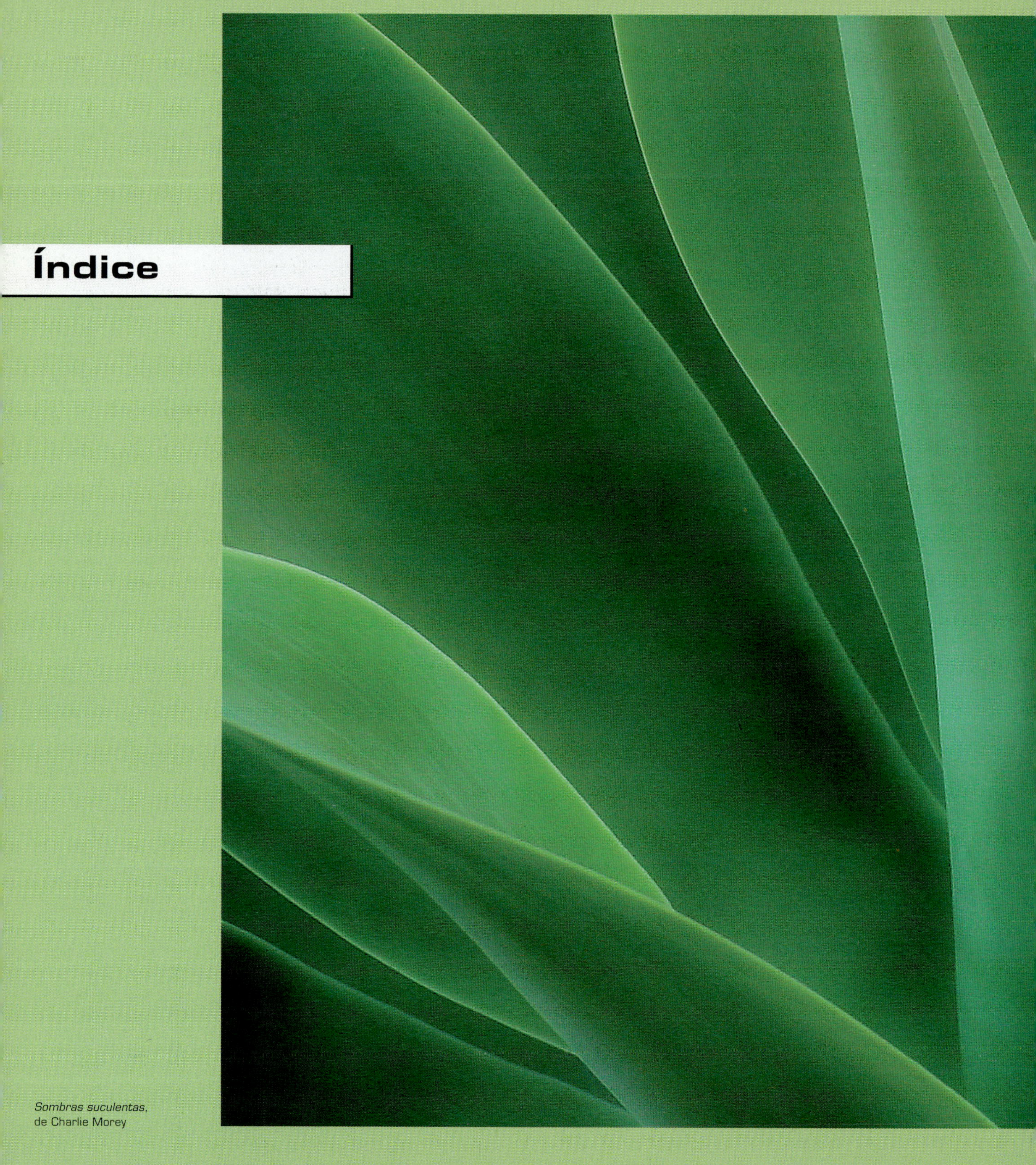

Sombras suculentas,
de Charlie Morey

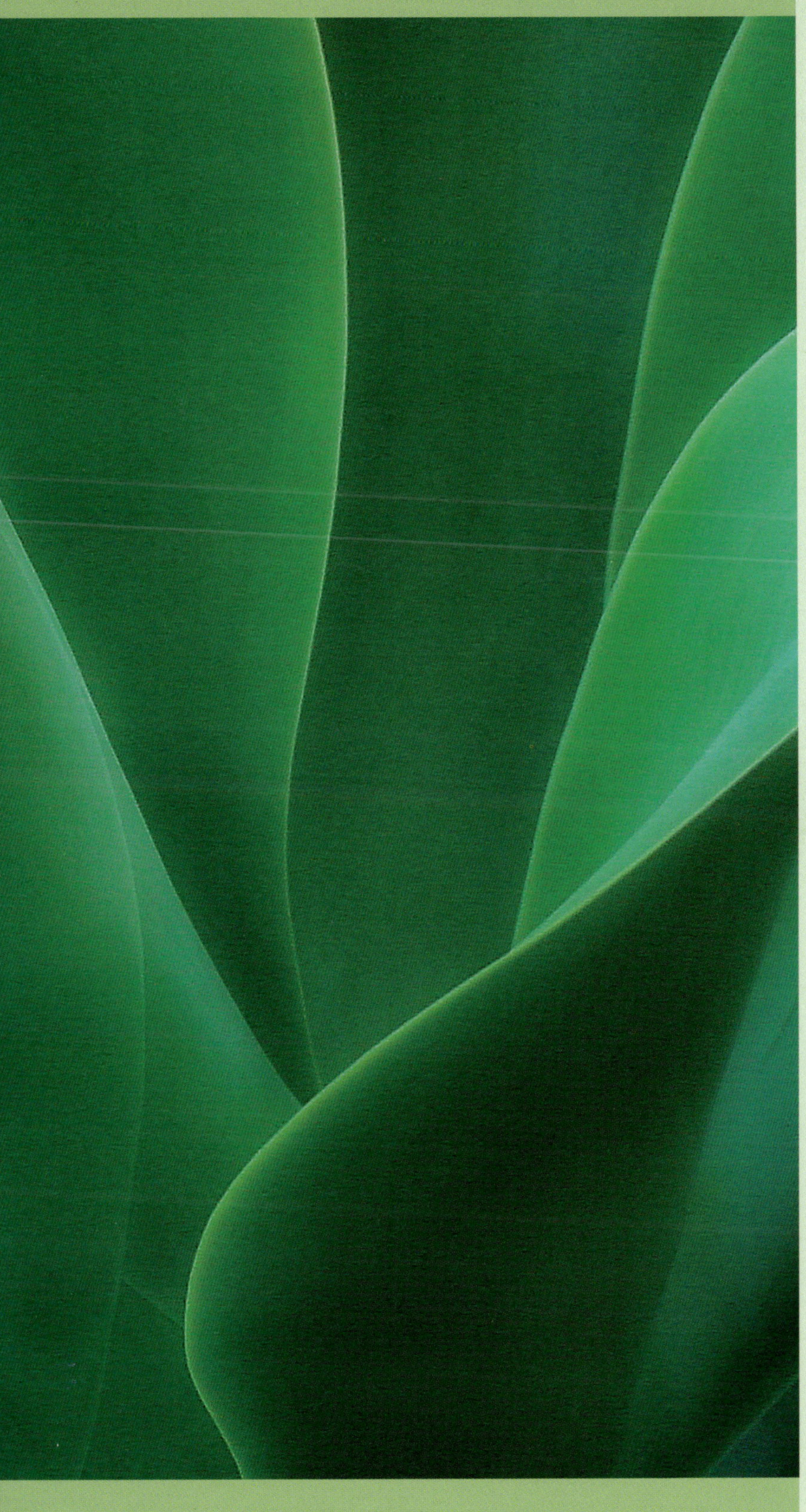

Introducción

¿Qué obras habrían podido crear los grandes artistas o fotógrafos del pasado si hubieran tenido la tecnología actual? Nunca lo sabremos, pero seguro que habrían sentido envidia. En pocas palabras, jamás ha habido una época mejor para los fotógrafos. En esta era digital somos afortunados por disponer de los medios para crear imágenes con más rapidez, o de una naturaleza más compleja, y con resultados más impactantes que nunca. Pero tanto si usted es un aficionado o un profesional, siempre hay algo que aprender o con lo que experimentar, así que ¿cómo progresar cuando ya se han asimilado los conocimientos básicos?

Este libro da pistas para lograr mejores trabajos de los que pueda enorgullecerse pero sin complicaciones innecesarias cuando un enfoque sencillo basta. Le ayudará a adquirir las habilidades necesarias para conseguir una buena productividad y conocer las herramientas digitales para lograr un trabajo de calidad.

Las imágenes de fotógrafos y artistas digitales de todo el mundo también son una referencia muy útil e inspiradora, ya que no son simples «instantáneas» del estilo y los métodos de trabajo actuales, sino también del futuro, en el que las técnicas tradicionales básicas todavía serán necesarias.

Confiamos en que disfrutará tanto con las soberbias imágenes que ofrecemos como con la claridad de las explicaciones sobre cómo y por qué se crearon, y ojalá le inspiren.

Hay algo de interés para cada tipo de fotógrafo: paisajes y naturalezas muertas; retratos y efectos especiales; e información técnica para aficionados y profesionales que puede serle útil.

Cordiales saludos y buenas fotografías.

John Clements

Transformación, de John Lund

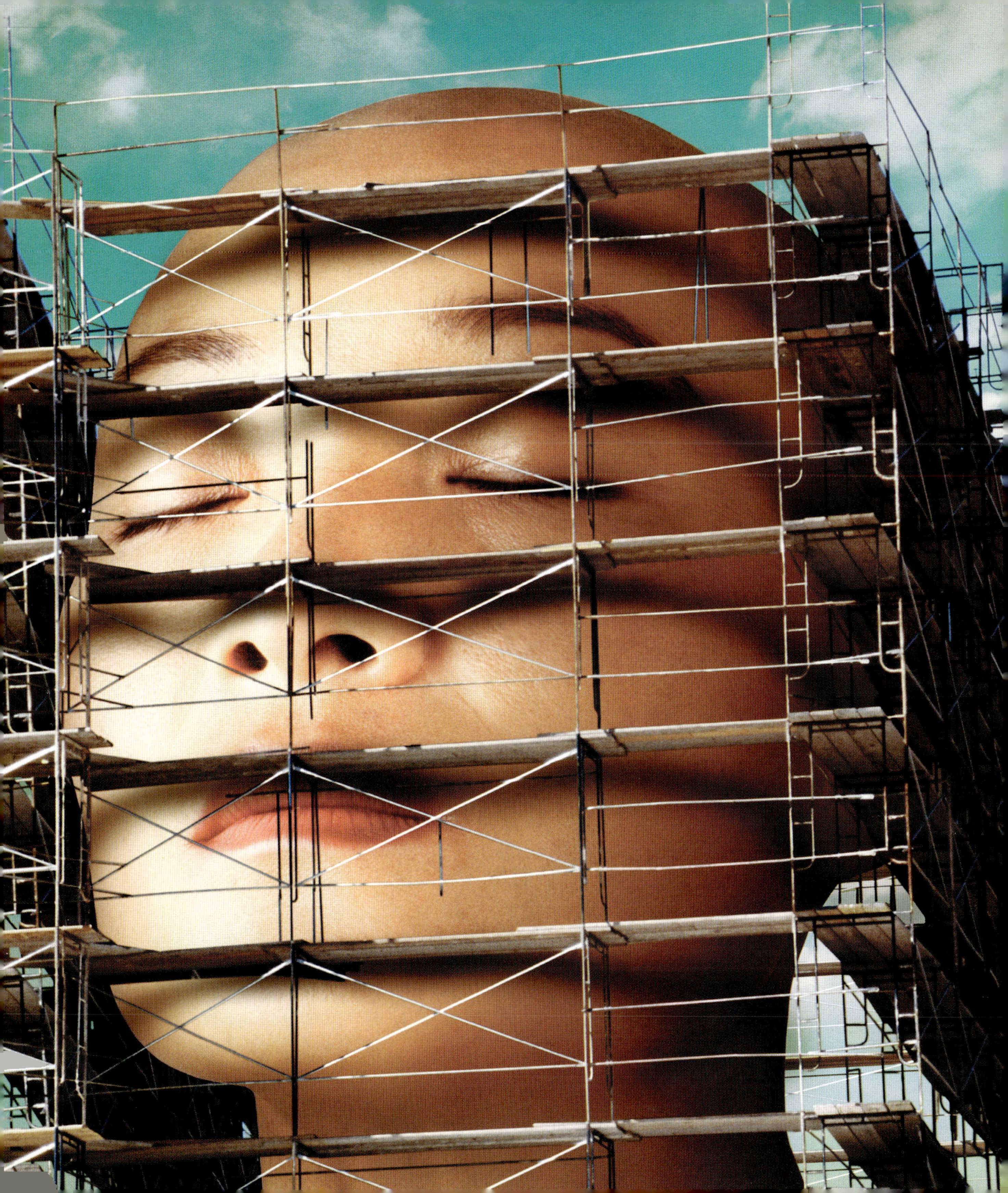

Citas

El fotógrafo expone sus ideas en sus propias palabras.

Pantallas fijas

Mediante una lista de los pasos clave de las aplicaciones del proceso de edición fotográfica, las pantallas fijas permiten un examen visual rápido y didáctico de los procedimientos.

Cómo sacar partido de este libro

Aquí presentamos las técnicas de fotografía digital de nivel intermedio a lo largo de siete capítulos. Empezando con una visión general de la imagen digital acorde con este nivel de conocimientos, los fotógrafos explican cómo abordan numerosos temas, tanto con la cámara como durante la posproducción. Los componentes básicos del trabajo digital se presentan detalladamente en los siguientes capítulos. También nos fijamos en estilos concretos de fotografía, como las fotografías en blanco y negro e imágenes conceptuales y surrealistas. Un glosario al final del libro explica algunos términos habituales en el campo digital.

Cada apartado es autónomo y expone cómo se crearon estas fotografías u ofrece un análisis completo de una particular técnica o imagen. Citas útiles del fotógrafo o autor aportan un toque personal a la información presentada. Todo está explicado desde el punto de vista práctico del fotógrafo y no sólo desde una perspectiva teórica. El diseño del libro le permitirá ampliar cualquier tema sin que sea preciso leer los capítulos y apartados por orden.

Los trabajos presentados han sido realizados por fotógrafos profesionales y aficionados con talento, y todos los lectores podrán encontrar algo de interés, cualquiera que sea su enfoque o punto de partida.

Introducción

Una visión general del tema y las técnicas.

Listado

Los principales pasos dados para lograr la imagen final aparecen en una lista. Ésta da una referencia rápida del procedimiento y de otros análogos. También permite que el lector avalúe de un vistazo el grado de dificultad de la imagen.

«Trabajo el motivo observándolo desde todos los puntos de vista y disparo mucho a fin de obtener la imagen definitiva de ese tema en ese momento concreto.»

! Procure no sobreexponer. Los detalles quemados en las luces intensas (blanco puro) no tienen solución, pero una leve subexposición puede rectificarse con las capas de Photoshop y un tratamiento específico.

Los filtros

El uso de filtros en un programa de edición fotográfica es una forma muy útil de realzar una imagen, tanto si se desea un efecto espectacular como algo más sutil.

Disparar

Charlie Morey es un fotógrafo profesional residente en Los Ángeles. Esta imagen, *Barca de remo azul*, se tomó con una compacta digital antes de que Charlie empezara a usar una cámara réflex digital. La

exposición fue de 1/6C La imagen se realizó er formato de archivo JPE una sesión fotográfica para captar el follaje ot otras escenas rurales. después de amanecer,

Mejorar

Charlie usó, primero, Corel PhotoPaint como programa de retoque. Corrigió el brillo, el contraste y la intensidad antes de aplicar una pequeña cantidad de Máscara de enfoque para dar más nitidez a la toma. Pero el efecto era obvio, así que colocó una capa de Desenfoque gaussiano sobre la imagen original con una transparencia del 40-50 %. Esto dio un suave

resplandor a la imagen resultaba más agradab Luego, la imagen se re Photoshop y se hicieror correcciones del brillo y contraste básicos con l Después, la imagen se tamaño 28 x 35 cm co programa Genuine Frac de enfocar más y deser después con el efecto D gaussiano.

> JPEG
> Máscara de enfoque
> Desenfoque gaussiano
> Niveles
> Genuine Fractals
> Remuestreado
> Desenfoque gaussiano

2 Desenfoque gaussiano

OK
Cancelar
Ver
100%
Radio: 8.5 píxeles

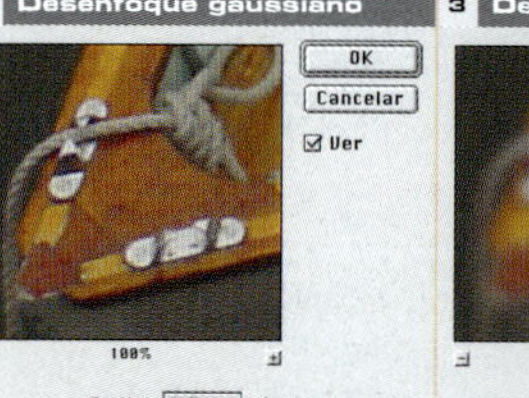

122 Imágenes conceptuales y surrealistas

Título del apartado

Disparar – mejorar – disfrutar

Cada apartado está dividido en las secciones «disparar», «mejorar» y «disfrutar». «Disparar» explica detalles de fondo a tener en cuenta hasta la toma. También se describe la elección del equipo y el contexto de la fotografía. La sección «mejorar» explica el proceso que sigue la imagen en el ordenador, subrayando los detalles que el fotógrafo digital puede crear después de tomar la foto. La sección «disfrutar» revela cómo ha sido utilizada la imagen para disfrute personal o uso profesional.

Imágenes

Las imágenes de este libro presentan temas populares como paisajes, retratos, desnudos y bodegones. También se muestran imágenes «conceptuales», un género cada vez más popular. La moderna creación de imágenes aborda todos estos temas, y existen ejemplos de imágenes para todos los gustos.

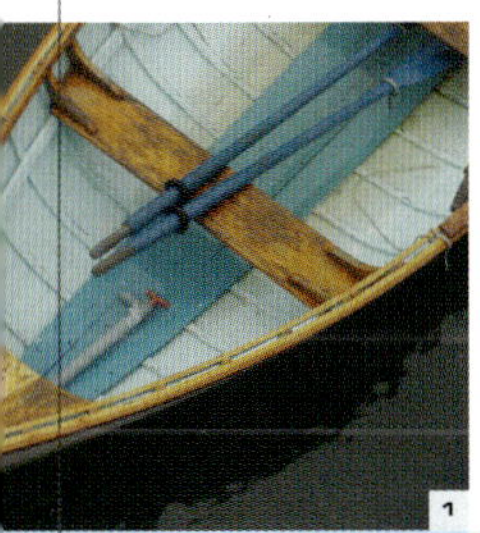

1

! Desde retratos a escenas generales, el efecto Desenfoque gaussiano (Filtro > Desenfocar > Desenfoque gaussiano) es una herramienta genial. Permite dar a una imagen diversos grados de nitidez en toda la superficie o en solo una parte. Los efectos pueden ir desde los casi indetectables a la más completa distorsión, sin dejar detalle de la nitidez (3). También puede usarse para atenuar el ruido. La cantidad se presenta en píxeles, con un radio de 0,1 a 250, pero sea conservador: para la mayoría de los temas basta una pequeña cantidad si quiere que sigan siendo reconocibles. El Desenfoque gaussiano funciona, como los filtros de desenfoque menos utilizados, haciendo un promedio del tono de los píxeles adyacentes en márgenes amplios o áreas de sombra, pero es más controlable. En este caso, se utilizó una ecuación matemática (la Ecuación de distribución gaussiana). Se puede ver el efecto en la ventana de vista previa de Photoshop, que puede ampliarse para mostrar partes de la imagen y moverla de un lado a otro con la herramienta Mano.

Trucos

Prácticos consejos permiten al lector aplicar los resultados que aparecen en la imagen.

pueblo costero de Castine, Charlie encontró la barca y su encantadora estructura de madera. El ángulo en picado desde el límite del embarcadero aporta una interesante perspectiva (1).

Disfrutar

Barca de remo azul ha resultado ser una imagen versátil. Se han vendido copias a coleccionistas privados y aparece incluida en la serie de cuadernos «Momentos serenos» del fotógrafo. También se ha transformado en un archivo JPEG con suficiente compresión para permitir un tiempo razonable de descarga de la imagen para verla en la web.

4

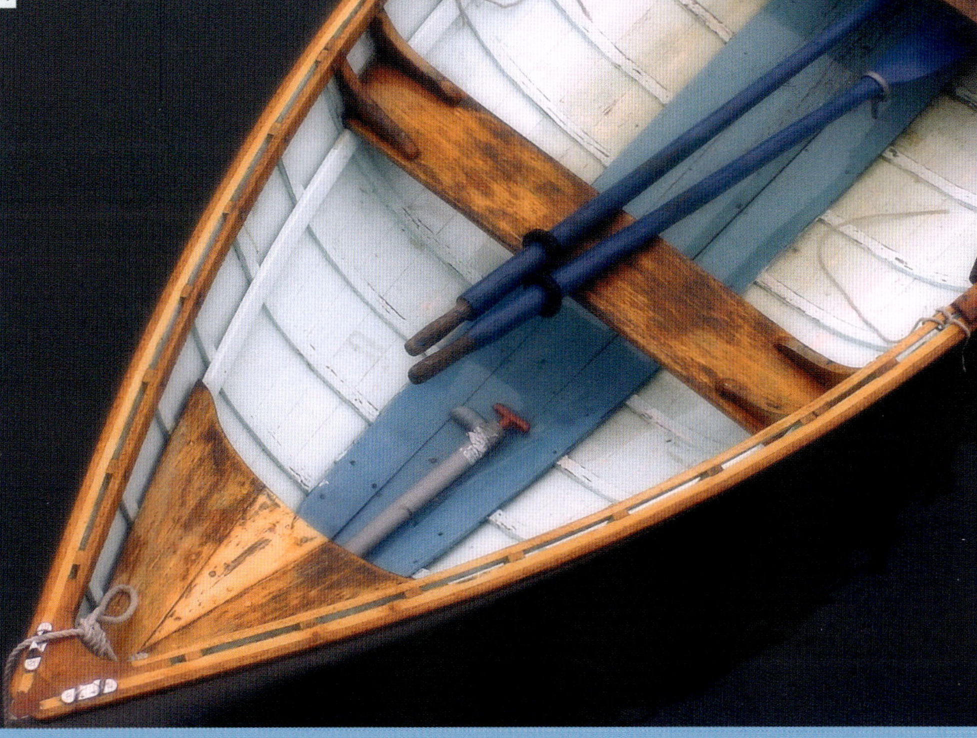

1/ La imagen original.

2/ 3/ El Desenfoque gaussiano es uno de los filtros más creativos a nuestra disposición.

4/ La imagen final.

Los filtros 123

Pies de foto

Los pies de foto de la imagen aclaran y resumen los procesos mostrados en cada imagen.

Título del apartado

1 La mentalidad digital

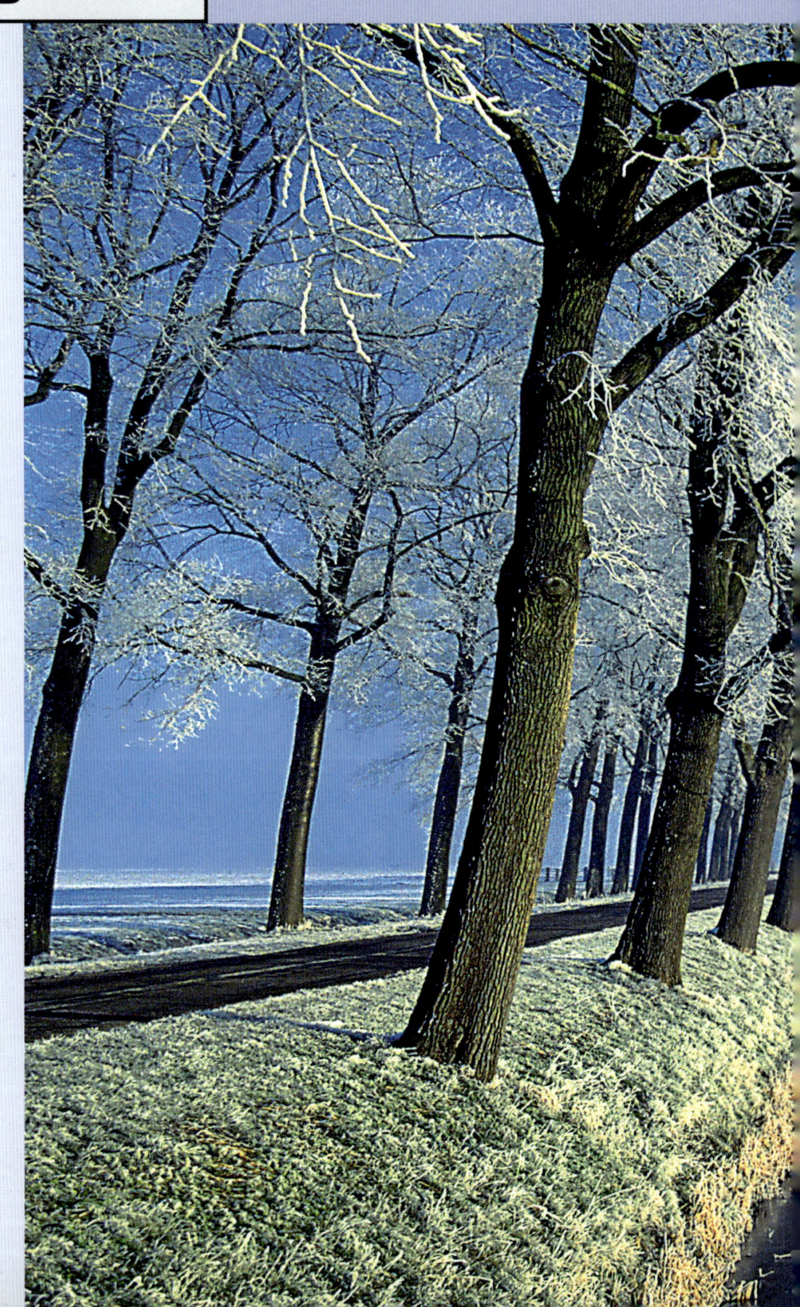

Invierno, de Jaap Hart

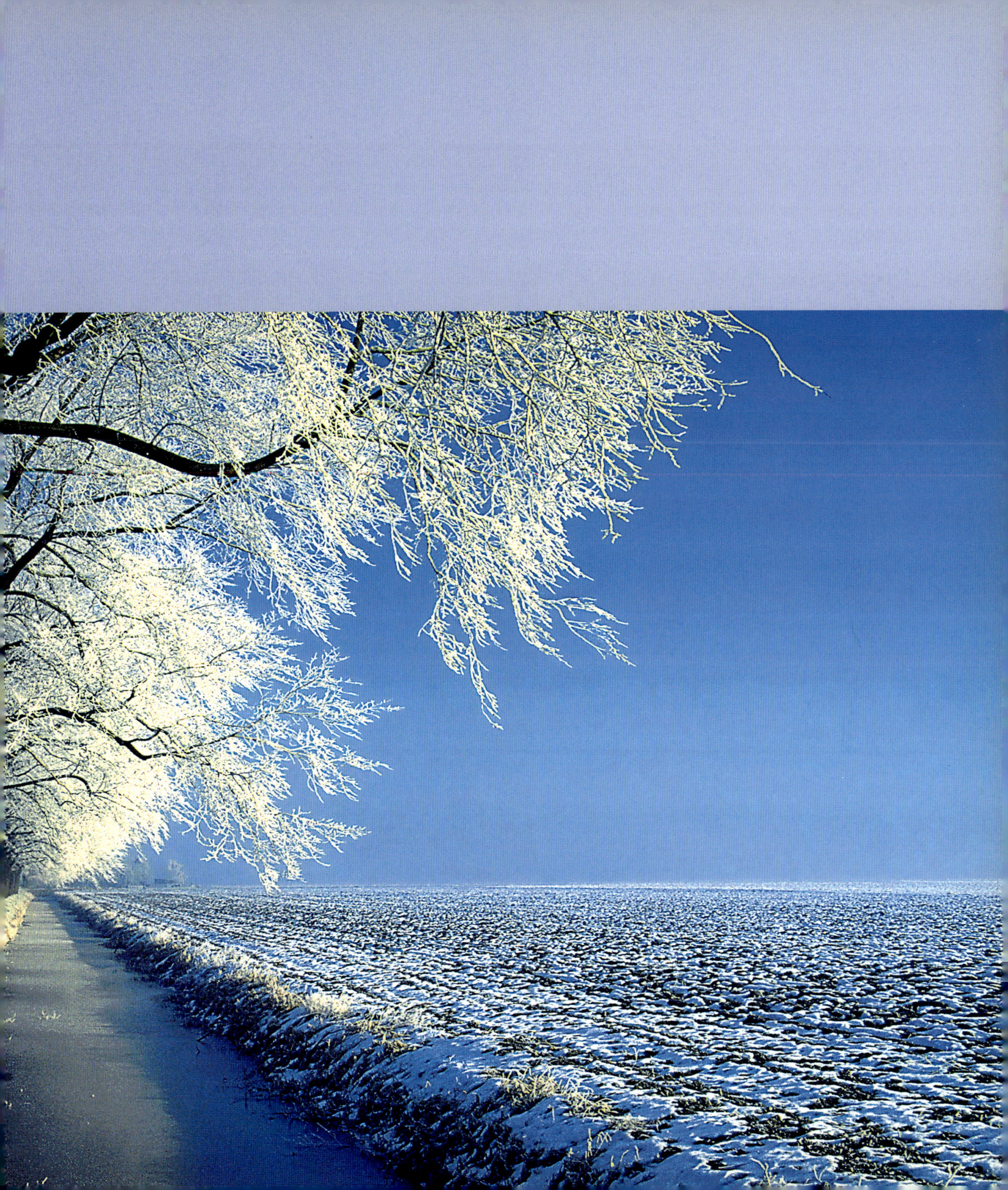

En este capítulo...

Aquí presentamos algunas de las técnicas más usadas en el entorno digital que le ayudarán en la creación de imágenes atractivas y dinámicas.

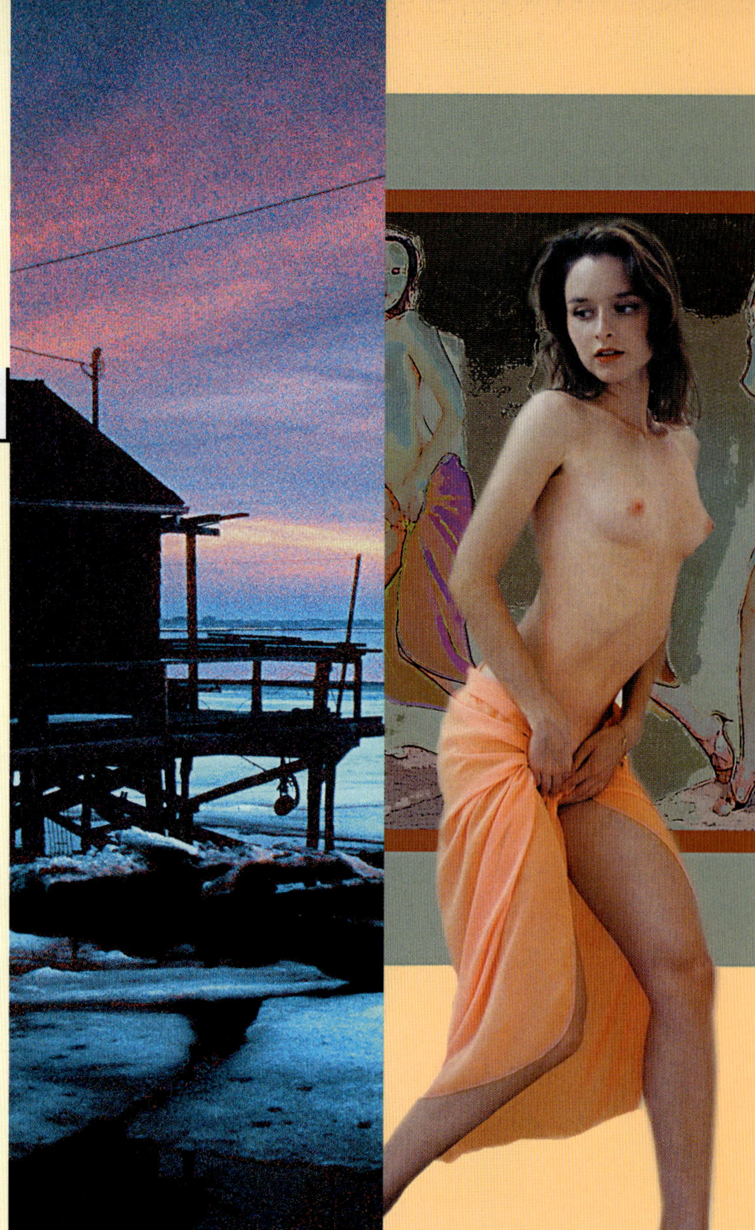

El software

Aquí nos centramos en algunos de los elementos más útiles del software digital, como navegadores de archivos y reducción del ruido.

Páginas 14-15

Digitalizar la película

La conversión de imágenes tomadas con película analógica en versiones digitales es un procedimiento relativamente directo, y existen algunas correcciones básicas de la imagen que pueden hacerse con el escáner.

Páginas 16-17

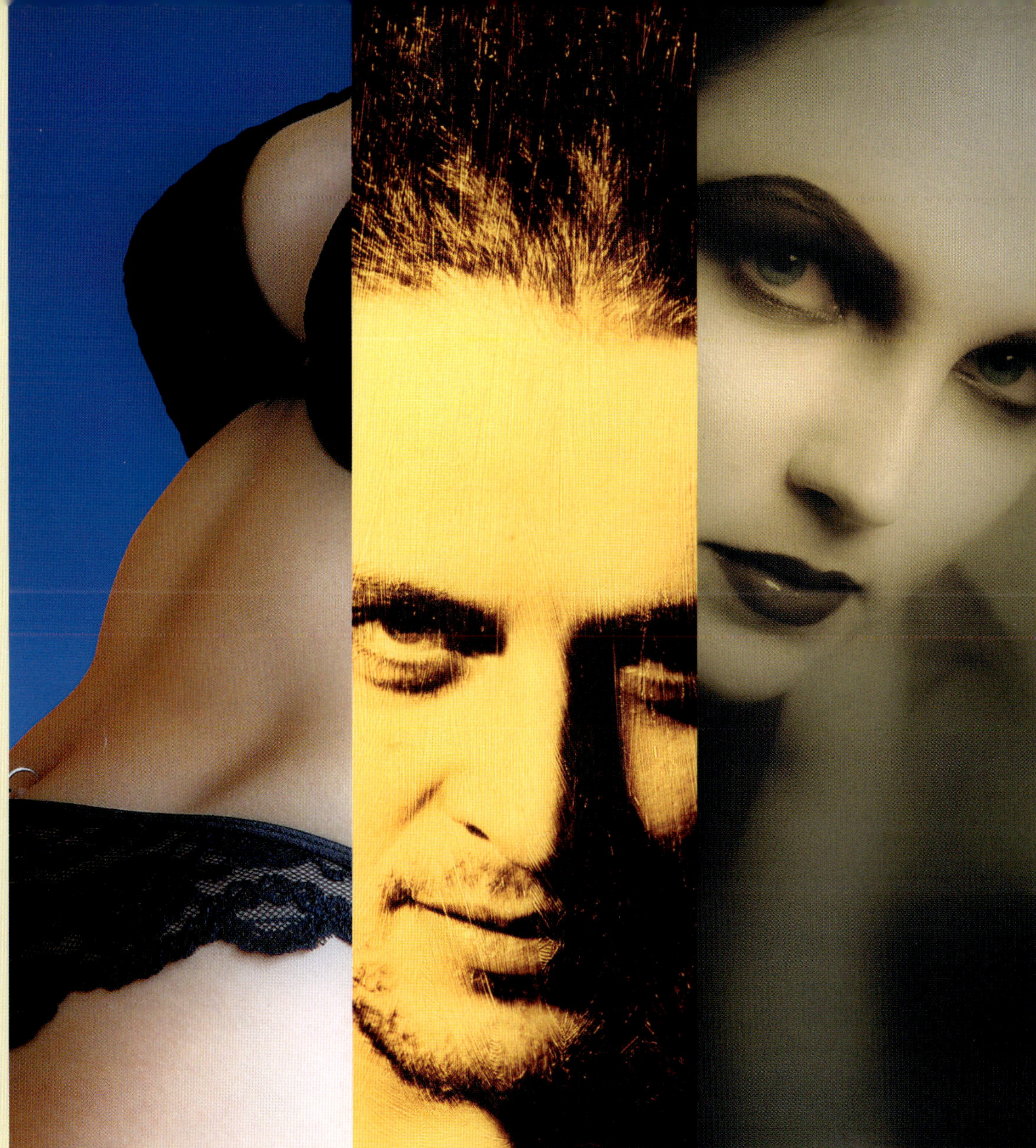

Toques acertados

Aprender todos los secretos de su programa de imagen digital le ayudará en su trabajo. Aquí repasamos las ventajas de procesar y de dar nitidez a las imágenes.

Páginas 18-19

Combinación de imágenes: 1

Las imágenes de este apartado son un buen ejemplo de los resultados que pueden obtenerse mediante la digitalización de imágenes captadas con película tradicional y su posterior manipulación con el programa de edición fotográfica.

Páginas 20-21

Combinación de imágenes: 2

En este apartado se muestra cómo trabajan digitalmente algunos fotógrafos las fotografías con soporte analógico. La elección del soporte fotográfico viene dictada por criterios de creatividad.

Páginas 22–23

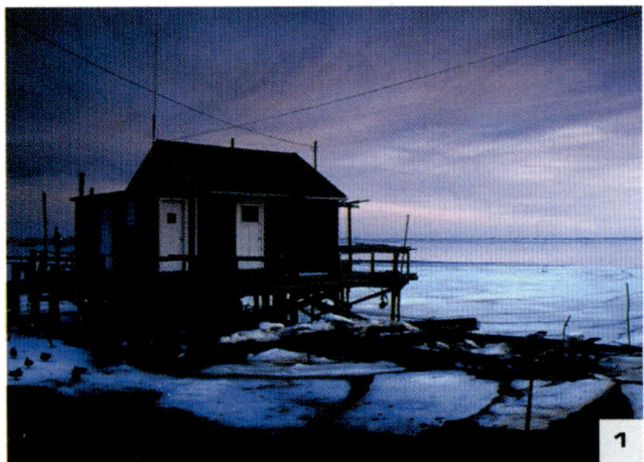

1

El software

El software es la piedra de toque de la creación de imágenes digitales. Sólo se necesitan unos pocos programas. Un paquete de edición de imágenes como Paint Shop Pro o Photoshop es lo más indicado, junto con las opciones que proporcionan los fabricantes de cámaras que permitan procesar la información de la cámara digital en bruto (modo RAW). También es recomendable un navegador de archivos, tanto si viene como parte de un programa o es una aplicación independiente. Es de vital importancia que el usuario se sienta cómodo con las opciones y la interfaz porque, sin un dominio del programa, los resultados no estarán a la altura de su imaginación. Aquí damos algunos útiles ejemplos que lo ayudarán a rentabilizar su trabajo.

Navegador

El navegador de archivos es un programa que permite navegar por las imágenes del ordenador (u otros sistemas conectados). Los navegadores pueden ir incorporados en aplicaciones de retoque de imágenes como Photoshop. Si tiene muchas imágenes, un navegador será esencial para encontrar la que busca. Con la mayoría de estos navegadores es posible trabajar con imágenes en miniatura creadas a partir de archivos de mayor tamaño, clasificando, borrando, rotando y cambiando el nombre. El tamaño de las miniaturas puede ajustarse para obtener una visión detallada de una imagen o una vista de conjunto de varias. Los navegadores también leen datos internos, la información que acompaña a un archivo. Esto proporciona datos tan útiles como los detalles de la exposición cuando se tomó la fotografía.

Ruido

Aunque en ocasiones puede ser deseable añadir ruido a una imagen digital para dar un efecto artístico, como veremos, la mayoría de las veces eliminarlo es una ventaja. El ajuste de los parámetros de control permite mejorar la calidad final de la imagen.

Acciones

Podemos realizar algunas acciones repetitivas de forma automática. Si quiere, también pueden automatizarse otras tareas más complejas. La función Acciones de Photoshop nos permite trabajar paso a paso sobre una imagen. Habitualmente es necesario guardarla con otro nombre, pero funciones más avanzadas, como la Máscara de enfoque (Unsharp Mask), también pueden adaptarse. Photoshop viene con una serie de opciones por defecto (4).

3 Reducción del ruido

Curvas
Equilibrio de color
Máscara de enfoque
Reducción del ruido
Reducción del ruido de color
1
Reducción del ruido de margen
Tamaño/Resolución
Filtro > Licuar (Vista de pájaro)
Información

2 Navegador

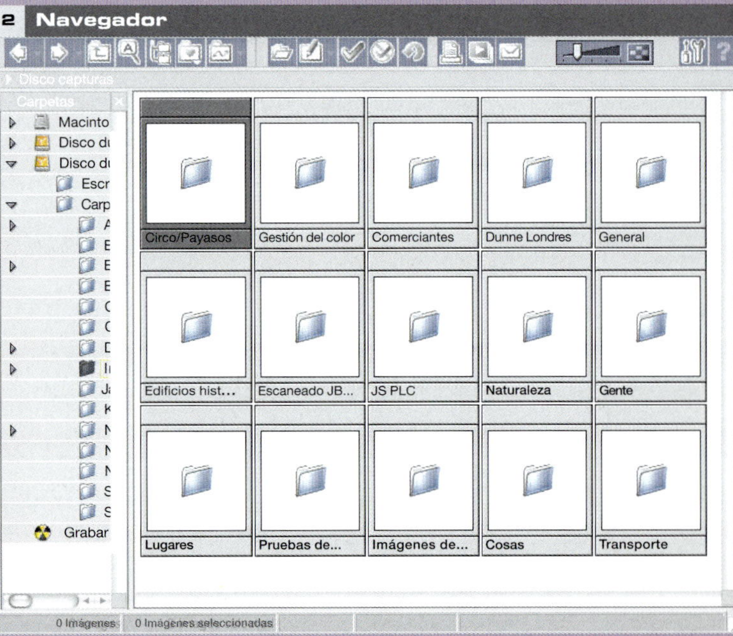

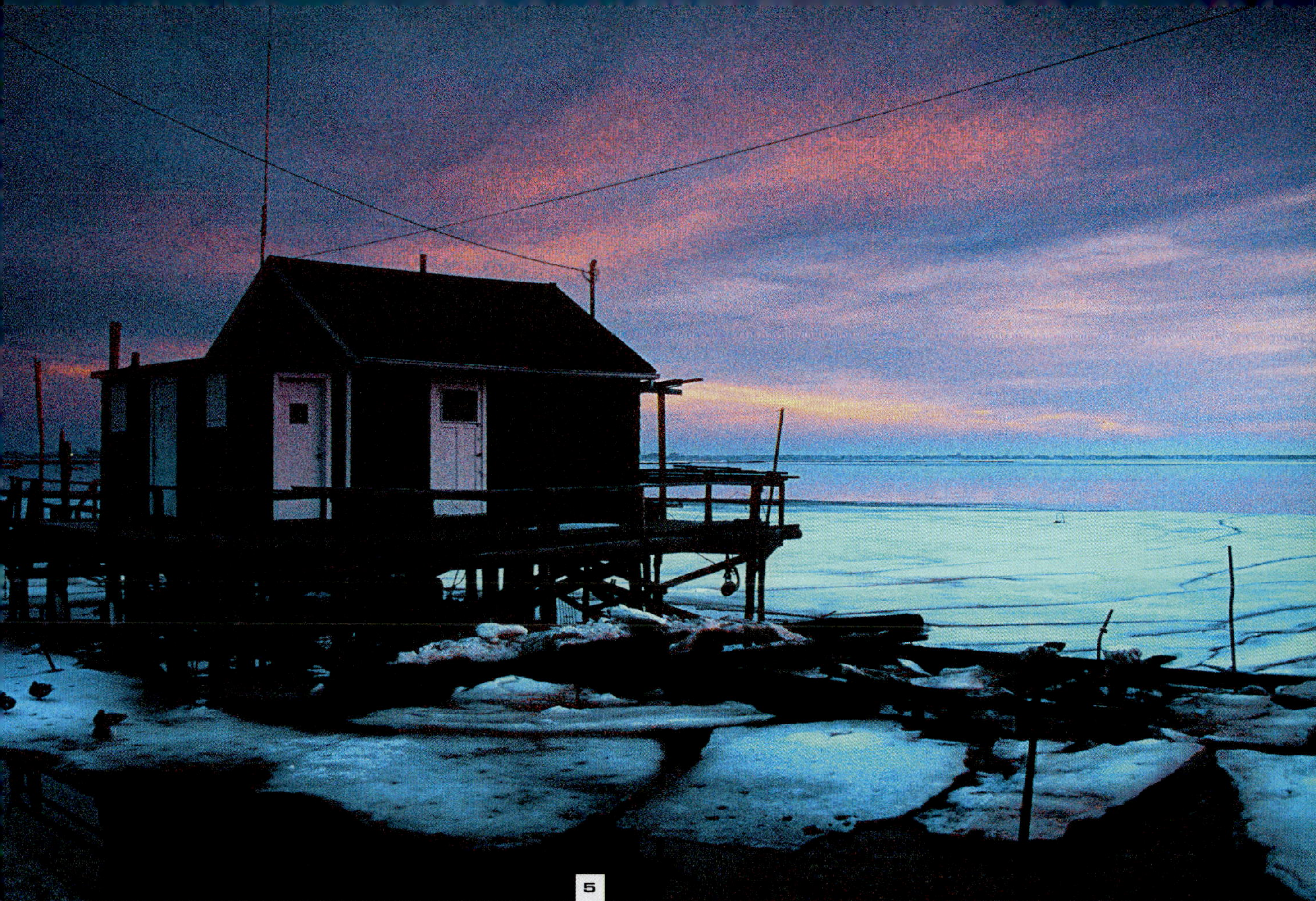

5

1/ La imagen original.

2/ Explorador.

3/ Reducción del ruido.

4/ Paleta de acciones.

5/ El uso creativo del software permite crear imágenes como ésta de George Mallis.

4 Paleta de acciones

Historia | Acciones | Herramientas

- Acciones por defecto
  - Viñeta (selección)
  - Canal de fotograma - 50 píxeles
  - Marco de madera
  - Sombra de matiz (tipo)
  - Reflejo de agua (tipo)
  - RGB a Escala de grises
    - Hacer instantánea
    - Mezclador de canales
    - Modo de conversión
  - Plomo fundido
  - Hacer Trazado de Recorte (selección)
  - Virado al sepia (capa)
  - Colores de cuadrante
  - Guardar como archivo PDF Photoshop
  - Mapa de degradado
    - Hacer instantánea
    - Modo de conversión

Filtros

¿Qué sería de nosotros sin filtros? No sólo están los filtros que se utilizan con la cámara, sino también los digitales. Permiten introducir un amplio repertorio de efectos en la imagen, desde el más sutil al más impactante. En muchos programas se pueden añadir filtros en forma de *plug-ins*. Cada día aparecen nuevos tipos, así que vale la pena conocer los últimos avances en el tema.

Máscaras

Si su programa dispone de una función de máscara, verá lo útil que es cuando trate de sacar el máximo partido a diferentes partes de una imagen durante la manipulación. Una máscara protege un área seleccionada de modo que no se vea afectada por ningún cambio que se efectúe. Un color (normalmente el rojo) muestra el área de la máscara, que puede ajustarse. Las máscaras pueden archivarse para futuros usos.

! Un archivo de 50 megas es un tamaño razonable si se quiere dar varios usos a la imagen, desde una reproducción en soporte fotoquímico a ampliaciones en papel.

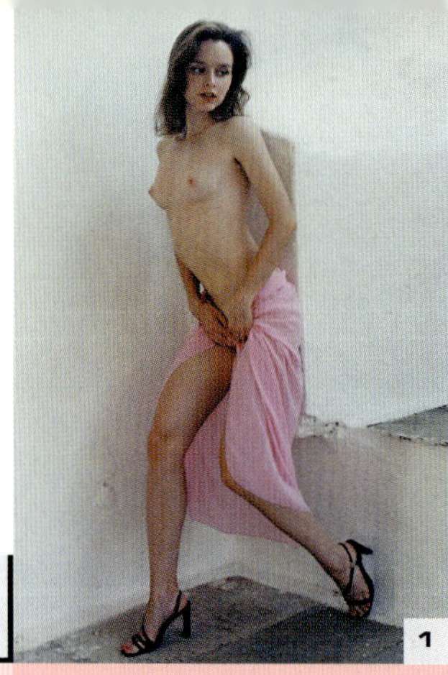

1

! Si usa un escáner de 35 mm, escoja uno que le permita escanear lotes de diapositivas. A menudo, un portapelículas para tiras de película simplificará el ritmo de trabajo, especialmente si escanea unas imágenes tomadas en las mismas condiciones de iluminación.

Digitalizar la película

Las imágenes en película tradicional pueden usarse para producir imágenes digitales (1). **Pero escanear la película y convertir sus valores tonales en sus equivalentes digitales es un arte. Los escáneres de tambor son lo mejor, pero su coste supera el presupuesto de la mayoría de los usuarios. Por suerte, podemos recurrir a un equipo de sobremesa para obtener resultados con buena calidad** (2).

Escanear

Cuando vaya a escanear, lo mejor es empezar por el final. Es mejor ajustar los puntos por pulgada (ppp), o resolución, con un tamaño de archivo establecido en megabytes (MB). Si el tamaño del archivo es demasiado grande, puede que tenga que crear una gran cantidad de datos de los que tendrá que desprenderse durante la sesión de trabajo. Los archivos grandes también se comen mucha memoria. Después del pre-escaneado a baja resolución, reencuadre la imagen eliminando las áreas no esenciales, o mejor, seleccione sólo las partes de la imagen que le interesen. Una diapositiva de prueba (3), si su escáner lo permite, puede ayudarle a ajustar el color.

Mejorar

Hay algunas cuestiones clave que abordar durante la fase de escaneado. Algunos de estos puntos pueden resolverse también con su programa de edición de imágenes con la imagen ya en el ordenador, pero otras no, o no con tanta facilidad. La gama dinámica o tonal puede controlarse por medio de un histograma (4) o simplemente eligiendo sendos puntos de referencia de blanco y negro (véanse páginas 68-71). Así podrá situar los píxeles escogidos en cualquiera de los extremos de los valores tonales. Un histograma también le permitirá ajustar los tonos medios. Los escáneres para película pueden hacer estas tareas automáticamente, pero a menudo conviene hacer más ajustes después. Una vez satisfechos con la imagen escaneada, muchos fotógrafos usan el efecto de eliminación de polvo y arañazos disponible en algunos programas. De este modo se puede ahorrar tiempo de retoque en esas zonas más tarde, aunque también puede suavizar la imagen final. A veces se requieren cantidades extra de Máscara de enfoque (USM) (véanse páginas 18-19) para contrarrestar ese efecto.

5

3 Diapositiva de prueba

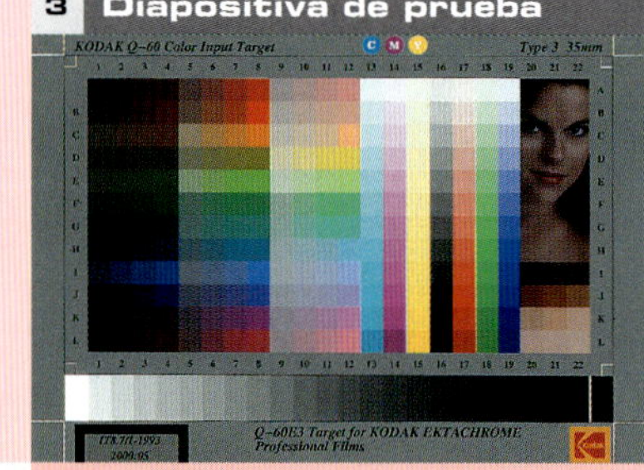

4 Histograma

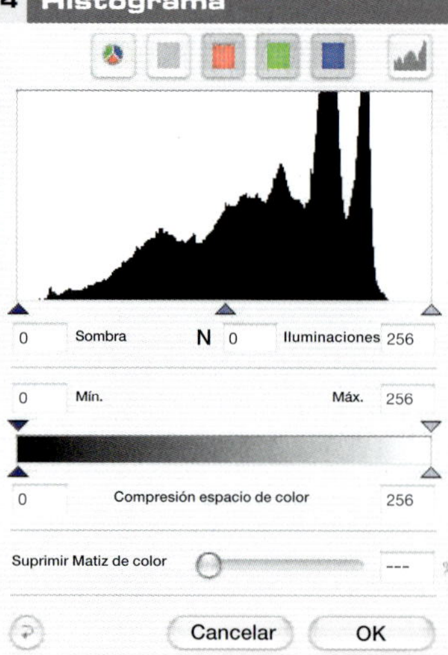

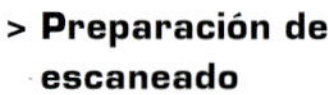

- > **Preparación del escaneado**
- > **Preescaneado**
- > **Reencuadrar**
- > **Rango dinámico**
- > **Archivo RGB/CMYK**
- > **Escaneado**
- > **Eliminación de polvo y arañazos**
- > **Archivo TIFF**

2

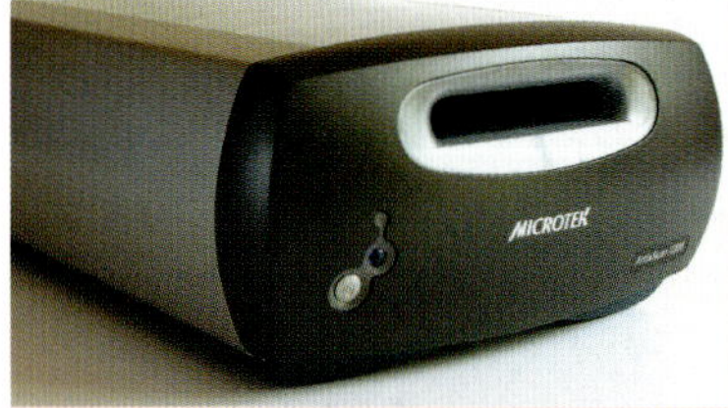

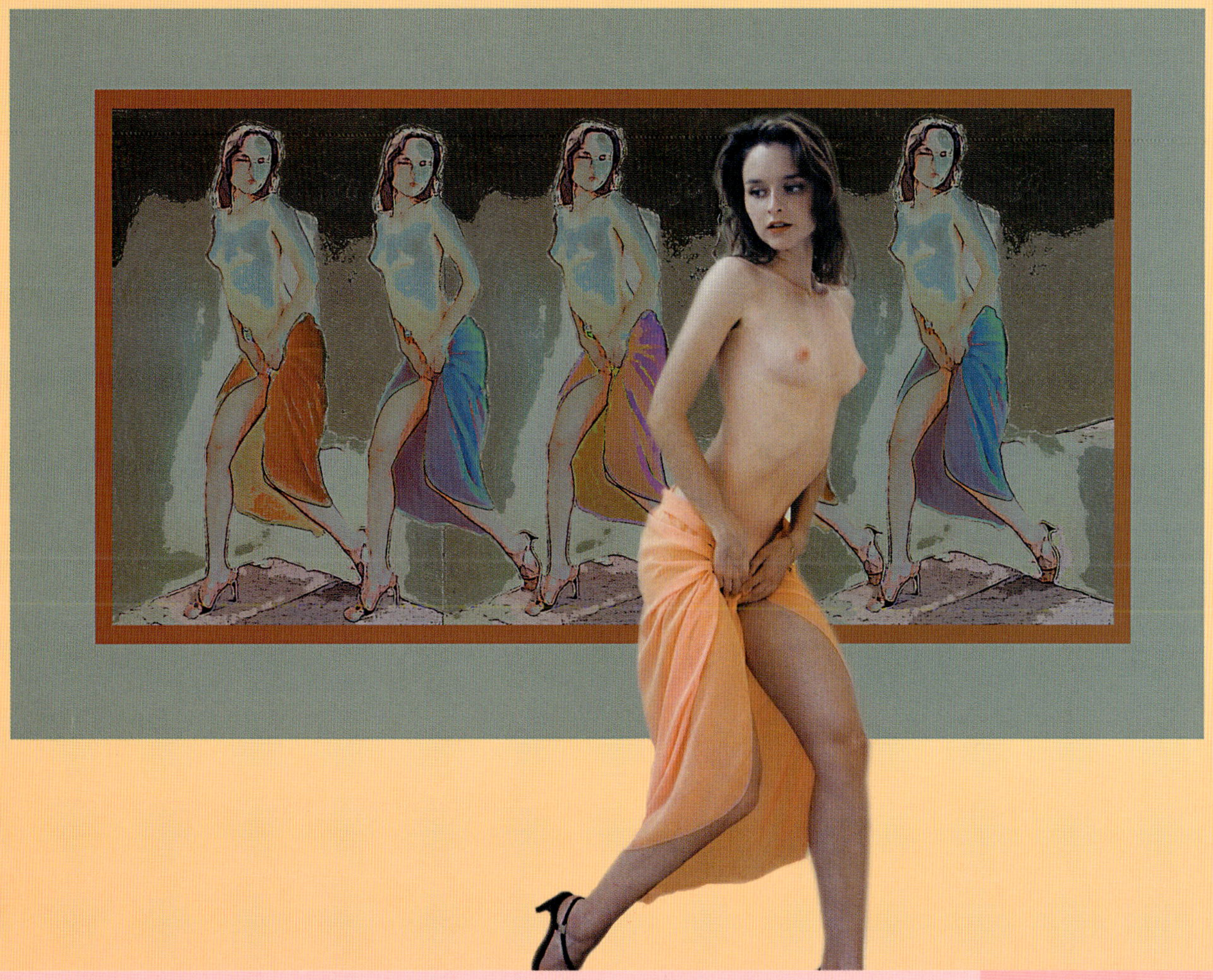

1/ La imagen original para este montaje de John Peristiany era una diapositiva de 35 mm.

2/ Escáner de película de sobremesa.

3/ Para realzar la exactitud del color, los mejores escáneres van acompañados de una diapositiva de prueba IT8 o similar. Están fabricadas con unas tolerancias muy rigurosas, permitiendo que el resultado ofrecido por su escáner sea comparable a los resultados alcanzados en la diapositiva.

4/ Un histograma muestra la gama tonal captada y permite ajustarla para obtener el efecto deseado.

5/ La imagen final.

! Las películas antiguas y descoloridas pueden recuperarse mediante un programa de restauración del color. A menudo suele ir incluido en el programa de software del escáner. Sin embargo, ocurre igual que con la función de eliminación del polvo y los arañazos, el tiempo de escaneado se incrementará mucho.

Disfrutar

Una vez escaneada es mejor guardar la imagen como archivo TIFF por su estabilidad (véanse páginas 28-29). Si necesita un archivo menor, convierta el archivo TIFF en JPEG y luego archive ambas versiones. Sin importar el tamaño del archivo, un archivo guardado en valores Rojo, Verde y Azul (RGB) será más pequeño que uno Cian, Magenta, Amarillo y Negro (CMYK), ya que el último tiene cuatro canales de color en lugar de los tres de la primera.

! El uso avanzado de la Máscara de enfoque (USM) conlleva la aplicación de diferentes cantidades de USM a áreas concretas de la imagen. Algunas cámaras digitales permiten ajustar la nitidez y puede regularse de cero (no aplicada) a elevada (mucha nitidez). Si usted ajusta un nivel en la cámara porque no desea realizar demasiadas correcciones después de la toma, como cuando se fotografía con archivos JPEG, necesitará comparar cada nivel con el nivel de salida considerado hasta encontrar el más conveniente. Por ejemplo, si un fotógrafo de bodas realiza copias con papel de haluros de plata, un determinado nivel de nitidez para una copia dada lucirá mejor que otro. Y éste será menor, habitualmente, que para un fotógrafo comercial especializado en bodegones, por ejemplo.

Toques acertados

Captar una fotografía, tanto si es con una cámara analógica como digital, cada vez requiere menos tiempo. El programa que utilice, cómo lo use y otros aspectos técnicos son igual de importantes. Aquí tiene algunos aspectos clave para ayudarle a crear buenas imágenes.

Lotes

Tomamos una imagen en un instante y luego podemos trabajar horas en ella. Hacer las cosas de la forma más sencilla hará que el tiempo de posproducción resulte más efectivo. Procesar por lotes o series (1) es un sistema lógico de trabajo cuando se trata de transferir imágenes al ordenador. En el nivel más sencillo, los archivos pueden rebautizarse secuencialmente; almacenar las imágenes donde se desee y cambiar el formato de los archivos.

1 **Procesando lotes**

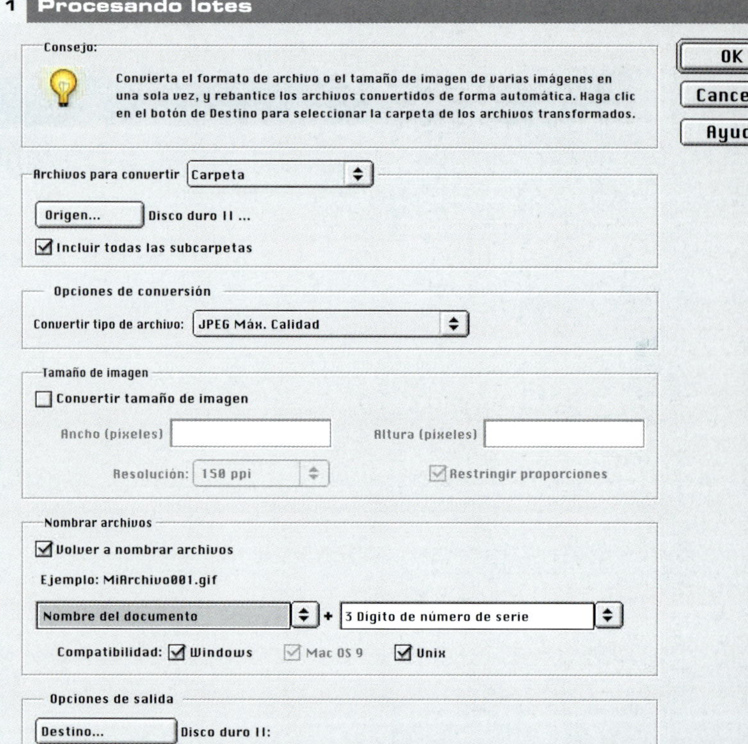

Nitidez

Muchas imágenes mejoran si se les incrementa la nitidez, y la Máscara de enfoque (Filtro > Enfocar > Máscara de enfoque) es el método más popular para ello. Este filtro añade contraste en los límites de ciertos niveles de píxeles, por lo que no conviene exagerar su uso o la imagen aparecerá demasiado retocada. Es mejor añadir nitidez al final de la sesión de trabajo, antes de pasar los archivos a un tercero, como un laboratorio, o imprimir copias uno mismo.

! Muchas cámaras profesionales llevan ajustado un bajo nivel de nitidez, pues se considera que el fotógrafo es capaz de ajustarlo en función del producto final requerido. Las compactas generalmente aplican un nivel más alto por defecto. Examine las opciones para encontrar la más adecuada al uso final que dará a la imagen.

1/ Captación de lotes.

2/ Como guía, la Máscara de enfoque de Photoshop suele ser más efectiva para impresiones de alta calidad con ajustes de 150/200 % para la cantidad, 2-20 para el umbral y 1-2 para el radio.

3/ Esta imagen, *Nube*, fue creada por Allan Schaap recortando primero la toma con la modelo y pegándola después en un fondo con la imagen del cielo.

Los programas son tan útiles como los mejores objetivos y cámaras. El programa de edición de imágenes que utilice deberá tener las funciones que usted necesita y su uso ha de ser fácil. Elija el programa adecuado a sus necesidades y persevere con él. Aprenda sus matices, conviértase en un maestro, y cambie sólo a otro programa si realmente aporta grandes novedades.

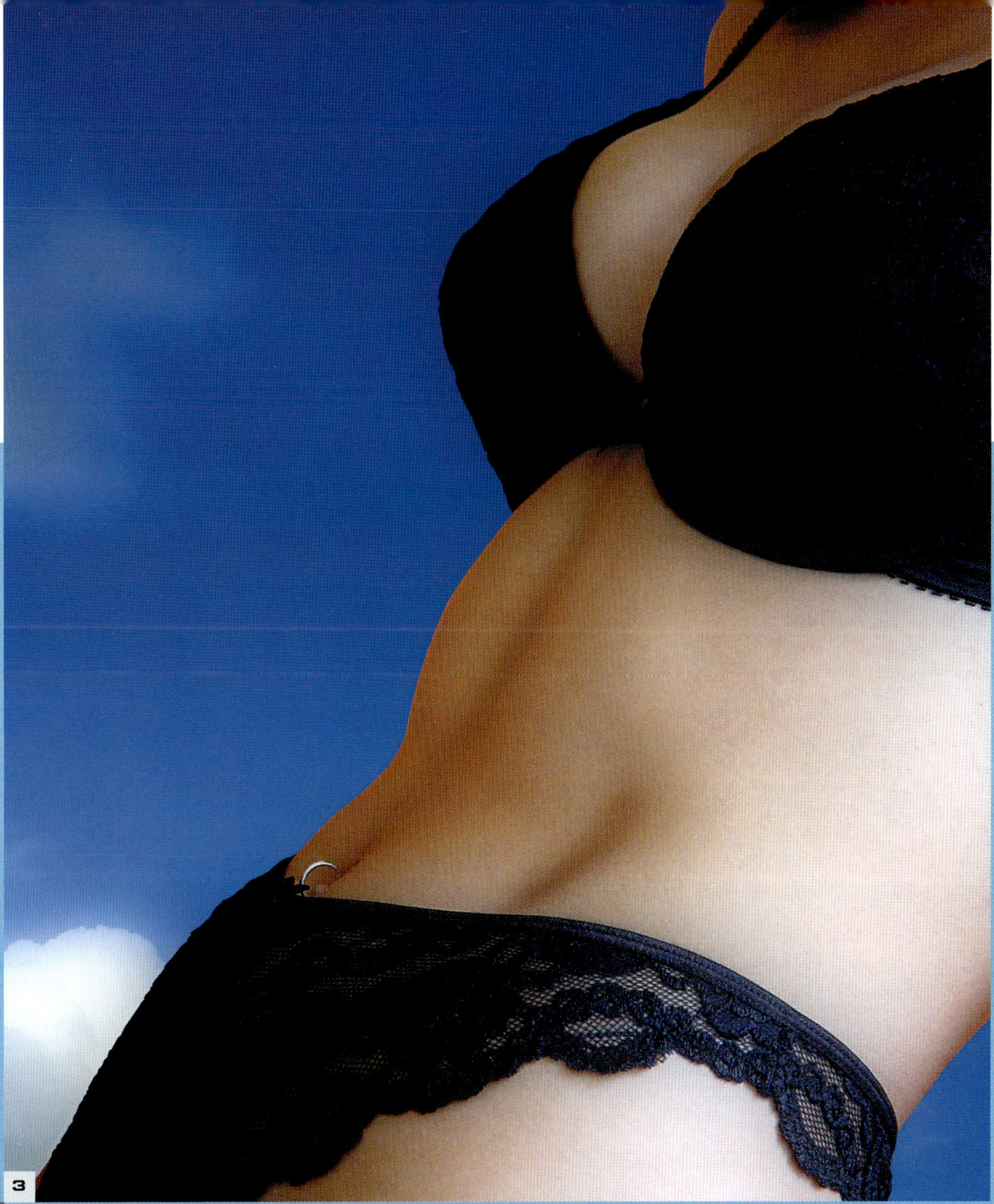

USM

La Máscara de enfoque (USM) (2) actúa aumentando o reduciendo el contraste de los píxeles. Fijamos un «umbral» para indicar el valor del efecto. Si éste es 0, todos los píxeles aparecerán nítidos. A medida que aumentemos el umbral sólo los píxeles con una cifra superior de contraste entre ellos se verán afectados. Luego ajustamos la «cantidad» (en algunos programas recibe el nombre de «intensidad») del cambio de contraste. Por último, puede ajustarse el ancho de radio o halo donde tendrá lugar el efecto.

Una razón que explica la difusión de la USM es que puede aplicarse un efecto de nitidez o de desenfoque a voluntad. Un empleo óptimo de la Máscara de enfoque consiste en seleccionar zonas concretas de la composición, y dar nitidez a las mismas al nivel requerido. Cuanto menor sea la cantidad aplicada, mayor podrá ser el tamaño de las imágenes impresas antes sin que se note mucho el efecto. Si usted hace grandes ampliaciones, la distancia de visión habitual puede aconsejar que sea mejor dar menos o ninguna nitidez adicional. Al contrario, las ampliaciones de tamaño medio, como de 18 x 24 cm. o Din A4, por ejemplo, mejoran con una moderada cantidad de nitidez adicional.

3

2 Máscara de enfoque

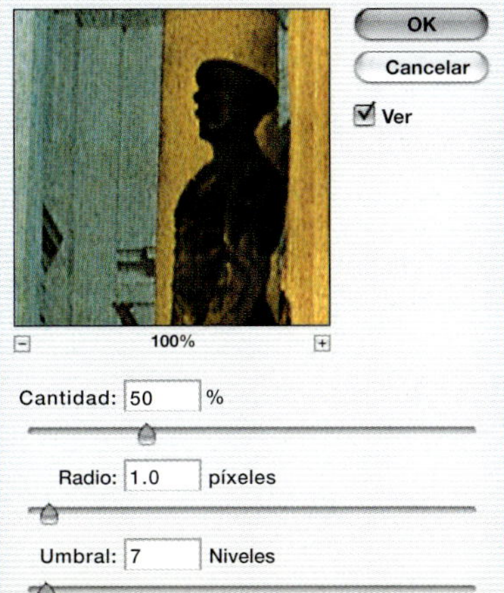

¿Por qué no procesar series de archivos JPEG en una carpeta marcada como «copias» listas para su manipulación y luego ponerlos en otra carpeta preparadas para ser grabadas en un CD como másteres?

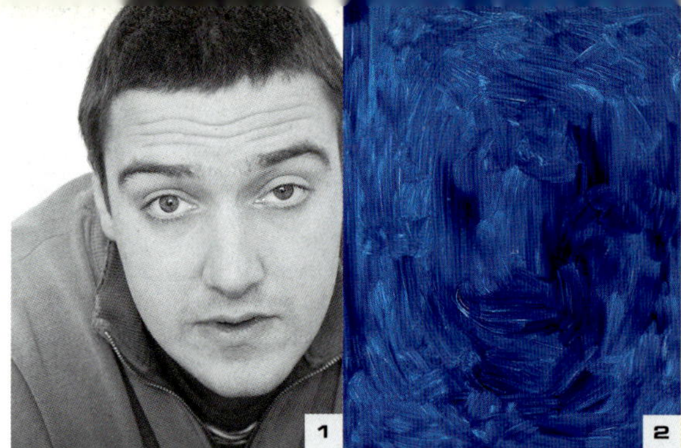

«Piense siempre en el proceso digital antes de hacer una fotografía. Si introduce basura al principio, eso es lo que encontrará al final.»

Combinación de imágenes: 1

John Deaville se define como foto-ilustrador. Por eso, la fotografía es sólo una parte de su labor. Las fotos que aparecen aquí demuestran que lo que cuenta es la imagen final y no cómo se consiguen. También muestran que la combinación de diferentes tipos de imágenes digitales, y las realizadas con película convencional, tiene un espacio creciente en la tarea de los artistas.

Disparar

Para sus originales imágenes, John utiliza película convencional, tanto de formato medio como de 35 mm. Esta última la empleó para captar la imagen principal que aquí aparece, *Rob*, que tomó con un objetivo de 85 mm. Empleó película en blanco y negro, aunque la opinión de John es disparar en color para captar el máximo detalle, que siempre puede eliminarse después.

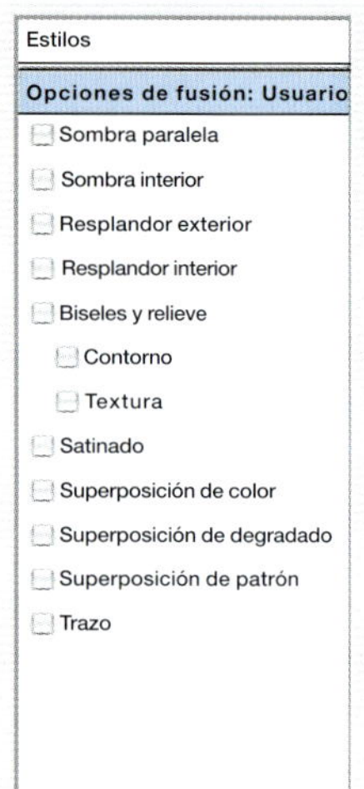

3 Opciones de fusión

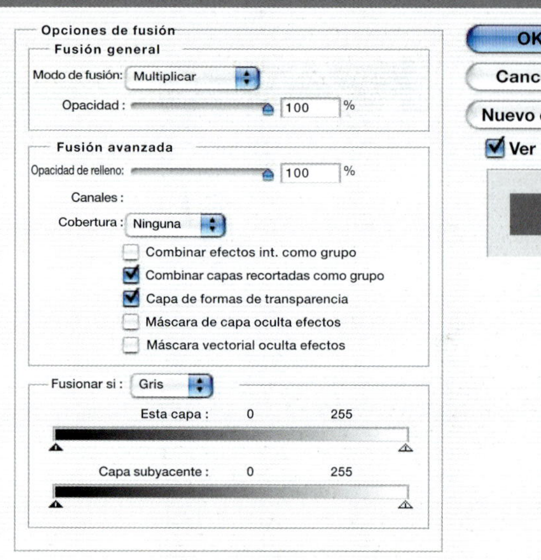

Mejorar

La imagen de Rob se creó siguiendo un proceso similar a las series alternativas de Ed. Después de imprimirlo, el original (1) se escaneó con un escáner plano. Una segunda imagen de una hoja acrílica pintada (2) también se escaneó y se transformó en una imagen en blanco y negro de alto contraste. Luego, con Photoshop, la imagen pintada se colocó utilizando Capas sobre la primera toma. Se hicieron los ajustes necesarios utilizando las opciones de fusión Multiplicar y Pantalla (3) (Capa > Estilo de capa > Opciones de fusión), mientras en otra fase se usaba la segunda imagen como un mapa de texturas para distorsionar el original. La imagen se convirtió luego en una imagen RGB desde CMYK (la imagen pintada) y Escala de grises (el original), y luego se acoplaron. El toque final consistió en una capa roja con un modo de fusión de Luz suave más una capa amarilla seleccionando la opción Multiplicar para conseguir un agradable efecto en blanco y negro similar a un filtro sobre la cámara (4/5).

1/ Foto original de Ed.

2/ Hoja acrílica pintada.

3/ Las opciones de fusión permiten un gran control creativo.

4/ Imagen final de Ed.

5/ Esta imagen de Rob se obtuvo a partir de un proceso de producción similar a la de Ed, usando fusiones de capas y capas de ajuste para quemar áreas concretas y realzar la textura de la pintura.

- > **Fotografía con película de 35 mm**
- > **Escáner plano**
- > **Escala de grises**
- > **Hoja acrílica**
- > **Escáner plano**
- > **CMYK**
- > **Photoshop**
- > **Capa**
- > **Ajuste de capa**
- > **Fusionar**
- > **Mapa de textura**
- > **RGB**
- > **Fusionar**
- > **Acoplar imagen**

! Si desea cambiar un fondo digitalmente, tome una foto del sujeto contra un fondo blanco. Así resultará más fácil fusionar otra imagen con ella o eliminar el sujeto después. Si desea montar imágenes juntas, asegúrese de que tienen una iluminación similar.

4 5

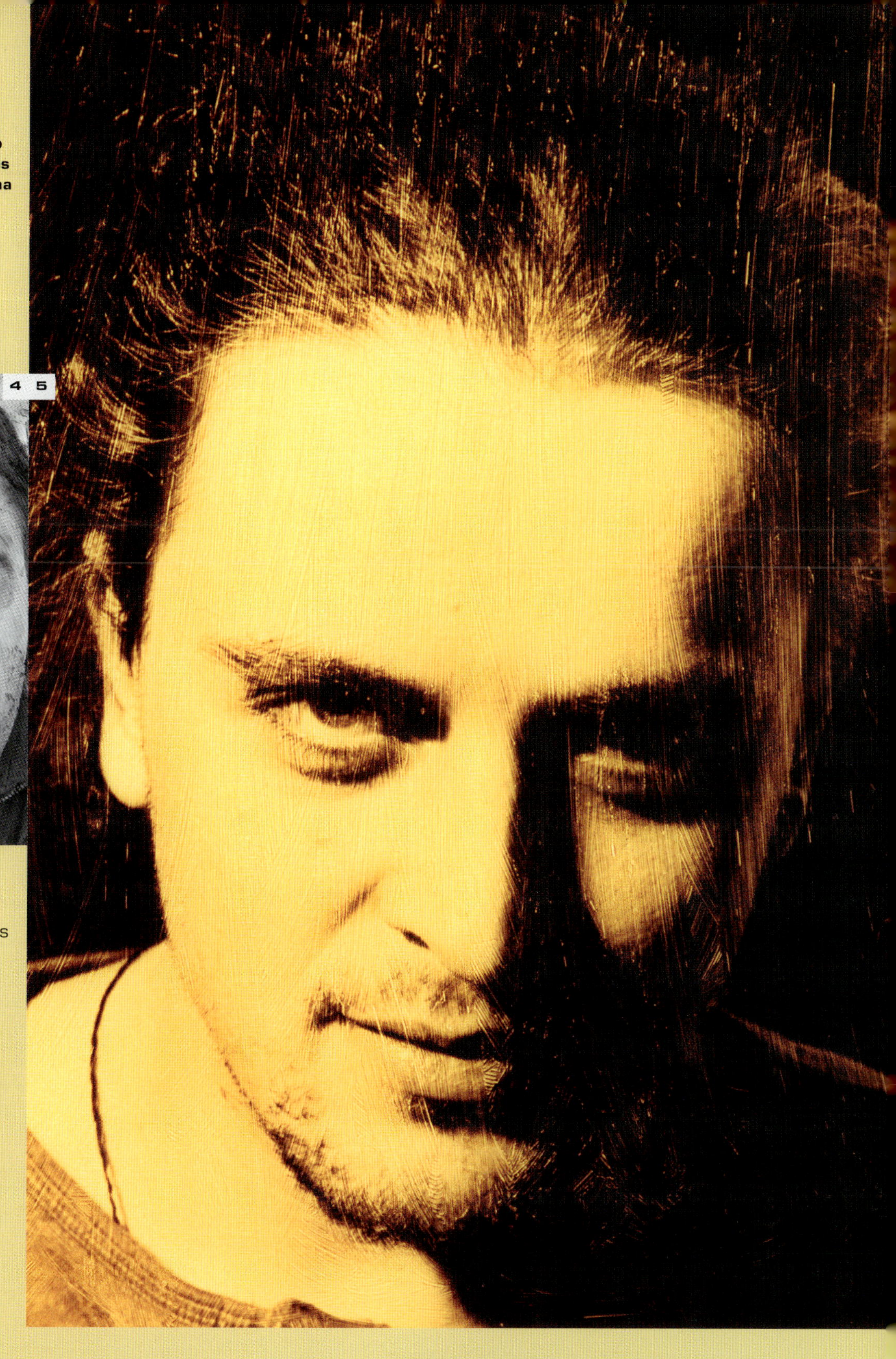

Disfrutar

Estas y otras imágenes parecidas pueden contemplarse en la web del artista. Un pintor encargó la fotografía titulada *Ed*.

«La fotografía digital es como una cadena: el principio tiene que ser tan perfecto como el centro y el final.»

! Amplificar la señal electrónica del sensor supone aumentar el equivalente de la sensibilidad ISO. Un cambio de la sensibilidad tan flexible es lo mejor para la fotografía digital.

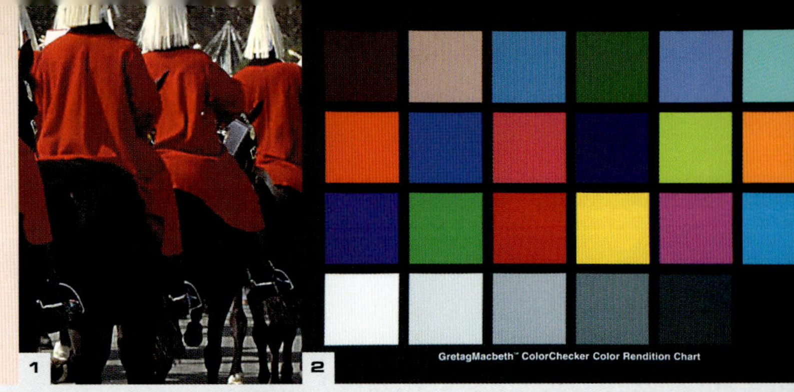

Combinación de imágenes: 2

La elección de una cámara digital o analógica es como el debate entre la película en color o en blanco y negro. El tipo de tema y sus preferencias personales determinarán qué opción es la mejor. Un montón de fotógrafos creen que el momento de la toma es un medio para llegar a un fin.

Disparar

El fotógrafo holandés Theo Berends utiliza película digital y analógica. Para esta fotografía, *Cat Woman*, utilizó una cámara analógica de 6 x 6 cm equipada con un objetivo de 80 mm f/2,8 y cargada con negativo en blanco y negro. Theo se inspiró en la atmósfera que registraron los fotógrafos de la década de 1920 y quiso crear algo similar. Esta fotografía se tomó sólo con luz ambiente pero con el diafragma casi abierto del todo.

! ***¿Por qué digitalizar la película?*** **Desde que las cámaras digitales son capaces de hacer fotos de calidad, ha sido muy fácil pasar por alto la calidad de la película. Se necesita mucho tiempo para disparar, revelar y escanear el material, pero en muchos temas la fotografía con película todavía sigue ofreciendo la mejor calidad. Una vez digitalizada una imagen en película, el tamaño del archivo suele ser mayor y contener más detalles que una fotografía tomada con una cámara digital. La fotografía de formato medio y gran formato, por ejemplo, tiene una gama tonal que aún no ha sido igualada por la imagen digital de un precio similar. Asimismo, en este aspecto, pocas cámaras digitales compactas pueden conseguir resultados comparables a la película de 35 mm. Si esto es lo que usted necesita, debería pensar en un modelo digital con sensor de formato completo. Otras ventajas de la fotografía con película son sus mejores resultados en las exposiciones largas, un grano extremadamente fino, y una sensibilidad ISO media y alta que sufre menos los efectos del grano que la fotografía digital causado por el ruido electrónico.**

Mejorar

Se utilizó Photoshop para dar a la imagen la coloración final, pero sólo después de que el fotógrafo realizara un escaneado del negativo de gran calidad con un escáner de tambor. Muchos expertos consideran el escáner de tambor como lo último en calidad. El gasto que supone, sin embargo, sólo puede afrontarlo un laboratorio o un servicio de preimpresión. En total se empleó casi una hora en retocar esta imagen.

! **Cualquier sensor de cámara digital tiene una sensibilidad nominal a la luz. La utilizamos como un equivalente de la sensibilidad ISO, la menor sensibilidad a la que se puede trabajar. Al contrario de la película, que utiliza una gran cantidad de sales de plata para captar más luz en las emulsiones rápidas, y que también tiene una sensibilidad mayor, el sensor se «fuerza». Los resultados también difieren. Con la fotografía digital, al ampliar la señal eléctrica captada para realizar un «forzado», se consigue un número ISO mayor. Esto también aumenta el ruido electrónico. Sin embargo, esta adaptabilidad es una ventaja más ya que el número ISO puede cambiarse de un disparo a otro. Por ejemplo, si usted tiene un flash incorporado a la cámara y necesita ampliar la escena, puede aumentar la sensibilidad ISO como una alternativa a abrir más el diafragma del objetivo. Esta opción también significa que obtiene más control sobre la profundidad de campo. Por último, aspectos como el efecto de suavizado del color pueden percibirse como un defecto de la imagen.**

- > Foto con película de 6 x 6 cm
- > Escáner de tambor
- > Photoshop
- > Impresión

! Asegúrese de que está trabajando con un monitor calibrado.

1/ Una imagen de película de 35 mm escaneada puede mostrar una gama tonal mayor comparada con muchas cámaras digitales compactas. También puede reproducir mejor las zonas oscuras.

2/ Una carta de color como ésta se fabrica con tolerancias muy limitadas. Sus franjas de color representan, entre otras cosas, los tonos naturales. Pueden utilizarse para evaluar varias cosas. Por ejemplo, la franja de gris medio puede ser un buen indicador de cuánto ruido puede afectar a una imagen a una sensibilidad dada. Probar la cámara en las condiciones de iluminación habituales, a diferentes sensibilidades ISO, le aconsejará sobre los ajustes.

3/ La imagen final.

Disfrutar

Esta imagen se ha exhibido en varias muestras.

3

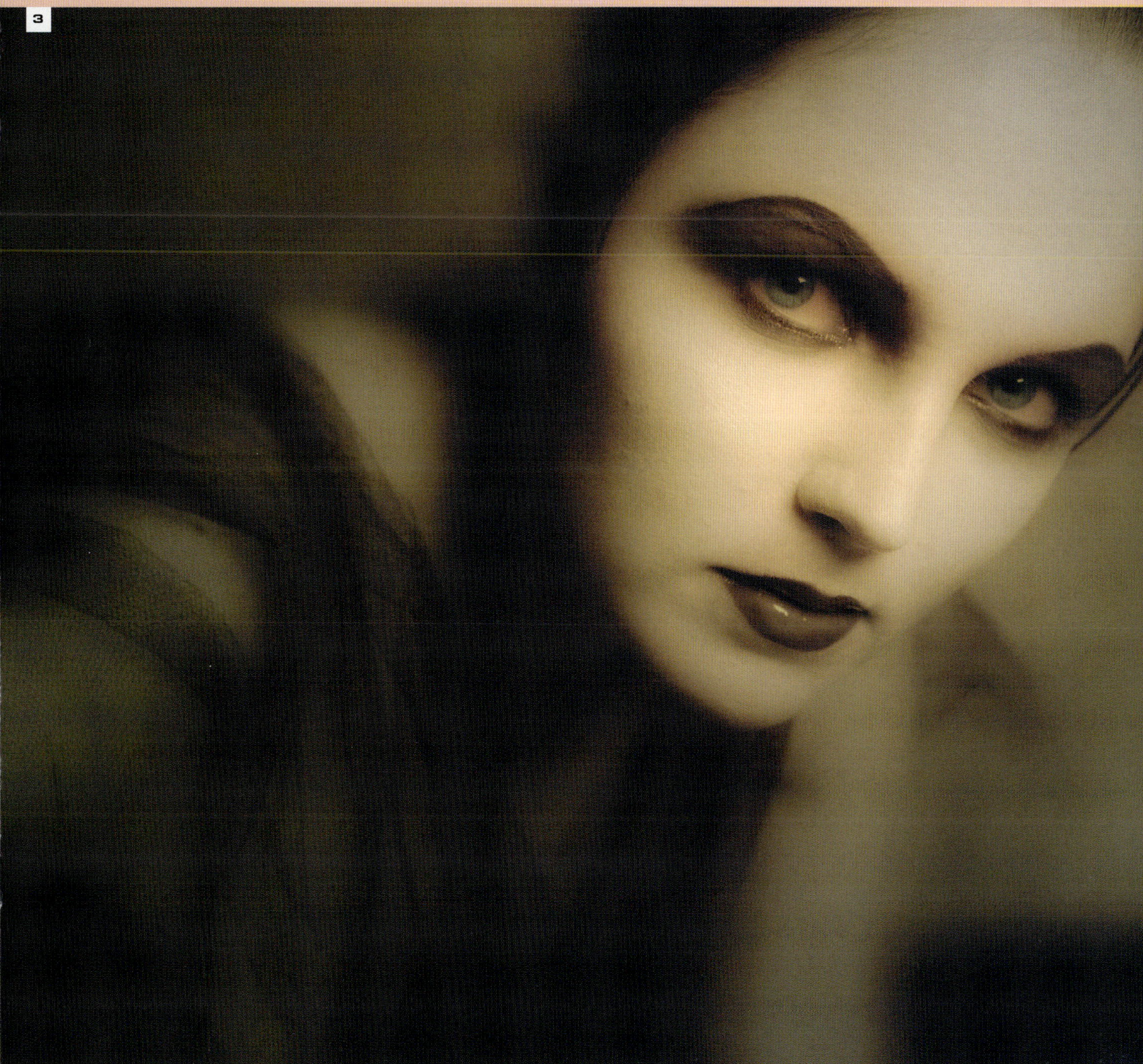

2 La toma digital

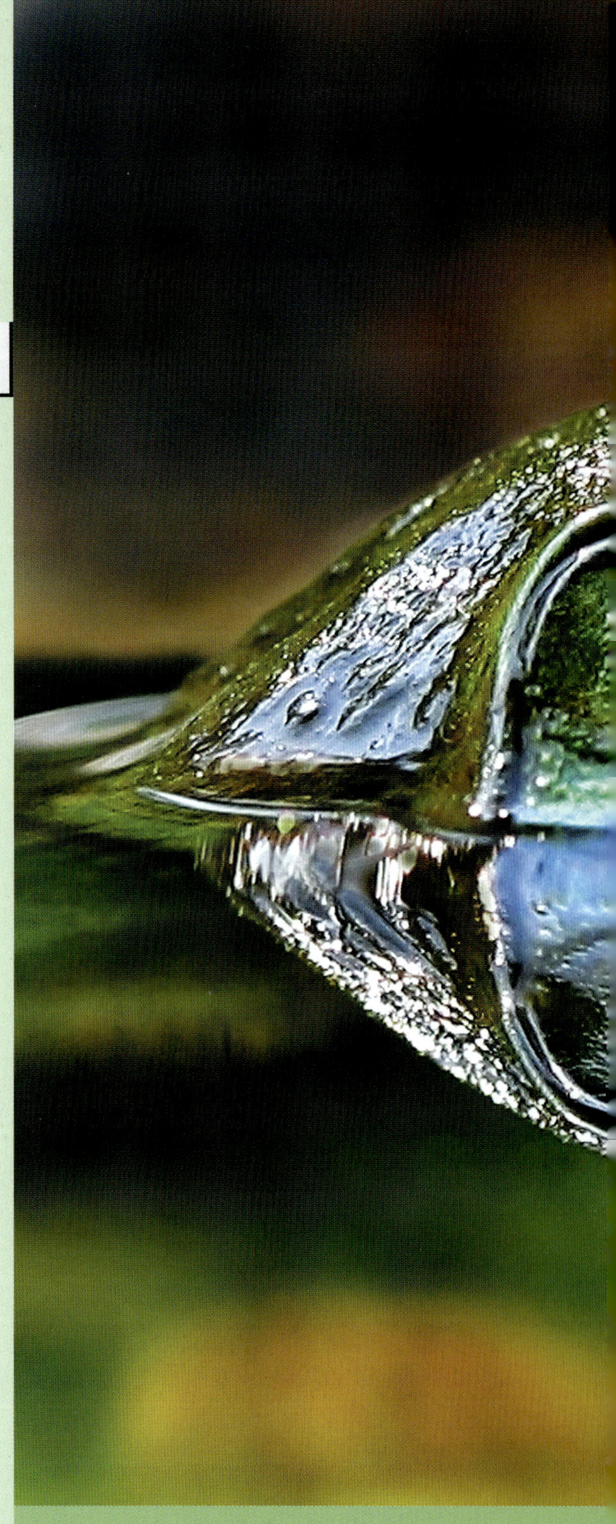

Rana, de George Dangerfield

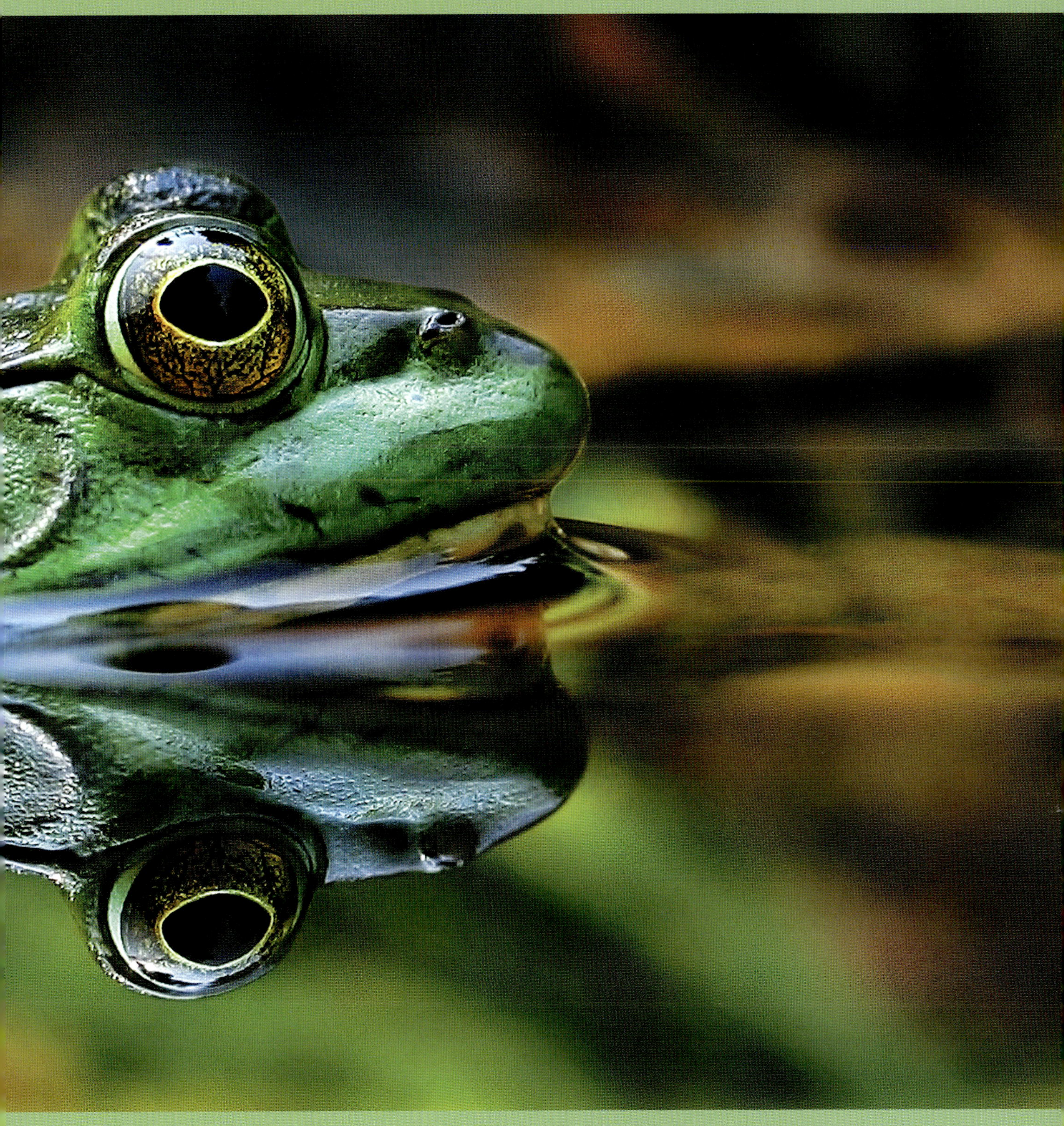

En este capítulo...

La utilización de una cámara digital aumenta la creatividad de las imágenes pero exige que se consideren unos factores técnicos, como los formatos de archivo, y que se establezca un buen método para almacenar y recuperar las fotografías.

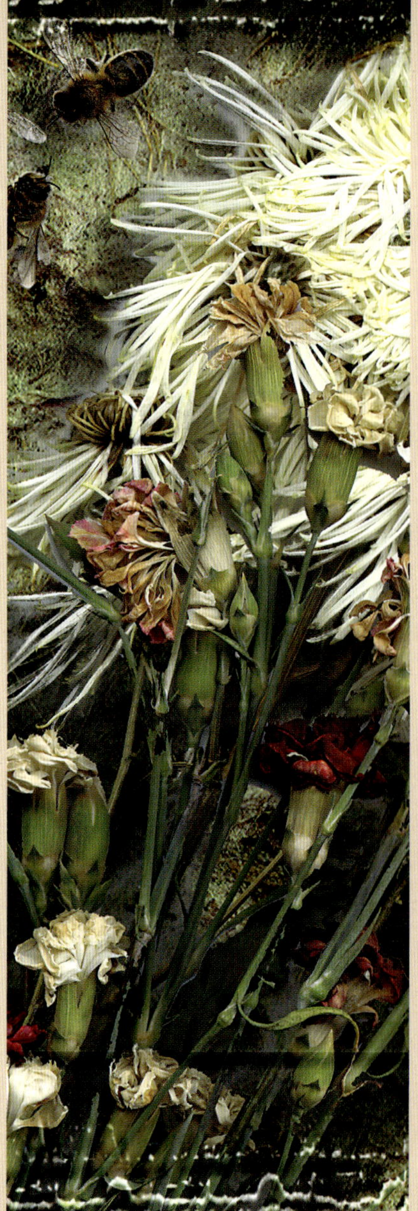

Archivos externos

Puede guardar sus imágenes en varios formatos de archivo. Los más habituales son JPEG y TIFF. Cada uno tiene sus méritos y la elección dependerá del uso que se le dé a la fotografía.

Páginas 28-29

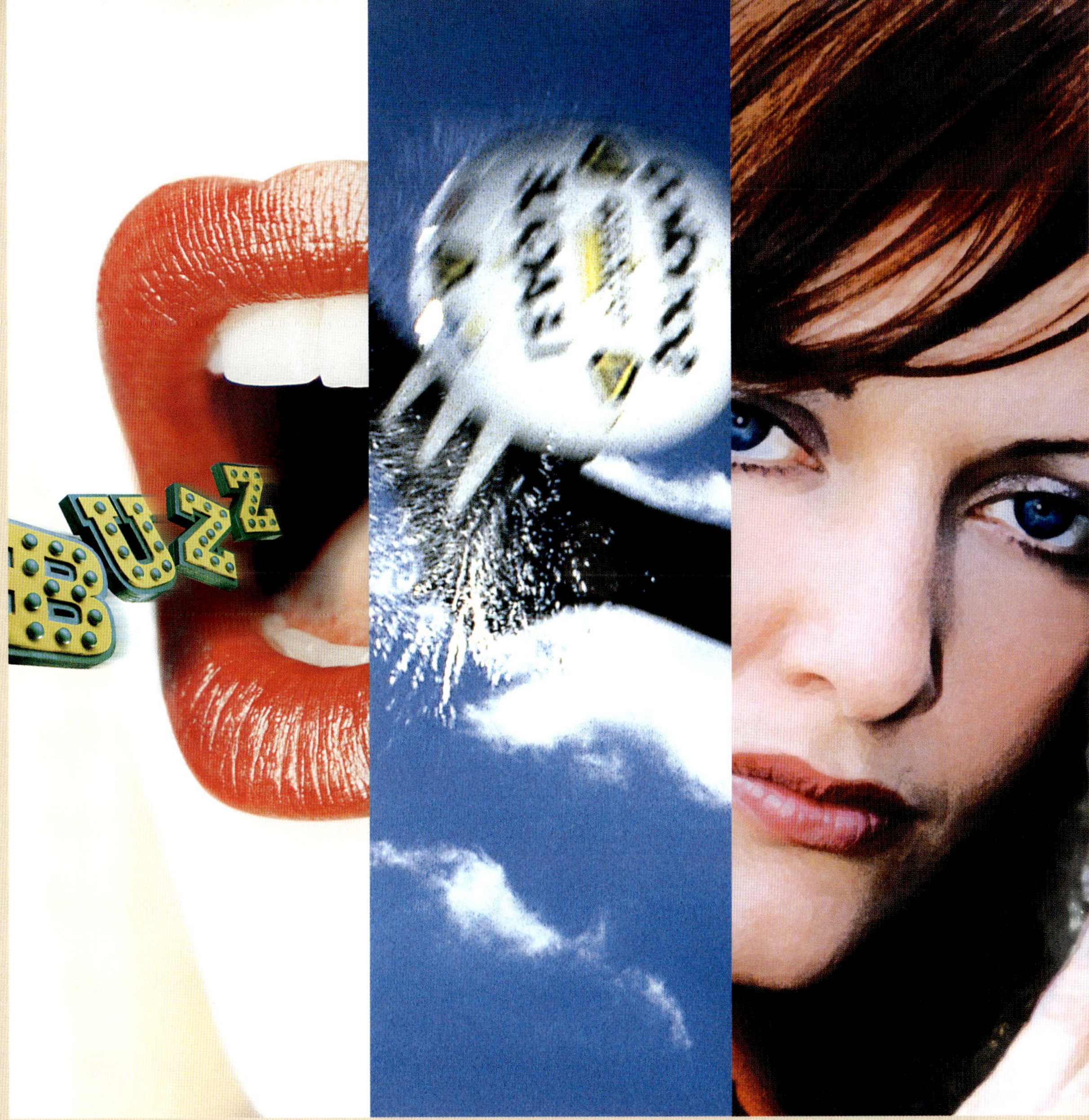

Calidad comercial

La fotografía digital es la preferida por muchos fotógrafos profesionales, especialmente para crear imágenes de gran impacto que serían casi imposibles de producir con medios convencionales.

Páginas 30-33

Prácticas recomendadas

Si quiere sacar el mejor partido de su equipo digital, deberá aplicar un buen método de trabajo, lo que incluye el almacenaje y etiquetado de sus archivos de forma que le resulten fáciles localizar, y asegurar los derechos de sus imágenes.

Páginas 34-37

Formato RAW

Aquí comprobamos los beneficios de utilizar el modo RAW (en bruto), que suele describirse como el negativo digital.

Páginas 38-39

! Utilice la función «Salvar como» de Photoshop para copiar un archivo JPEG. Es mejor hacer esto y dejar el archivo original intacto. Guarde la copia con un nombre diferente para evitar confusiones.

Disparar

La información inicial de la imagen registrada por una cámara digital se genera en modo RAW. Es la información básica y sin procesar que producen el sensor y el programa de la cámara. El proceso que elabora la imagen digital es invisible y permite conseguir archivos externos a la cámara con rapidez. Georgia Denby tomó la imagen aquí reproducida, *Flores de funeral*, utilizando una réflex digital de 3 megas. Georgia asistía a un funeral cuando vio unas flores abandonadas en otro velatorio. La idea era recrear una imagen similar en una fase posterior. Se procesó la imagen a partir del formato RAW y se convirtió en la cámara en un archivo JPEG.

Archivos externos

Las imágenes digitales se presentan en diferentes formatos, lo mismo que una fotografía de película puede ser negativa o positiva. Pero las imágenes digitales ofrecen un amplio número de opciones y mucha mayor flexibilidad. Elija el formato más conveniente para usted, ya que cada una tiene sus pros y sus contras. La mejor opción dependerá de sus necesidades concretas, como sensibilidad máxima o flexibilidad. Por ejemplo, una imagen escaneada para internet debe cumplir unos requisitos distintos de una pensada para publicarse en una revista o un libro. Si desea archivos para uso externo, y que sean compatibles con programas ajenos, lo mejor son los archivos JPEG (Joint Photographic Experts Group) o TIFF (Tagged Image File Format) a partir de una toma digital o un original escaneado.

Mejorar

La imagen fue manipulada en varias fases con Photoshop. Muchos de estos pasos implicaban el uso de capas. Para su reproducción en este libro, la imagen se guardó temporalmente como un archivo TIFF CMYK de unos 30 megas. Muchas cámaras permiten crear un archivo TIFF a partir del formato RAW en la cámara y en esta fase es la mejor opción. En cuanto se descarga una imagen o se transfiere a una tarjeta de memoria, muchos programas de manipulación de imágenes pueden leer la información –que ha sido procesada para valores en blanco y negro o en color–, así como la nitidez de la imagen desde su formato RAW.

Un archivo TIFF es mayor en megabytes, ya que la información no suele estar comprimida. El archivo sin comprimir es preferible para la reproducción en revistas, libros o calendarios, ya que contiene mucha información y ésta es necesaria para lograr una imagen de buena calidad. El inconveniente es la cantidad mayor de espacio de almacenaje que cada imagen necesita y el tiempo que tarda en grabarse la información y desplazarla. Si necesita captar imágenes seguidas con rapidez o desea usarlas en baja resolución, un archivo TIFF no es la mejor opción. Pero si necesita archivos externos de alta calidad lo mejor es un TIFF. Este formato alberga mucha información, y como los archivos JPEG, la mayor parte de ella es información de 8 bits comprimida. Aunque muchos programas sólo pueden trabajar con información de 8 bits, la imagen de 16 bits también sirve.

El formato JPEG también es habitual. Un archivo JPEG está comprimido, lo que significa que necesita menos espacio de almacenaje. Su mayor velocidad de grabación también lo hace preferible a un archivo TIFF para fotos rápidas y disparos repetidos. La razón es que su menor tamaño no llena la memoria intermedia de la cámara tan rápidamente. Sin embargo, que el archivo JPEG esté comprimido significa que se desperdicia un montón de información de color que después no puede restituirse en el archivo, aunque deja la suficiente para visualizar una imagen normal. Cada vez que se guarda este archivo, el proceso de compresión se apropia de la información restante. Es un proceso acumulativo, lo que significa que la calidad de la imagen se degrada cada vez que se guarda. Si usted sólo realiza archivos JPEG, guarde una copia del original y trabaje solamente con copias.

1

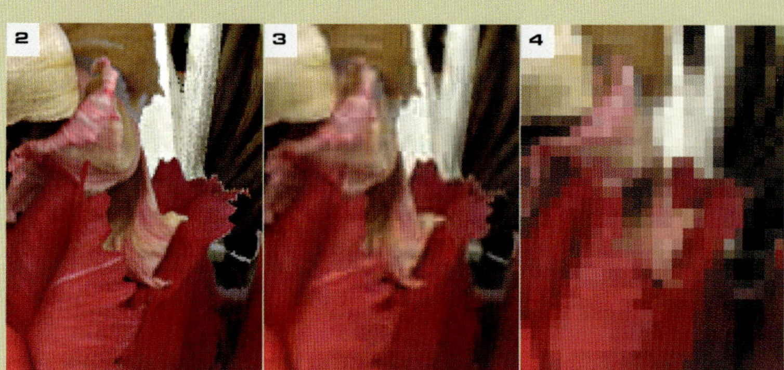

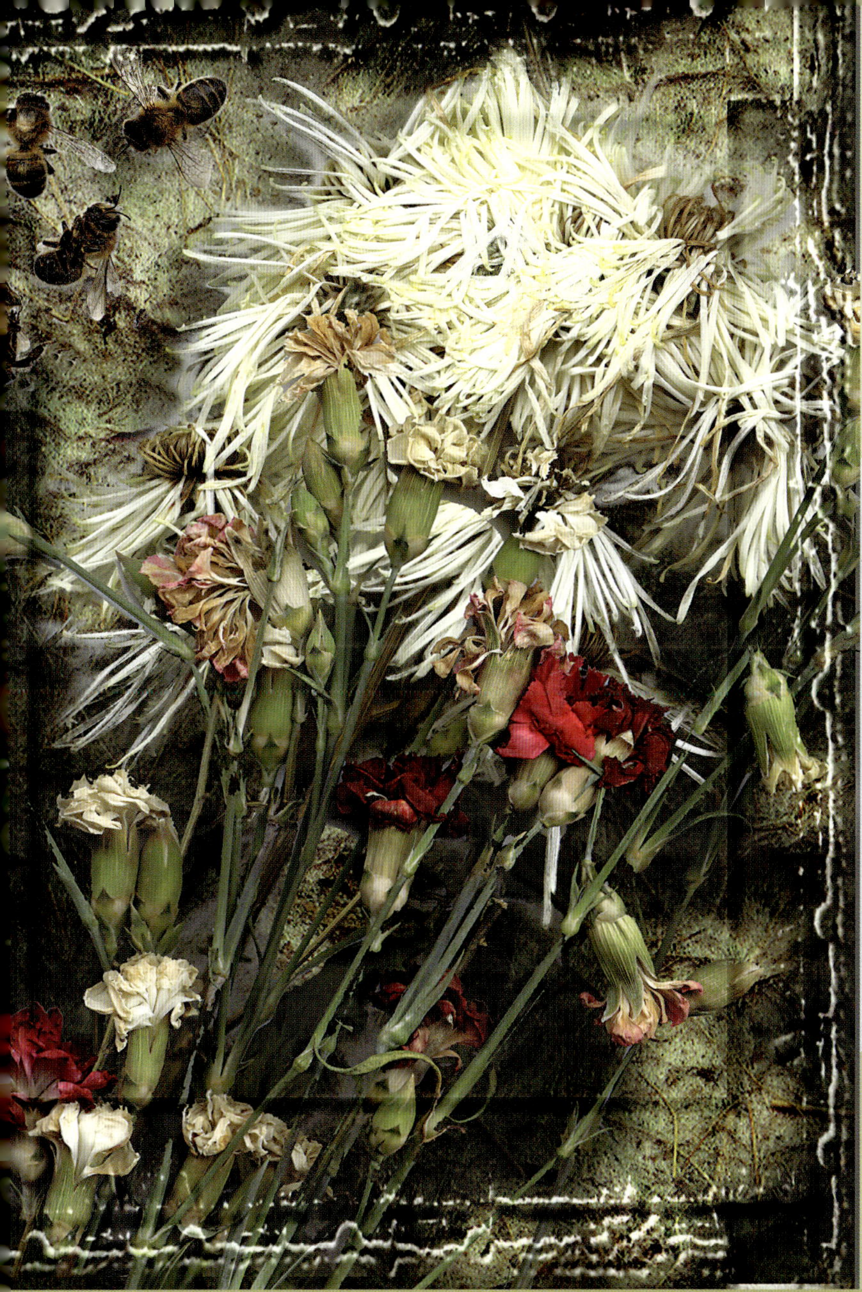

1/ El archivo original TIFF a 30 megas. El mismo archivo guardado con su tamaño máximo de JPEG sería de 14 megas.

2/ Un detalle de un archivo TIFF.

3/ El mismo detalle de una versión JPEG de baja resolución.

4/ El mismo detalle de una versión de tamaño reducido para internet.

5/ Cuando se utiliza la opción Guardar para la web se despliega una imagen previa que, al ampliarse, muestra el deterioro visual producido con los diferentes ajustes de JPEG. Como las imágenes para internet no ganan más por guardarse con un tamaño mayor del final, esta fotografía también ha sido reducida a 700 píxeles de altura.

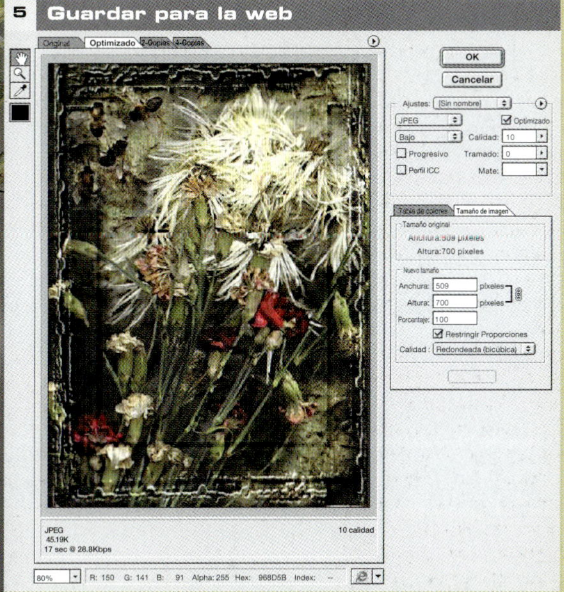

! Una vez que haya acabado de trabajar en la copia JPEG, guárdela como un archivo TIFF.

Disfrutar

Los archivos TIFF aportan estabilidad ya que no están comprimidos, y no se ven afectados por el proceso de archivo. Mucha gente trabaja con archivos TIFF RGB, pero una parte de quienes envían su trabajo a reproducir entregan archivos CMYK. Si usted duda, elija el primero, ya que muchos laboratorios digitales prefieren hacer su propia conversión de RGB a CMYK.

Para una impresión de alta calidad en papel fotográfico pueden utilizarse los archivos TIFF aunque a las tiendas de fotografía con minilaboratorio les es más fácil reconocer un archivo JPEG. Si lo que hace son copias impresas por inyección de tinta, lo mejor es un archivo JPEG de buen tamaño. Los archivos TIFF pueden ralentizar el trabajo de la impresora. Además, es mejor elegir un JPEG de baja resolución para internet, ya que el usuario la descargará antes y usted necesitará menos tiempo para cargarla en su web.

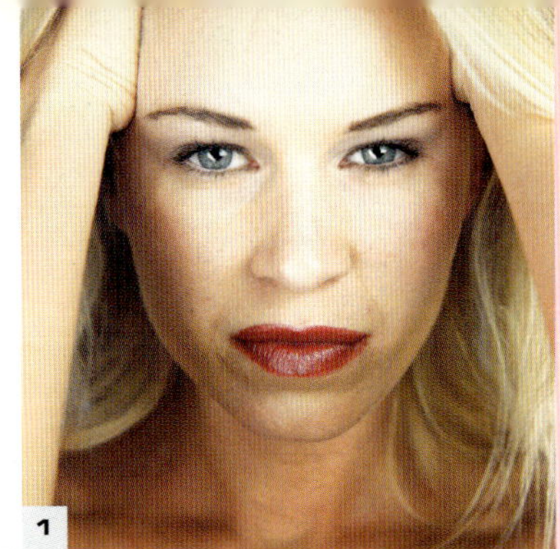

1

«Sea creativo y organizado para asegurarse de que sus ideas se plasman con claridad.»

Calidad comercial

Los fotógrafos comerciales y de publicidad están en la vanguardia de la fotografía digital. César Lima, fotógrafo de Los Ángeles, trabaja por igual con película y soporte digital, aunque hace casi todo su trabajo digitalmente porque esto le permite una verificación inmediata.

Disparar

Buzz Lips es una creación de un director de arte que quería una imagen con impacto que también fuera sencilla. La modelo y las letras se fotografiaron por separado y luego se combinaron en Photoshop. La cámara de 6 x 8 cm iba equipada con un respaldo digital. Se utilizó un objetivo de 100 mm para las tomas de la modelo (1-5), que se iluminaron con difusores ajustados a las luces principales del estudio. Las letras se captaron con una cámara réflex digital provista de un objetivo de 180 mm (6/7). Estas imágenes se guardaron como archivos JPEG, mientras que las de la modelo se guardaron como archivos TIFF de mayor tamaño.

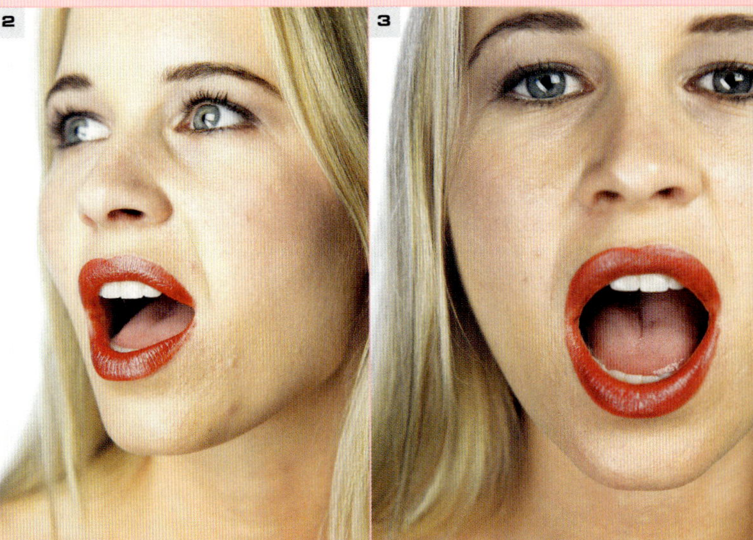

2

3

4

Mejorar

César tuvo que manipular los tonos del cutis para rebajar el color y destacar los labios. En la foto de las letras se alteró la perspectiva para que combinara con la imagen final y se añadió sensación de movimiento con el filtro Desenfocar. El trabajo con capas sirvió para probar diferentes efectos. Las capas se acoplaron (Capas > Acoplar capas) y el resultado se guardó como un archivo PSD (8). Esta fase implicó cambiar el color de las letras (9), y luego combinar las imágenes de los labios y las letras (10). En total, se emplearon dos días para lograr esta imagen.

- **> Toma de fotos en sistema digital multiformato**
- **> Toma con cámara digital compacta**
- **> Archivos TIFF**
- **> Archivos JPEG**
- **> Photoshop**
- **> Filtro Desenfocar**
- **> Archivo PSD**
- **> Photoshop**

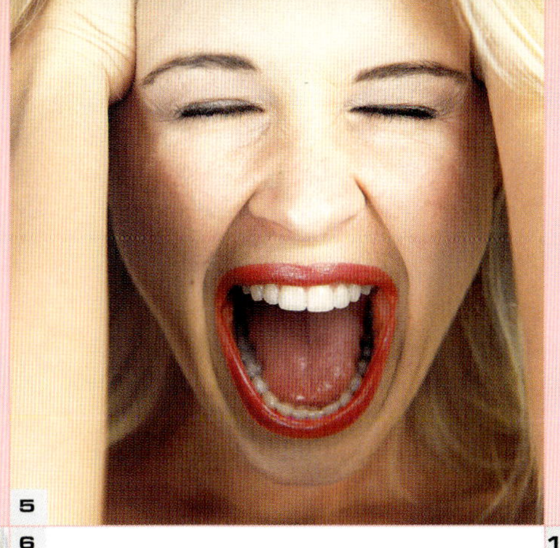

5

! Sea organizado, cuente con un ordenador rápido y una impresora excelente.

1/ 2/ 3/ 4/ 5/ La modelo adoptó varias poses hasta obtener la imagen de los labios.

6/ 7/ Las letras se fotografiaron con una cámara SLR digital y se guardaron como archivo JPEG.

8/ La imagen se guardó como archivo PSD.

9/ El color de las letras se cambió con Photoshop.

10/ Las dos imágenes se combinaron con Photoshop.

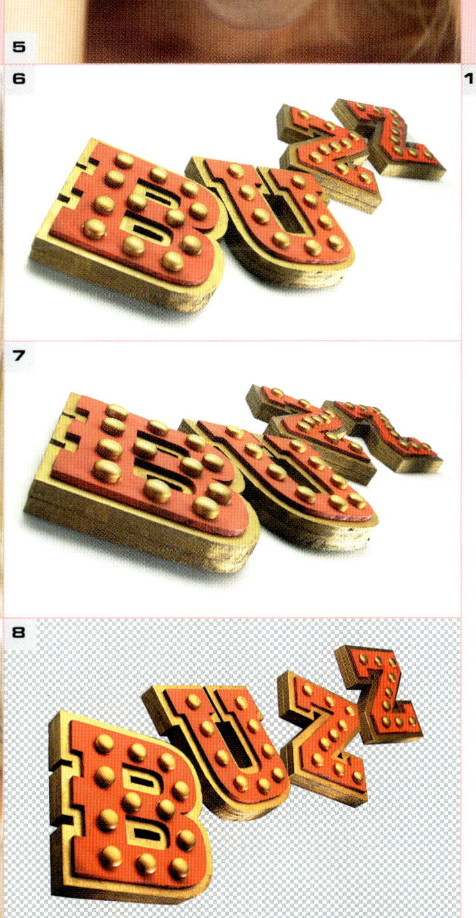

6

7

8

9

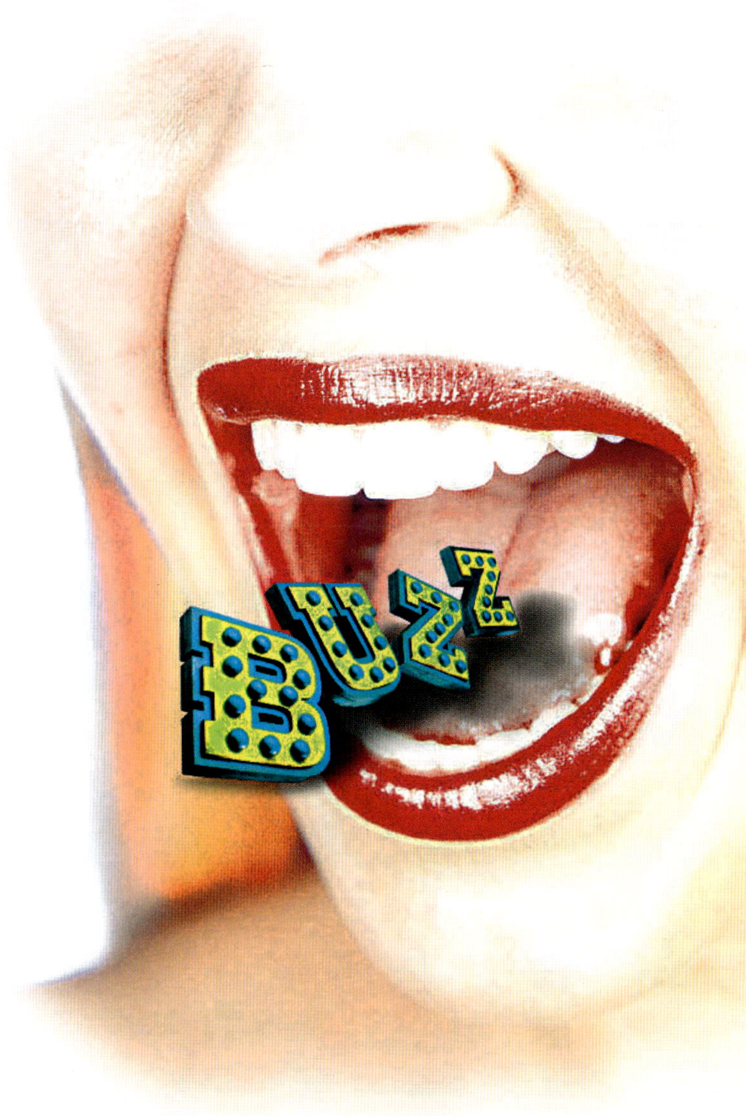

10

11 César presentó varias alternativas al cliente (11-15).

12

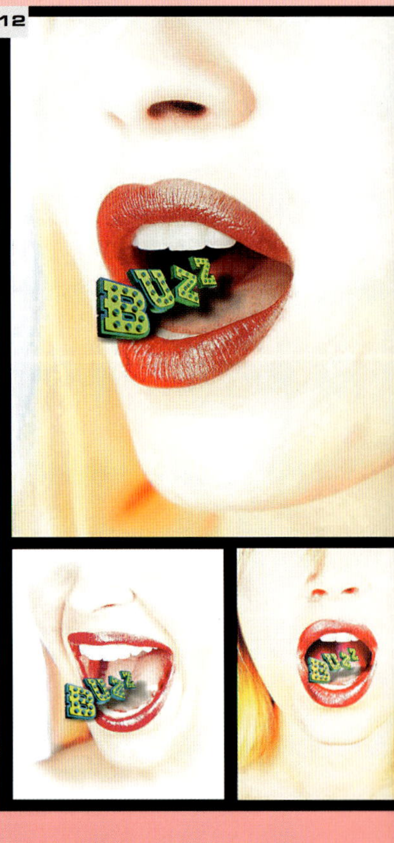

13 14

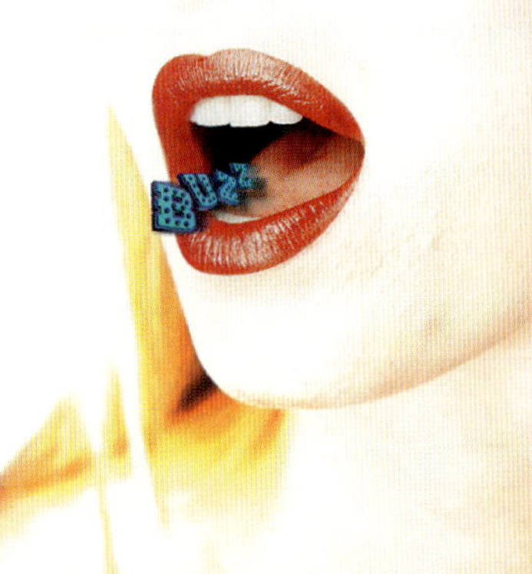

Disfrutar

César hace copias sólo como referencia ya que casi todo su trabajo se imprime en CMYK (litografía). Esta imagen apareció en portada de la revista *Network News*.

11/ 12/ 13/ 14/ Se hizo una serie de tomas alternativas.

15/ La imagen final en la portada de la revista.

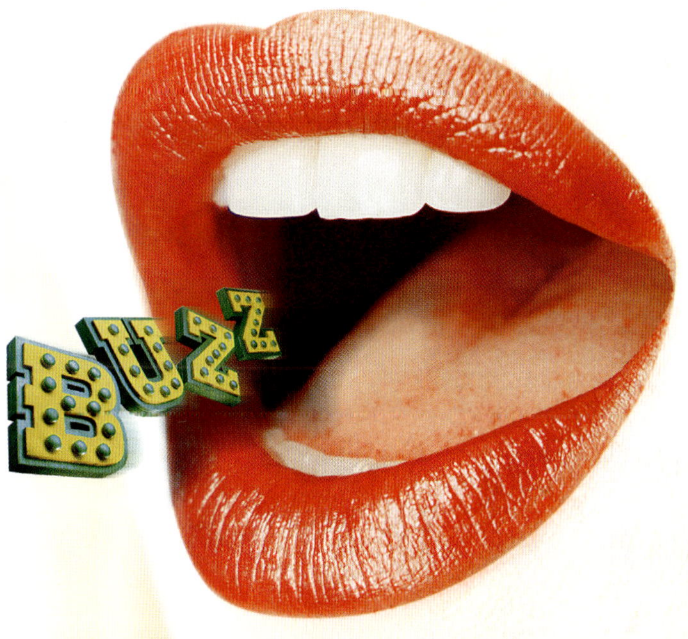
BUZZ

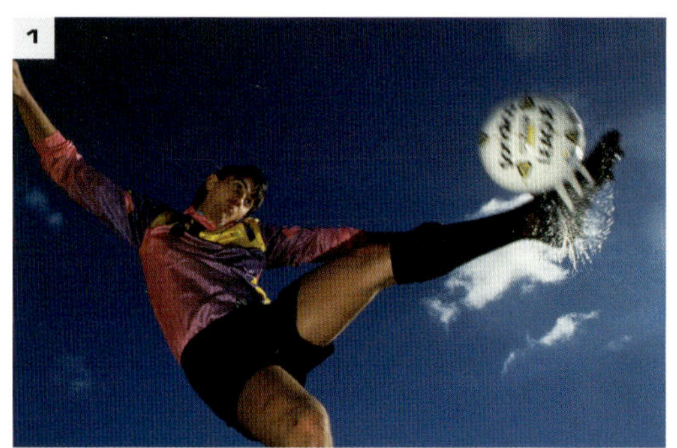
1

! Un Explorador de archivos es fundamental para almacenar y editar su trabajo, tanto como aplicación suelta como parte de un juego de programas de manipulación de imágenes. Despréndase de cualquier fotografía que no vaya a utilizar pero almacene y registre los datos de las que desea conservar cuanto antes, mientras estén frescos en su memoria.

Prácticas recomendadas

Si tiene una cámara digital, sabrá que es fácil ver los resultados, y barata de mantenimiento tras la inversión inicial. Pero ¿cómo sabe que le está sacando el mejor partido? Cada persona tiene su forma de trabajar y no existe un método ideal para todos los temas, aunque dar con la función correcta en el momento adecuado ahorra tiempo. Y una posproducción eficaz empieza con una buena imagen inicial.

Disparar

Tomé esta imagen de un jugador de fútbol con dos ayudantes. Uno lanzó el balón después de mojarlo con agua para poder captar el impacto de la «salpicadura». El otro sostuvo un reflector dorado por debajo para rebotar la luz en la cara del sujeto. Yo quería utilizar el cielo como fondo natural, así que ajusté la exposición manualmente. Esto dejaría al sujeto un poco subexpuesto, por eso usé un flash de zapata para lograr una iluminación de relleno. El histograma es muy valioso cuando se dispone de tiempo para evaluar la situación después de una toma de prueba, y usted debería ajustar el equilibrio del blanco en medición automática o manual (véase página 36). Lo siguiente era considerar el ángulo de la toma. Al final, situé la cámara inclinada, sobre mi cabeza, mientras yo me tendía en el suelo, boca arriba. Luego, sólo era cuestión de tiempo. La toma digital y la evaluación mediante la función de marcha atrás son básicas para una buena sesión de trabajo.

2 **Explorador de archivos**

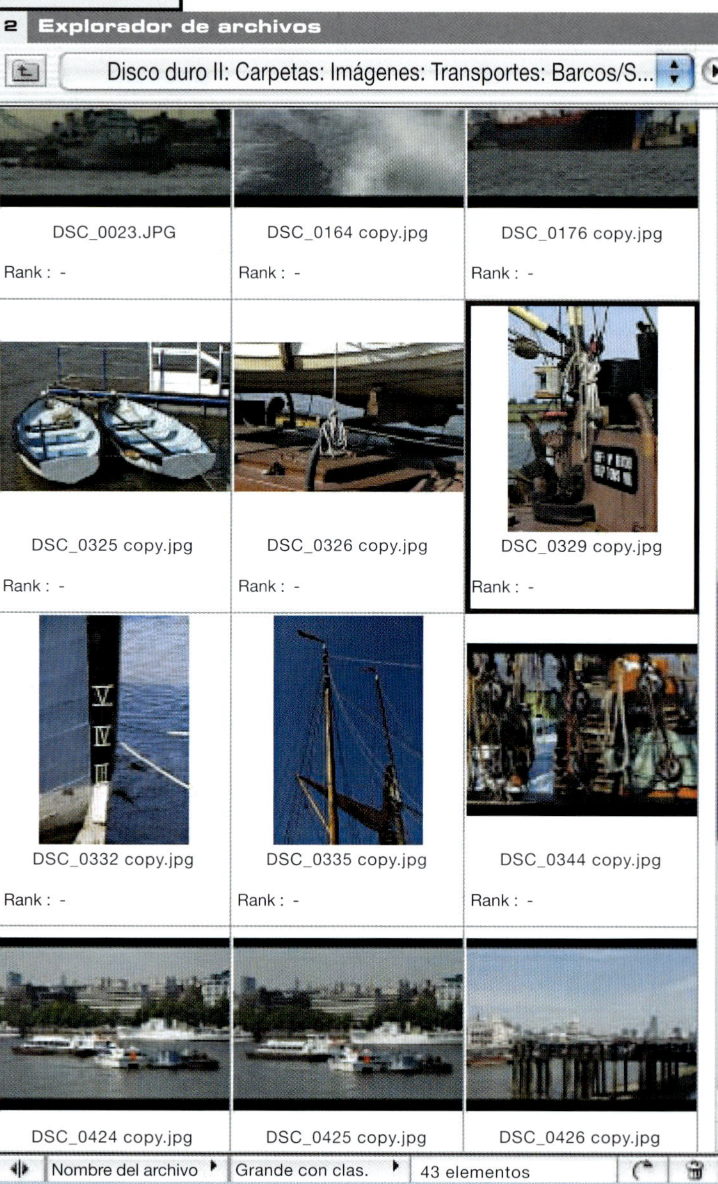

- > **Archivo TIFF**
- > **Photoshop**
- > **Voltear**
- > **Niveles**
- > **Punto blanco**
- > **Variaciones**
- > **Reproducción en la revista**

! Si tiene prisa por realizar una fotografía pero dispone de bastante tiempo para la posproducción, trabaje con archivos RAW. Son ideales para corregir ajustes imperfectos.

! Vale la pena completar otras secciones de Información de archivo, como los detalles sobre derechos de autor, al menos.

3 Exif info

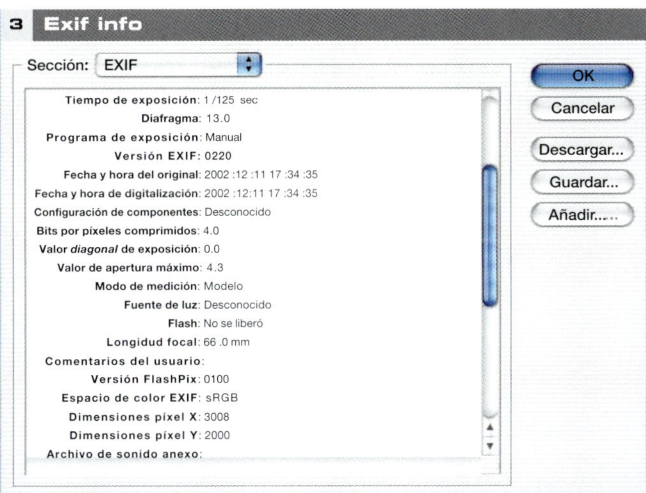

! Si dispone de variaciones de una misma toma, ha elegido un ángulo de cámara distinto o ha cambiado el vestuario del modelo, es una buena idea colocar estas imágenes en una carpeta separada para facilitar su localización. Igualmente, con un sistema de numeración secuencial obtendrá un único título para cada disparo, aunque use más de una carpeta o tarjeta de memoria.

Mejorar

Después de llevar la imagen a Photoshop, se volteó para encarar la otra haciendo Imagen > Rotar lienzo > Voltear lienzo horizontal. Luego, con Capas y la herramienta Cuentagotas, se hizo una medición de un punto blanco de las nubes para limpiar la exposición: Imagen > Ajustes > Niveles. Como no era suficiente se usó Variaciones (Imagen > Ajustes > Variaciones) para seleccionar una versión un poco más clara.

1/ La imagen original.

2/ Explorador de archivos.

3/ La información EXIF (Exchange Information Format) puede ayudarle a orientarse si las cosas no salen bien o si desea valorar las diferencias entre las tomas y los ajustes efectuados. Las cámaras registran esta información en un archivo como parte de sus datos internos, y pueden leerlo varios programas. En Photoshop, estos datos se abren con Archivo > Información de archivo, y luego seleccionando EXIF del menú desplegable.

4/ Muchos fotógrafos se olvidan de proteger sus derechos. Rellenar la información del archivo es una de las maneras de hacerlo.

4 Información de archivo

Información de archivo

Sección: General

Título:

Autor:

Puesto del autor:

Pie de ilustración: Jugador de fútbol en el aire

Escrito por:

Nombre del trabajo: Sesión de fútbol 2003

Estado del copyright: Trabajo con copyright

Nota del copyright: © John Clements

URL del propietario:

Ir a URL

OK

Cancelar

Descargar...

Guardar...

Añadir...

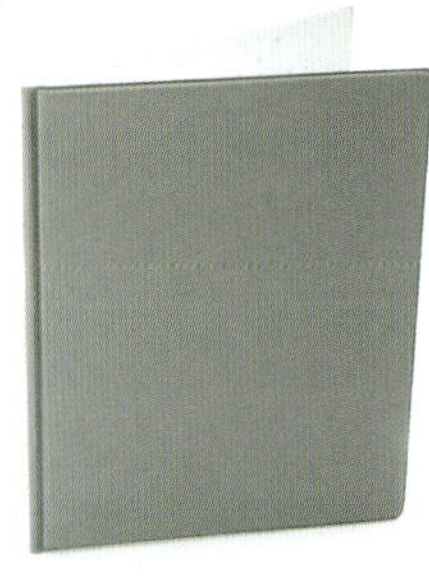

5

5/ Una tarjeta gris es útil dentro y fuera del estudio para realizar el ajuste del equilibrio del blanco.

6/ La imagen final.

6

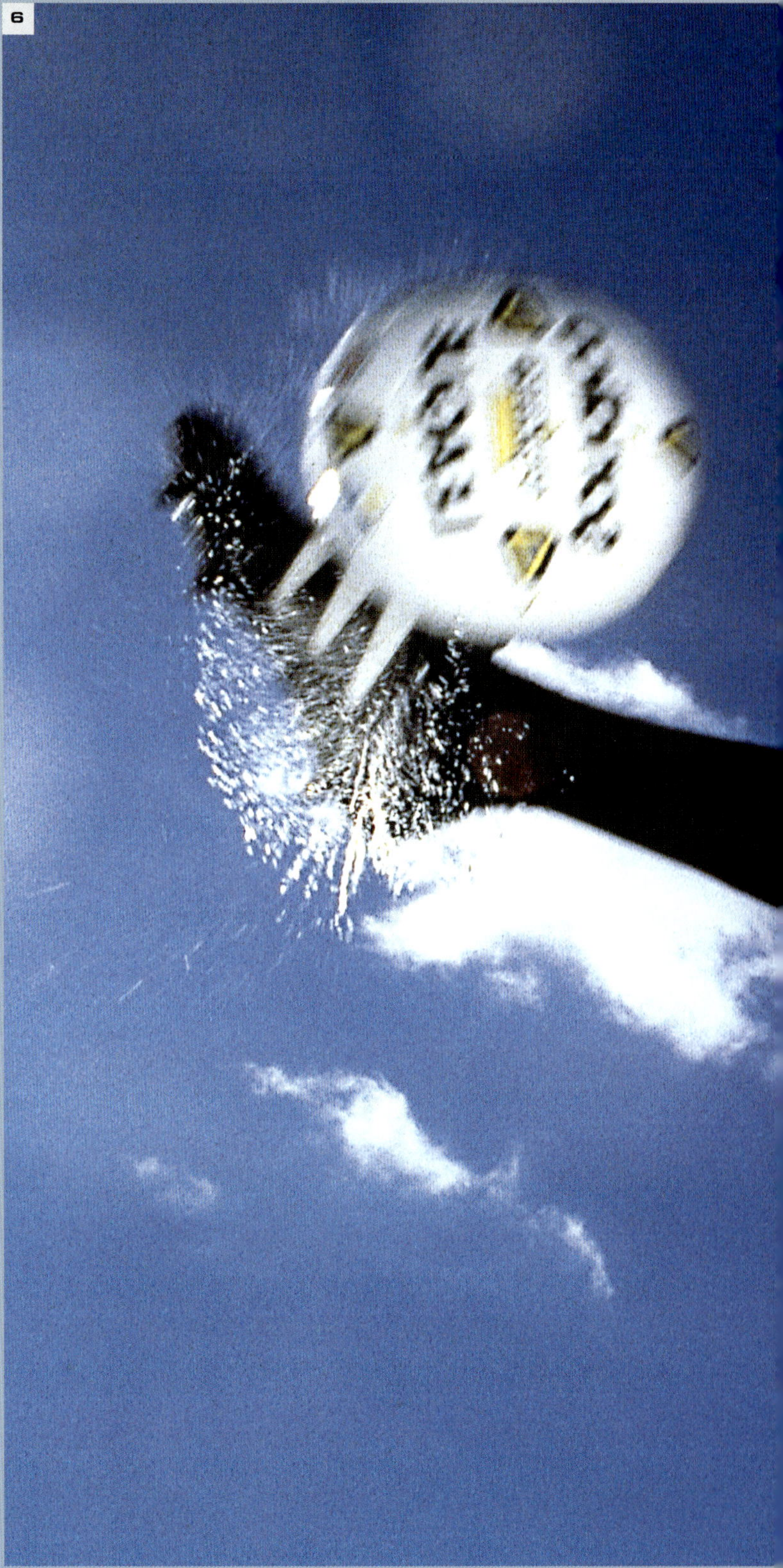

! **Si su cámara dispone de una función que permite realizar el ajuste del equilibrio del blanco ¿por qué no usarla? A veces una fotografía con un tono de calidez o frialdad adicional puede mejorar la toma.**

! ***Equilibrio del blanco*. Realizar un excelente ajuste del equilibrio del blanco es importante si el color general de la imagen tiene que parecer correcto. Puede ajustarse después de la toma pero no siempre es lo más práctico, sobre todo si usted necesita archivos externos como JPEG o TIFF. Nosotros percibimos la mayoría de los colores como si fueran correctos aun con diferentes fuentes de iluminación porque nuestro cerebro efectúa una corrección automática; en cambio, las cámaras necesitan ayuda. Las cámaras analógicas requieren un filtrado para corregir ese desequilibrio mientras que las digitales tienen la ventaja del ajuste del equilibrio del blanco. Consiste en tapar el espacio del fotograma con un objeto blanco o una tarjeta gris y después activar el control de la función de medición interna.**

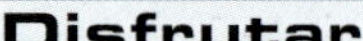

Disfrutar

Esta imagen se ha publicado en numerosas revistas y es un interesante tema de discusión en mis seminarios.

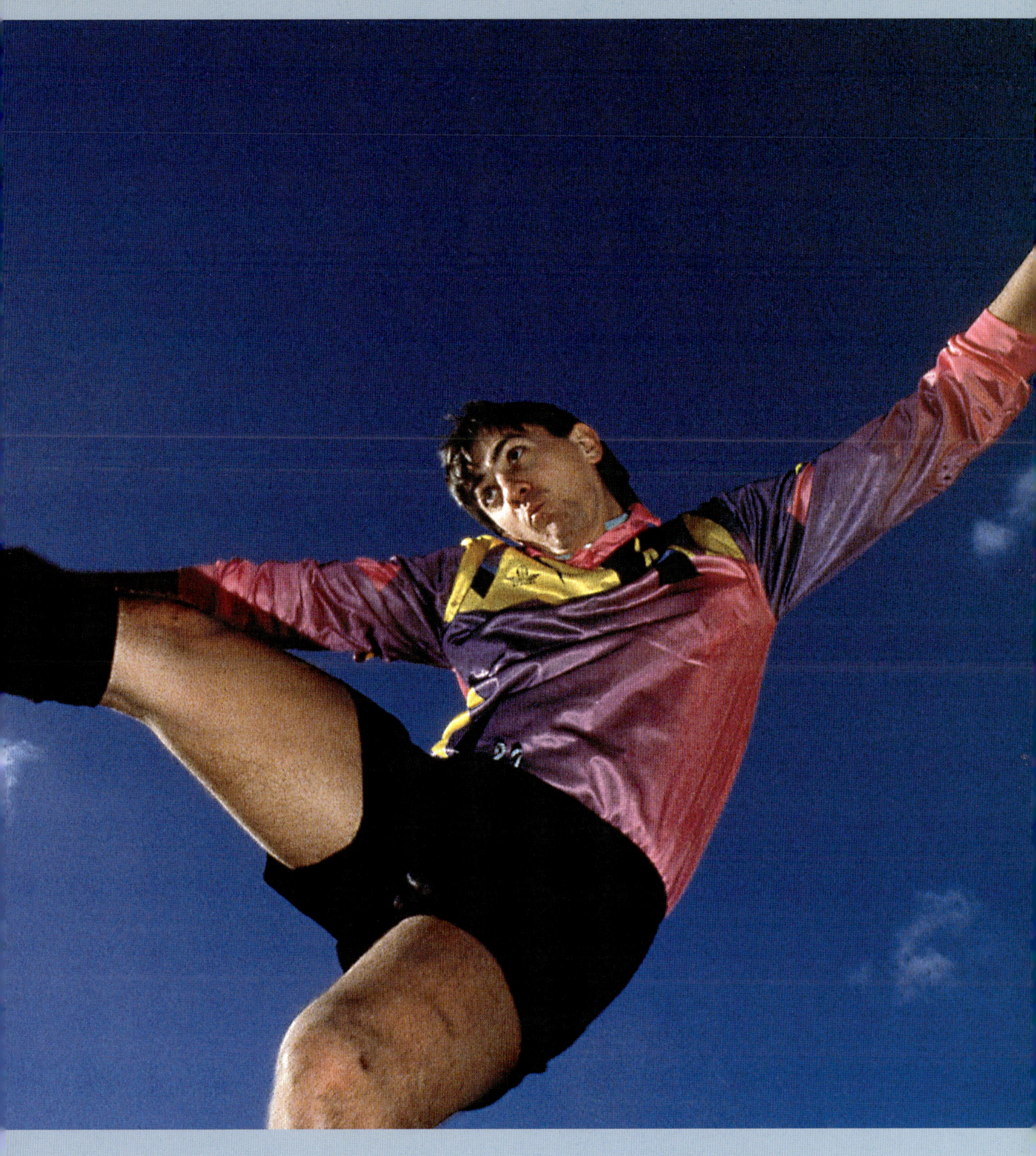

! Un archivo de datos RAW (en bruto) es la opción definitiva como archivo externo. Ya se le conoce como el negativo digital. Es también más pequeño que un archivo TIFF y, al igual que éste, no pierde información cada vez que se guarda.

! Un rasgo distintivo de los archivos RAW es que permiten, más que cualquier otro formato, preparar la imagen para usos posteriores.

Formato RAW

Formato RAW es el término que se da a la información básica que proporciona el sensor de una cámara o escáner y su programa antes de procesar y guardar dicha información como un archivo TIFF o JPEG. Algunos consideran los datos del modo RAW de la cámara como su negativo digital. Esto tiene su importancia porque contiene la información original sin alterar. La ventaja para el fotógrafo es obvia: usted puede usarlo igual que si revisara un negativo, y puede cambiar la información. Esto es importante en la toma digital porque permite retroceder e intervenir más en la imagen. Un archivo RAW necesita más tiempo para proveer una imagen de trabajo porque ha de procesar los datos en el ordenador después de la toma, así que no es muy aconsejable si busca rapidez. Si lo que necesita es hacer fotografías rápidas para utilizar fuera de la cámara debería utilizar archivos JPEG o TIFF. Otro rasgo del modo RAW es que el tamaño del archivo es menor que uno TIFF por no estar procesado.

Mejorar

Los fabricantes de cámaras o respaldos digitales proporcionan un programa para manipular su propia información RAW. Además, en algunos casos hay programas que pueden ofrecer más opciones. Es interesante recordar que un *plug-in* de Photoshop permite trabajar sobre un archivo RAW sin abrir el programa del fabricante.

Así que tenemos el archivo, el programa está abierto, pero ¿cuáles son los pasos que hay que dar? Primero puede ser el aspecto de una imagen. A esto se le llama renderización y es similar a la selección en la cámara de un paisaje, un retrato, o un producto, por ejemplo. Con la cámara digital podemos fotografiar cuanto queramos y juzgar la mejor toma después. Asimismo, también es posible ajustar el equilibrio del blanco o incluso medirlo desde un punto de la imagen en la fase posterior a la toma. Seleccionar el color o blanco y negro es otra opción.

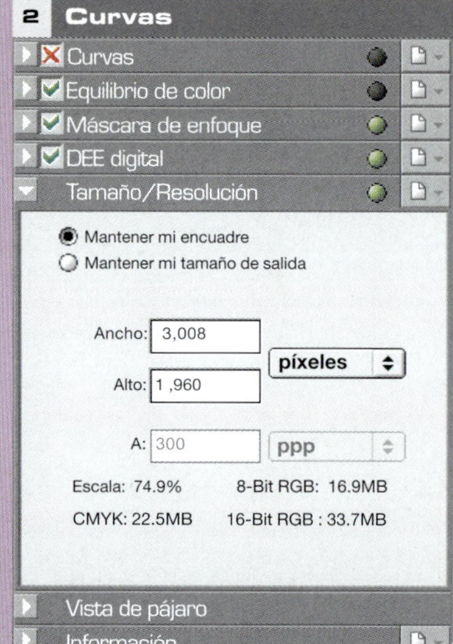

3

1 Ajustes avanzados

RAW avanzado
Exp Com.: 0
Nitidez: Baja
Comp. Tono: *Normal
Modo Color: Invariable
Ajuste de tono (originalmente *0)
3
Compensación de saturación
1
Equilibrio del blanco
Definir Temperatura de color
Cámara B/N: Flash
Nuevo B/N: usar punto gris
Ajuste fino: K
Más frío
Más cálido

1/ Procesar la información RAW después de la toma permite hacer los ajustes más importantes, como la nitidez y el color. También puede corregirse cualquier dominante de color.

2/ Como alternativa a programas de retoque tipo Photoshop, muchos fabricantes de cámaras ofrecen programas con controles de corrección.

3/ Un archivo de información RAW es su negativo digital listo para su uso.

4/ El procesado de series evita perder el tiempo en tareas tediosas cuando se manejan lotes de imágenes.

Almacene en un CD la copia original de los archivos RAW. Es el equivalente digital de conservar un negativo.

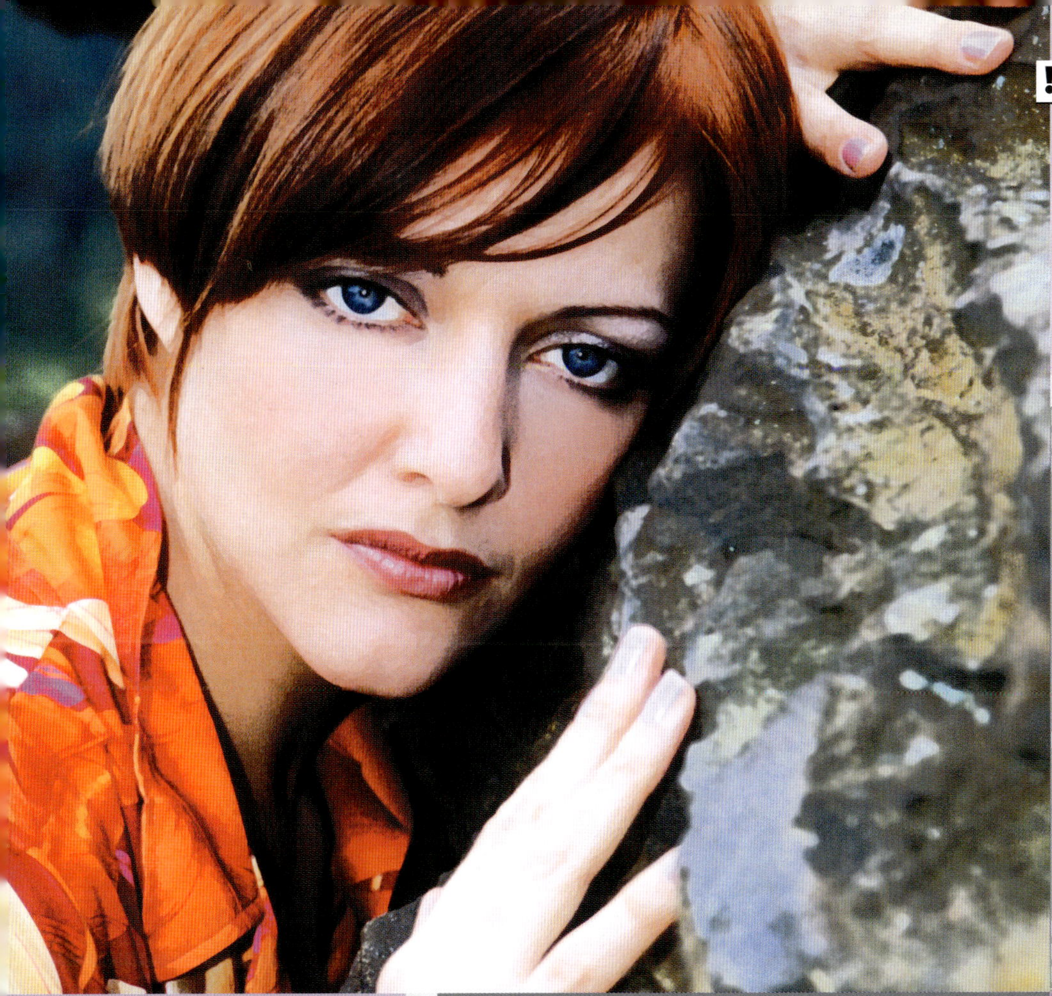

5 Equilibrio de color/USM

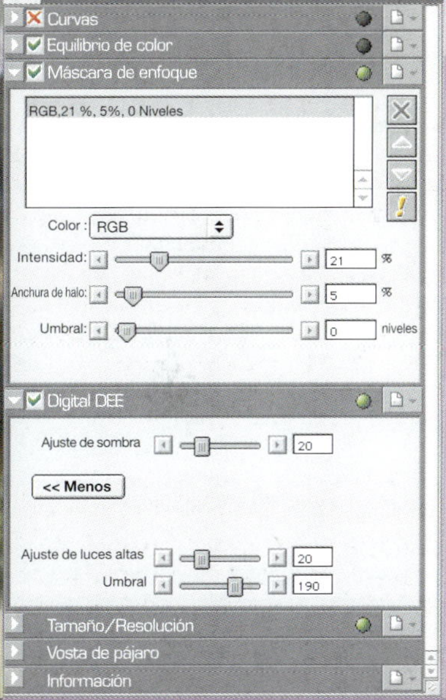

Curvas
Equilibrio de color
Máscara de enfoque
RGB,21 %, 5%, 0 Niveles
Color: RGB
Intensidad: 21 %
Anchura de halo: 5 %
Umbral: 0 niveles
Digital DEE
Ajuste de sombra 20
<< Menos
Ajuste de luces altas 20
Umbral 190
Tamaño/Resolución
Vosta de pájaro
Información

4 Lotes

Origen
Disco duro III: Estudio 6/10/03: Seleccionar...
Incluir subcarpetas
Examinar periódicamente nuevos archivos en esta carpeta
Examinar archivos de esta carpeta después de ser procesados
Ajustes de imagen
Aplicar ajustes habituales Cambiar ajustes...
Aplicar *ajustes internos*: Seleccionar...
Aplicar ajustes ya en archivos NEFF
Destino
Utilizar carpeta de origen Utilizar nombre de archivo de origen
Guardar en: Macintosh HD:Documentos Seleccionar...
Nombre del siguiente archivo: Editar...
Guardar como tipo: Formato TIFF (RGB) Sin compresión
8 - bit 16 - bit
Cancelar Iniciar

En muchos programas, la nitidez de la imagen puede trabajarse con una Máscara de enfoque. También pueden ajustarse los canales individuales y los efectos de ruido. No se olvide de reencuadrar la imagen si es necesario. Si dispone de muchas imágenes de una sesión, el comando Lotes le ayudará a convertirlas en archivos básicos a voluntad y a guardarlas en un sitio preestablecido.

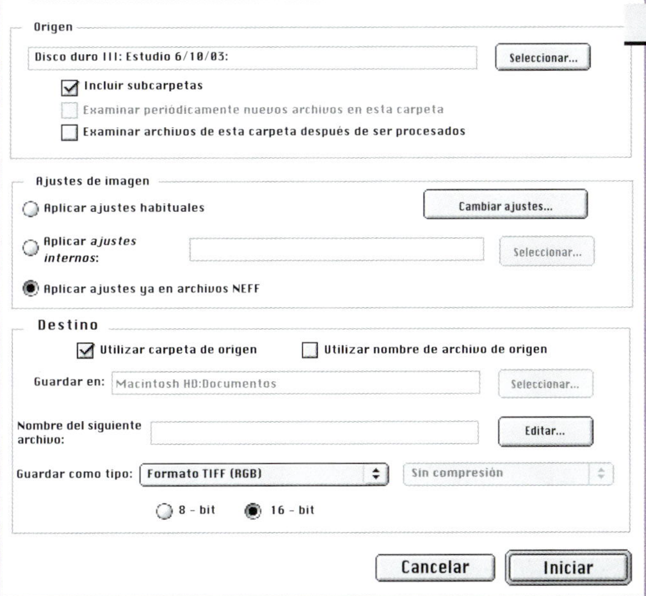

5/ Los archivos RAW permiten ajustar la nitidez desde cero. Puede elegir el mejor valor para una imagen según su finalidad.

Disfrutar

Cuando haya ultimado todas las correcciones, dispondrá de una serie de opciones para pasar los datos a un formato de archivo que podrán leer muchos programas; pero, si lo desea, puede crear una variedad de opciones diferentes. Para un trabajo de gran calidad, los archivos RAW pueden transformarse en archivos TIFF de 16 bits como alternativa a los archivos TIFF o JPEG de 8 bits. Tiene sus ventajas si el programa de *software* utilizado para manipular la imagen posteriormente, o prepararla para reproducción, puede trabajar con información de 16 bits. La información de color será superior y producirá resultados más exactos, pero los archivos serán mayores.

3 Posproducción básica

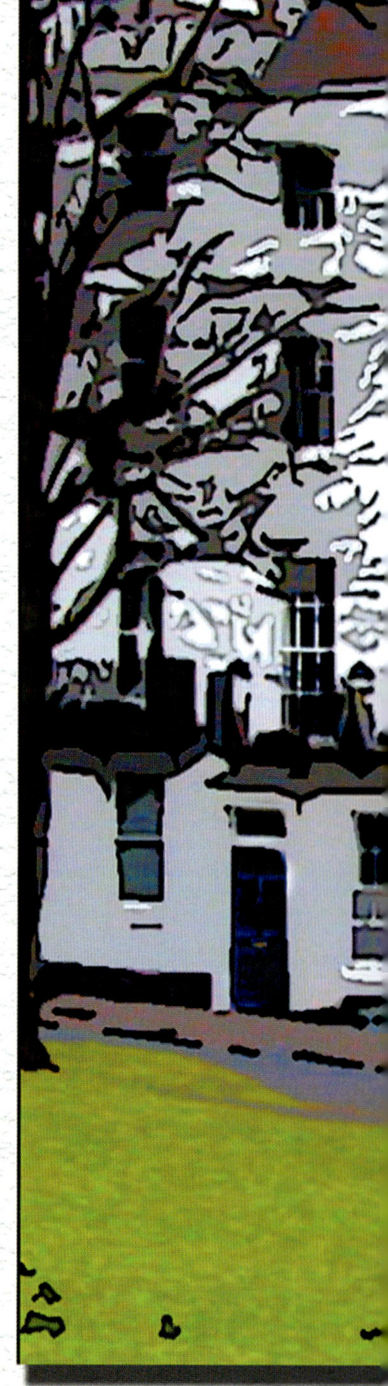

Terraza, de David Rowley

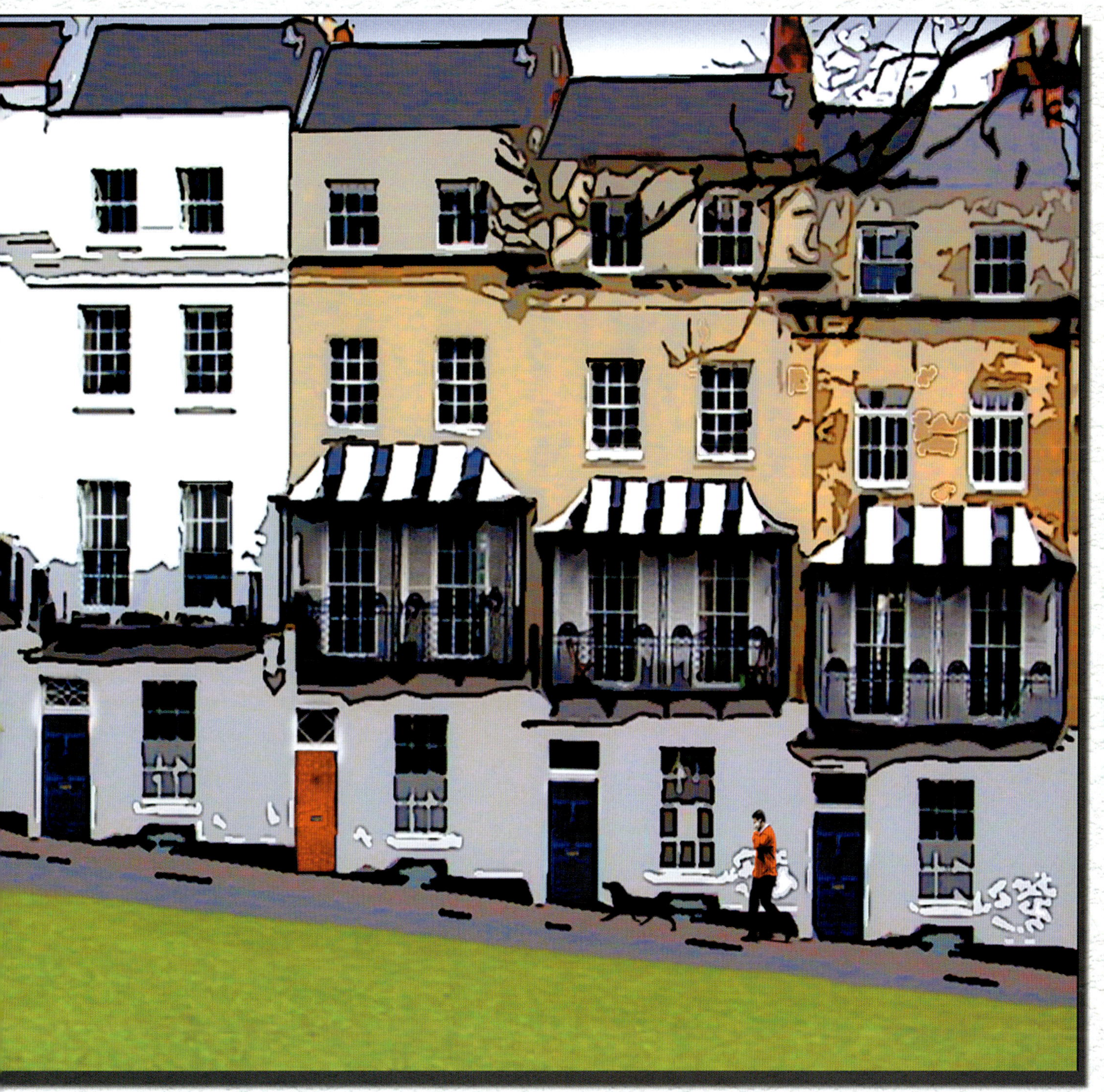

En este capítulo...

Los métodos de posproducción básica pueden ayudarle a que una fotografía corriente se convierta en una imagen artística.

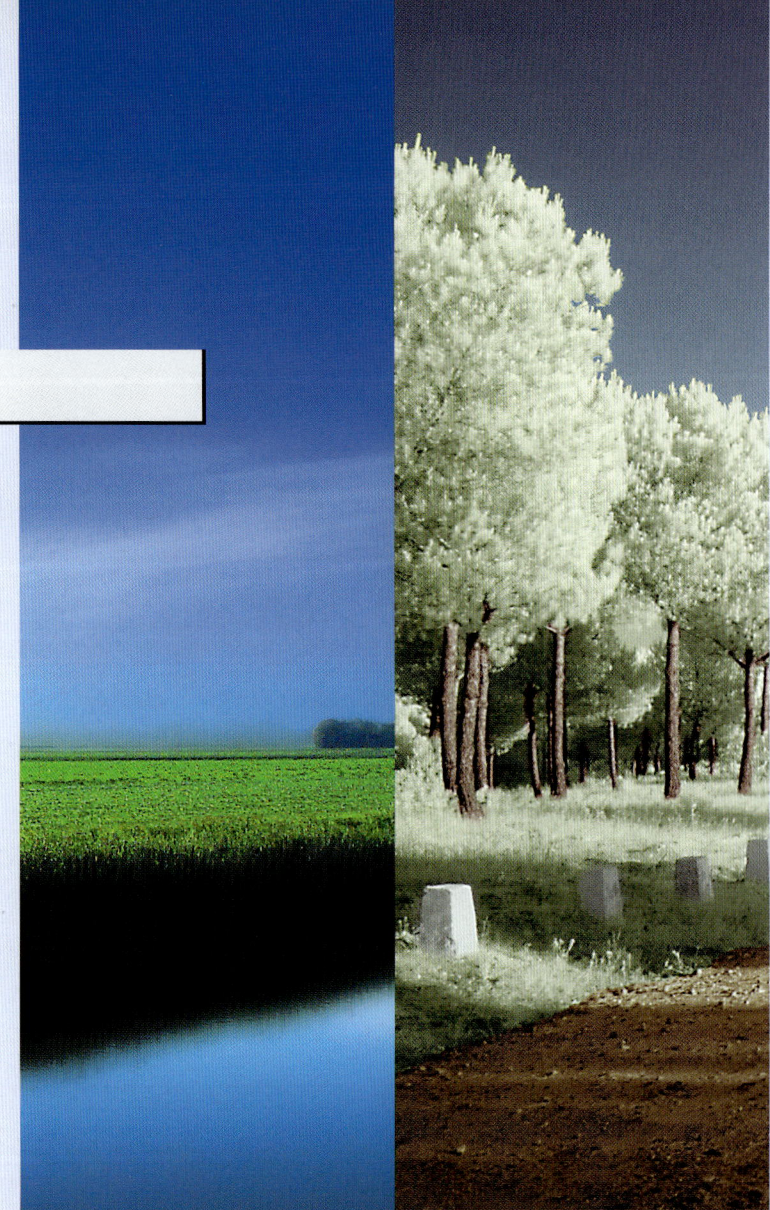

Brillo, contraste y algo más

La mayoría de las imágenes digitales se benefician de ajustes básicos de brillo, contraste, tono y saturación para realzar al máximo sus colores.

Páginas 44-45

Acabados alternativos

Este apartado le enseña cómo recuperar una imagen decepcionante y transformarla en algo nuevo y original.

Páginas 46-49

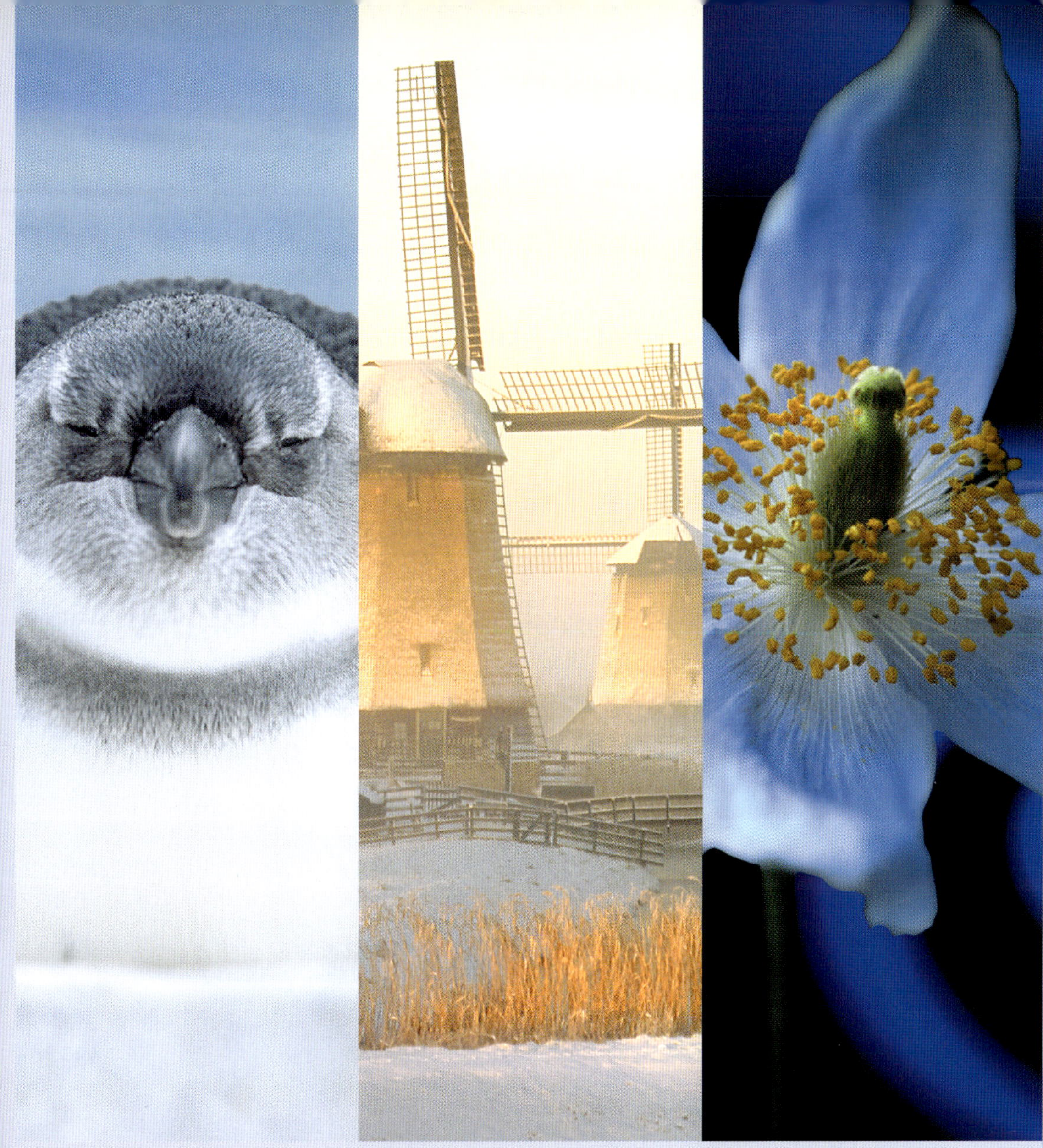

Retoques básicos

Aquí nos centramos en la sencilla pero fundamental técnica de eliminar imperfecciones y detalles no deseados con la herramienta Clonar. También enseña cómo realzar una imagen tomada en exteriores añadiendo un cielo brillante.

Páginas 50-51

Variaciones sutiles

En materia de ajustes digitales, menos suele ser más, y aquí comprobamos que pequeñas variaciones en el equilibrio el color pueden tener un efecto bello y sutil.

Páginas 52-53

Fondos perfectos

Una buena imagen puede ser excelente si se crea un fondo que destaque el tema.

Páginas 54-57

Brillo, contraste y algo más

A menudo sólo existe una diferencia mínima entre una imagen correcta y otra perfecta. Los ajustes de luminosidad y contraste, de tono y saturación son herramientas importantes en esta fase de la creación digital. Algunas imágenes mejoran con efectos llamativos, pero la mayoría sólo necesitan un cambio sutil.

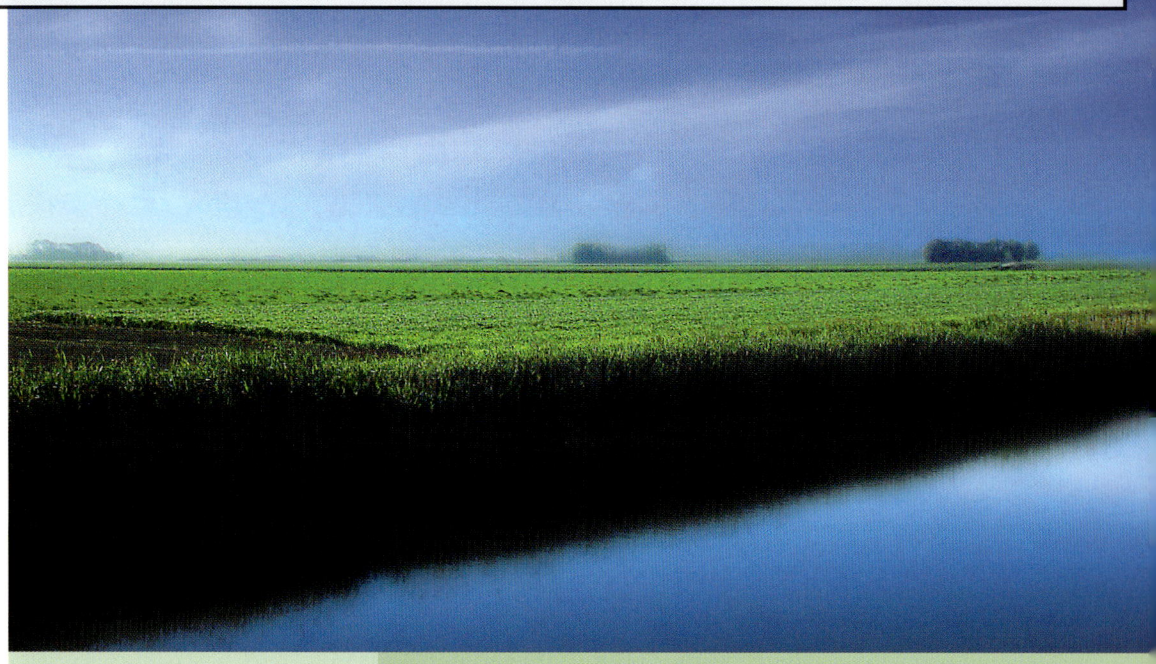

Disparar

Allan Schaap reside en Holanda. Esta fotografía, *Canal* (1), se tomó con una cámara compacta de 5 megas. Ahora Allan trabaja con una réflex digital con CCD de formato completo.

Mejorar

Se realizaron algunas correcciones del archivo externo que incluían el aumento de la saturación (Imagen > Ajustes > Tono/Saturación) y el desenfoque selectivo de una zona con el filtro Desenfoque gaussiano (Filtro > Desenfocar > Desenfoque gaussiano). Ambos ajustes se hicieron con Photoshop. En este trabajo se empleó casi una hora.

Disfrutar

Allan vendió esta imagen al gobierno provincial. Para su reproducción en este libro la foto llegó en un archivo TIFF de 5 megas con una compresión LZW (Lemple-Zif-Welch) –que redujo el tamaño del archivo–, compatible con archivos TIFF, GIF y PDF. El método LZW no supone pérdidas y funciona mejor con imágenes con una gran cantidad de un solo color.

> Photoshop
> Tono y saturación
> Desenfoque gaussiano
> Archivo TIFF

! *Brillo y contraste.* Casi todas las imágenes requieren algún ajuste de la luminosidad y el contraste. Con unas sencillas guías de desplazamiento y las ventanas de vista previa se hará una idea de los cambios antes de darles su visto bueno. Pero un entorno de visión apropiado y una pantalla calibrada son esenciales si los cambios deben reflejarse con precisión. Si necesita dar nitidez a una imagen, recuerde que la Máscara de enfoque suele ser más efectiva cuando se aplica al final de la posproducción, y que cambiará los niveles de contraste localizado cuando se aumenta el enfoque de la imagen. Además, podrá lograr un control más detallado con Capas y Curvas (véanse páginas 62-67).

! *Saturación.* Estamos rodeados de imágenes con colores supersaturados e incluso con tonalidades falsas. Esto puede ser deliberado en publicidad, que suele imitar lo que aparece en televisión. Las emulsiones de las películas populares también presentan una saturación por encima de la media y ajustes de tono bajos comparados con los colores reales. Algunas imágenes no digitales pueden resultar planas y necesitar una intervención para avivarlas. La mayoría de los programas de retoque de imágenes le permitirán realizar estos ajustes por medio de guías de desplazamiento aunque algunos ofrecen distintas fórmulas.

Los mejores resultados suelen obtenerse trabajando en áreas concretas de una imagen en lugar de hacer una corrección del color general. Use una herramienta de selección como Varita mágica o Lazo para definir el área que desea cambiar. Si crea una capa nueva cada vez y también para cada área por separado, podrá retroceder y corregirlas por separado cuando lo precise. Esto es importante porque los cambios en un área pueden hacer que los cambios anteriores parezcan erróneos.

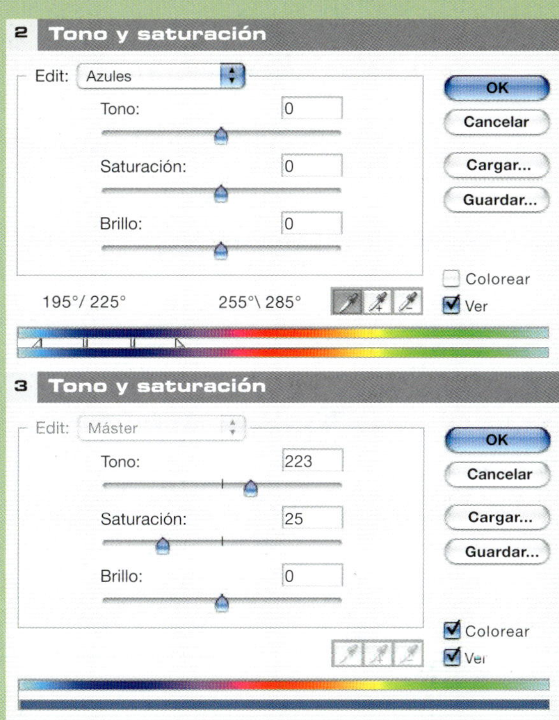

1

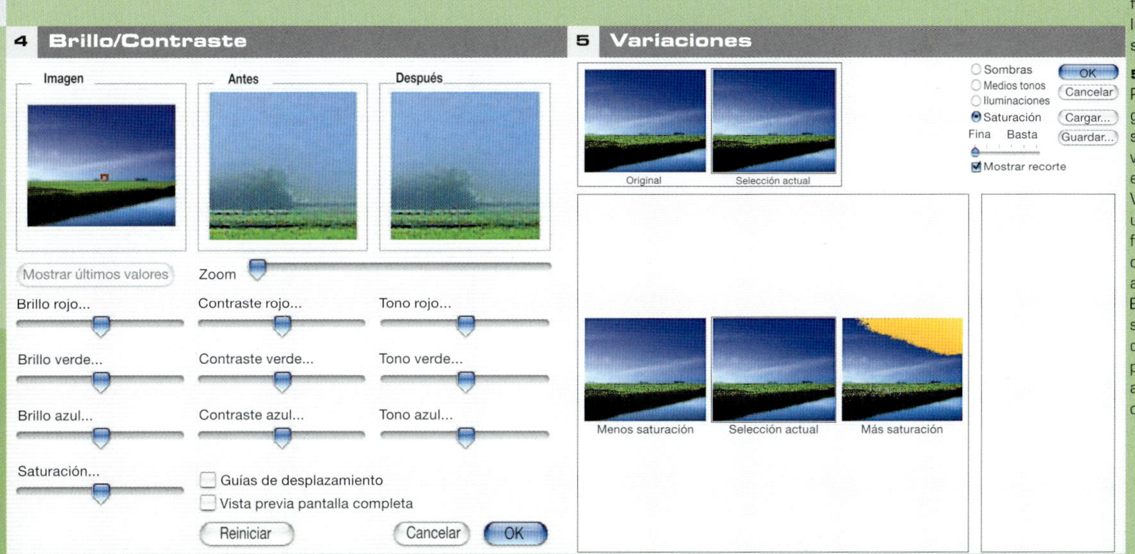

1/ La imagen final.

2/ El ajuste de un tono de color, en este caso el azul, suele ser un factor crítico. Usted puede eliminar valores de un color concreto y reducir áreas de una imagen a blanco y negro.

3/ Activar la función Colorear le permite aplicar y ajustar un tono global.

4/ Muchos programas de retoque de imágenes ofrecen fáciles controles de ajuste para luminosidad, contraste, tono y saturación.

5/ La función Variaciones de Photoshop le permitirá ajustar globalmente sólo la saturación si así lo desea, mostrando valores alternativos a los establecidos. Si examina la Ventana de recorte puede ver una muestra de los cambios fuera de gama para una gama de colores específica. Aquí está activada la configuración CMYK Euroscale Uncoated v2. Esto significa que los valores de los colores que usted defina no pueden reproducirse como tales al pasar la imagen a esa configuración.

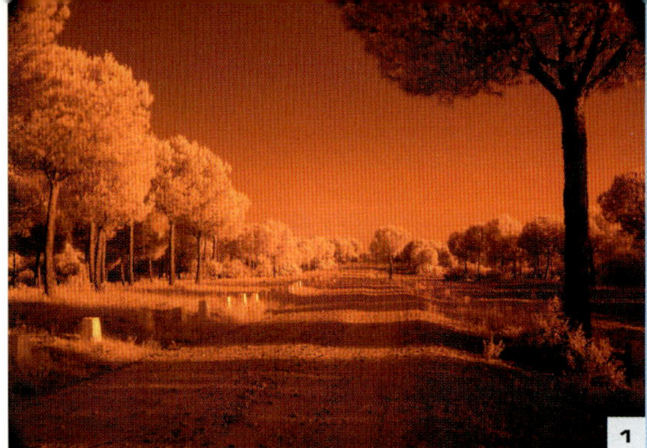

1

Acabados alternativos

Uno de los aspectos más satisfactorios del control digital es que permite mejorar imágenes imperfectas. *A través de los pinos* es un buen ejemplo. Vale la pena dedicar un tiempo a pensar cómo mejorar una imagen decepcionante antes de eliminarla.

Disparar

Felipe Rodríguez, residente en Sevilla, utilizó una cámara réflex compacta de 5 megas para tomar esta fotografía. Inicialmente se pensó como una imagen digital infrarroja, por lo que se colocó el correspondiente filtro rojo en el objetivo (1). Esto dio lugar a una exposición de ½ segundo incluso con un diafragma f/5,5 y la sensibilidad ajustada a 100 ISO. El resultado fue decepcionante pero las habilidades de Felipe con Photoshop acudieron en su ayuda.

2 **Mezclador de canales**

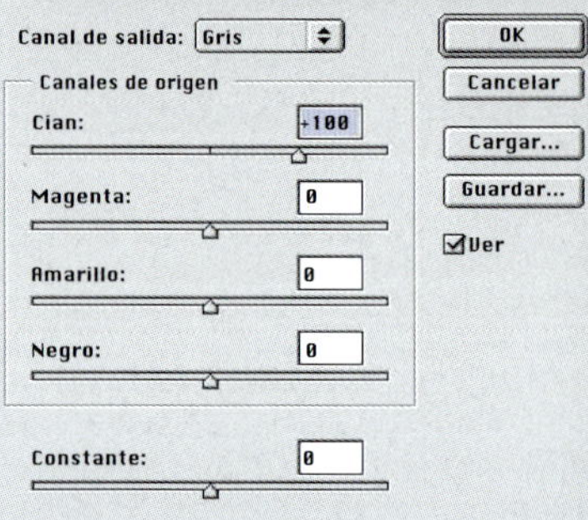

3

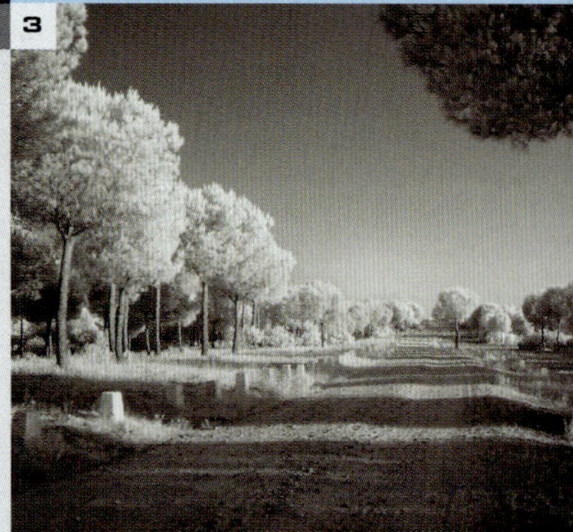

Mejorar

Decidió colorear de nuevo partes de la imagen de diferentes formas. Primero, eliminó los colores de la imagen original desde el menú de Imagen > Ajustes > Mezclador de canales > Monocromo (2). Esto dio un aspecto plano a la imagen (3), así que se ajustaron los Niveles (Imagen > Ajustar > Niveles) para dar más contraste. Luego, se hicieron varias selecciones, la mayoría con la herramienta Lazo.

El autor corrigió los colores y el contraste con el comando Equilibrio de color (4/5/6/7) para neutralizar los tonos, sin olvidarse de crear una capa nueva para cada área de intervención. Un tablero gráfico y una pluma ayudaron en esta delicada tarea. Luego se acoplaron las capas. Colorear a mano lleva mucho tiempo y Felipe trabajó cinco o seis horas en esta imagen.

! Sea cuidadoso con el retoque. El mejor retoque es el que no se nota.

- **> Photoshop**
- **> TIFF**
- **> Mezclador de canales**
- **> Niveles**
- **> Herramienta Lazo**
- **> Capas**
- **> Equilibrio del color**
- **> Acoplar capa**
- **> Niveles**
- **> Web**

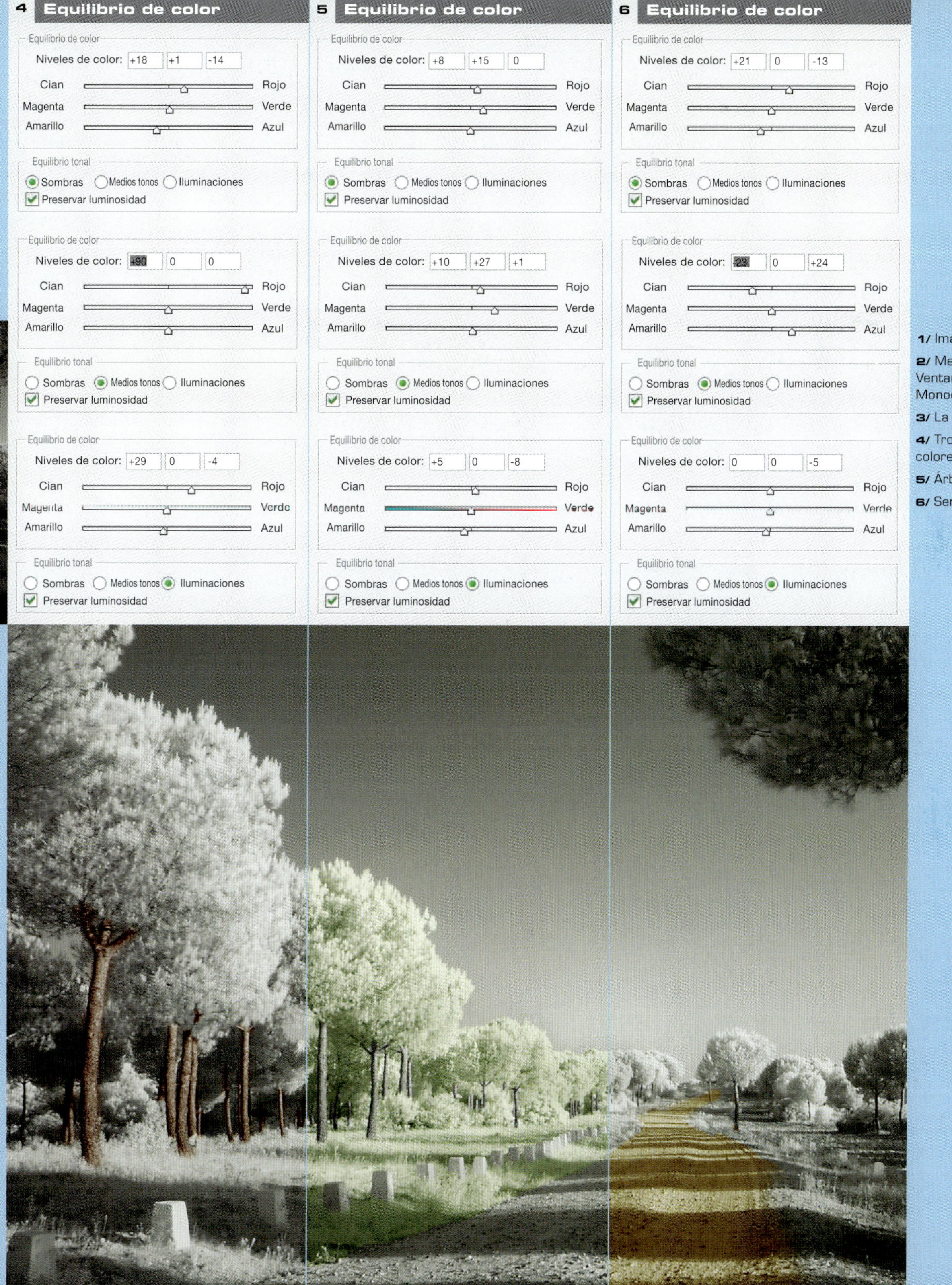

1/ Imagen original.

2/ Mezclador de canales/ Ventana de diálogo: Monocromo.

3/ La imagen sin saturar.

4/ Troncos de árboles coloreados.

5/ Árboles coloreados.

6/ Sendero coloreado.

7 Equilibrio de color

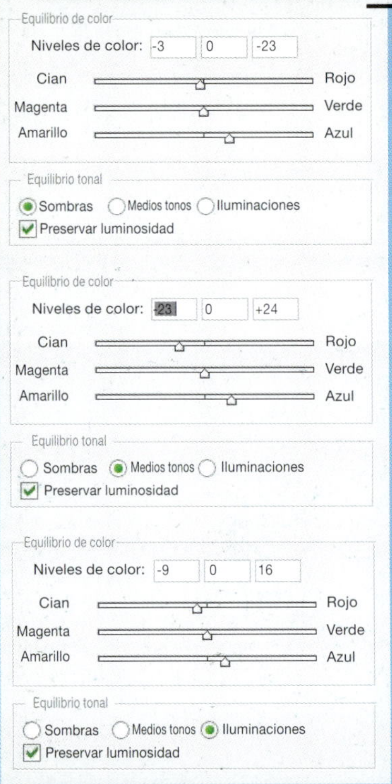

Equilibrio de color
Niveles de color: -3 | 0 | -23
Cian — Rojo
Magenta — Verde
Amarillo — Azul

Equilibrio tonal
(•) Sombras ( ) Medios tonos ( ) Iluminaciones
[✓] Preservar luminosidad

Equilibrio de color
Niveles de color: -23 | 0 | +24
Cian — Rojo
Magenta — Verde
Amarillo — Azul

Equilibrio tonal
( ) Sombras (•) Medios tonos ( ) Iluminaciones
[✓] Preservar luminosidad

Equilibrio de color
Niveles de color: -9 | 0 | 16
Cian — Rojo
Magenta — Verde
Amarillo — Azul

Equilibrio tonal
( ) Sombras ( ) Medios tonos (•) Iluminaciones
[✓] Preservar luminosidad

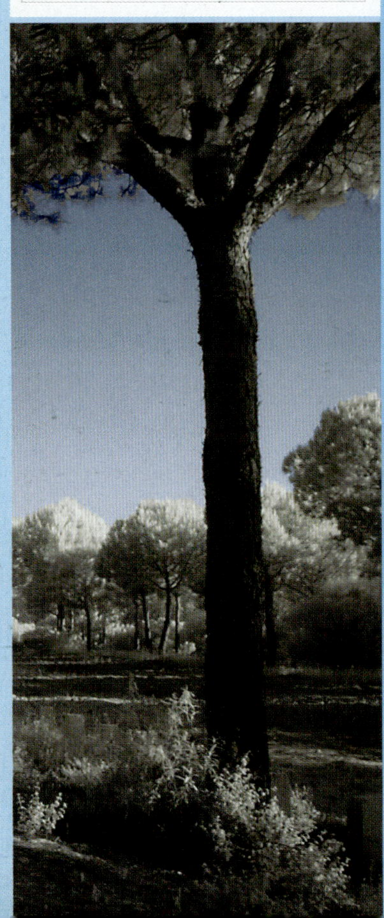

Disfrutar

Esta imagen aparece en la página web del fotógrafo, quien confía en convertirla en una copia para comercializar. También se hizo una versión alternativa con una corrección de Niveles menor para añadir contraste antes de modificar el tamaño para mostrarla en la web.

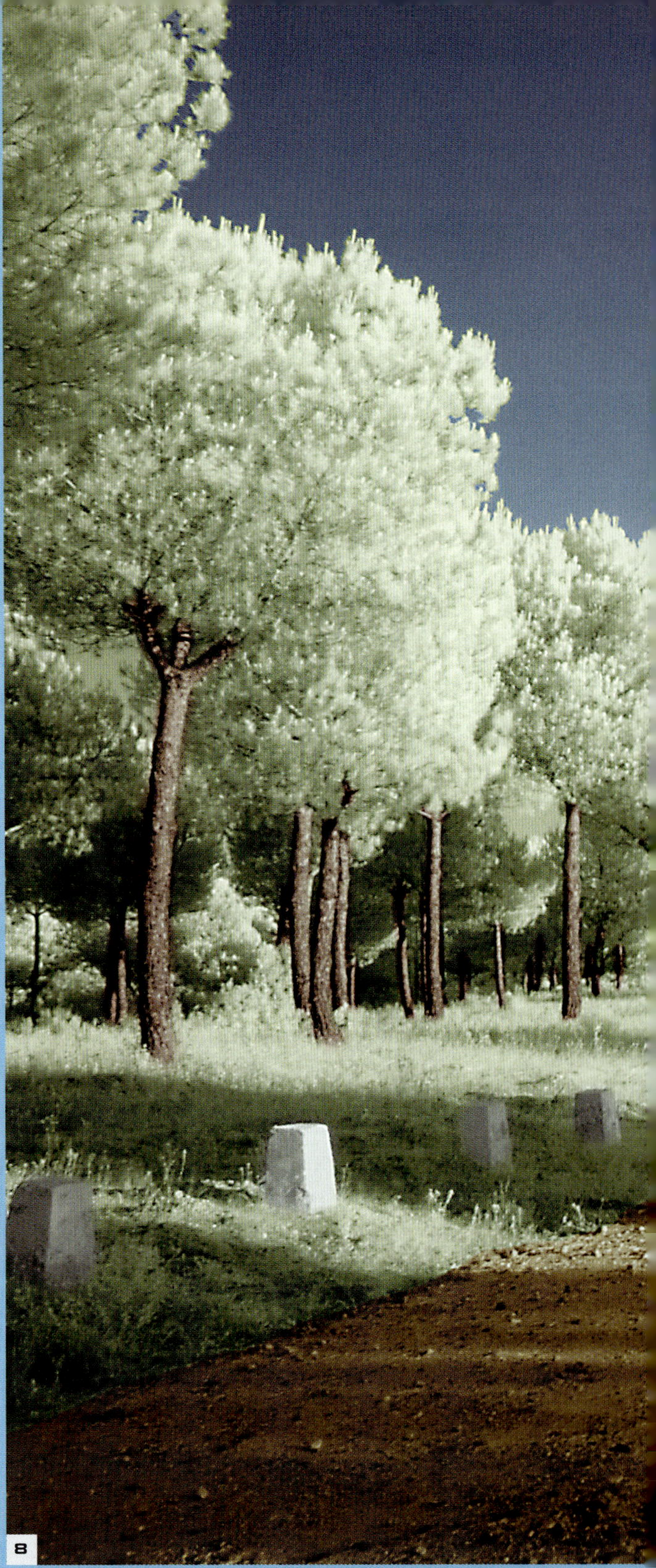

7/ Cielo coloreado.

8/ La imagen final.

8

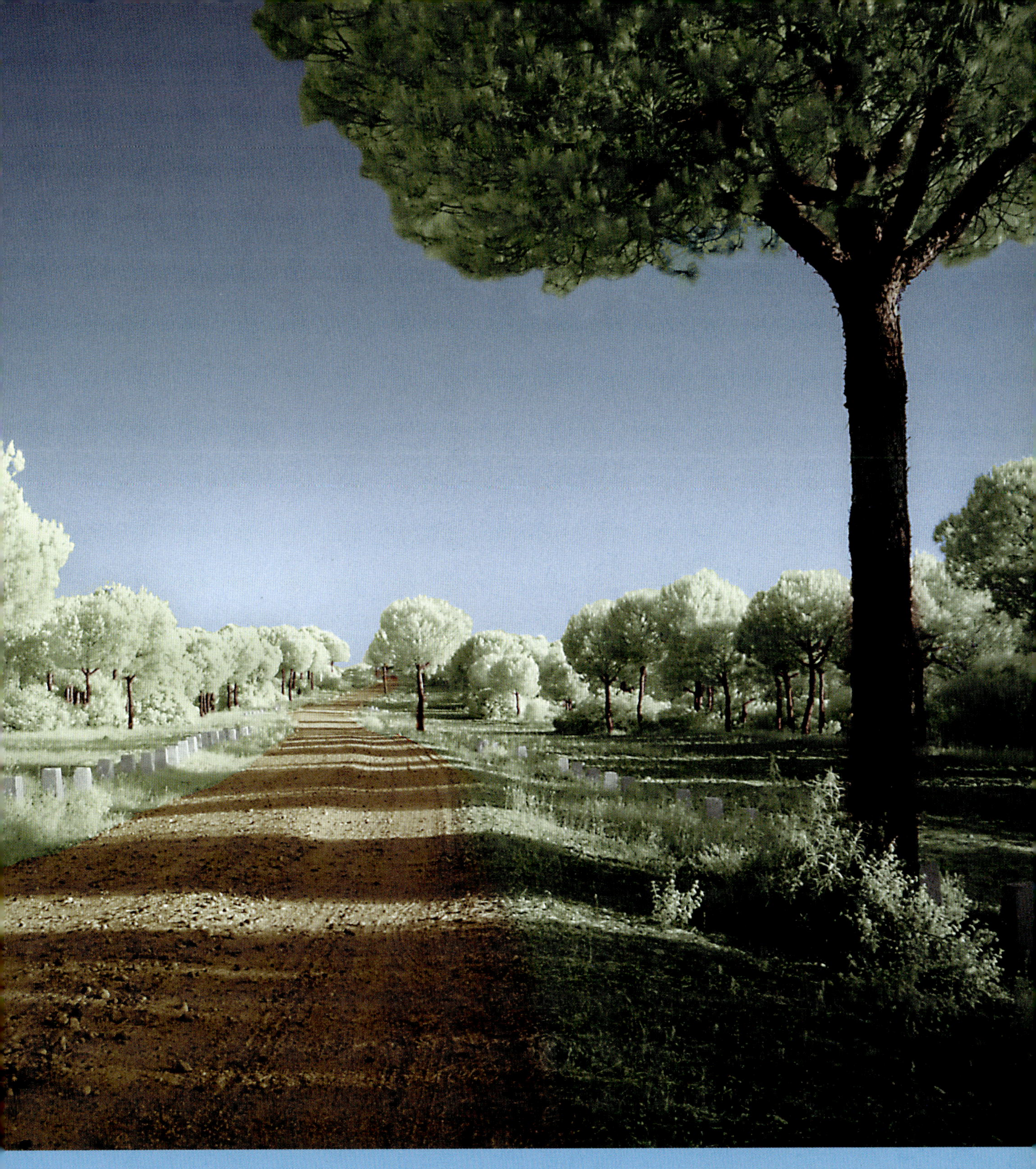

Disparar

Los viajes de Jon Bower lo llevan por todo el mundo, aunque una parte de esta imagen, *Pingüino en el zoo de Londres*, se obtuvo en su país natal. Jon trabaja con diapositivas de 35 mm que luego escanea y prepara para ser retocadas, archivadas y usadas. Aunque a veces tiene una idea preconcebida, cree que su enfoque funciona mejor si toma una foto con potencial y luego intenta ver dónde manipularla. Así consigue unos montajes tan memorables como realistas.

Retoques básicos

«La ingenua expresión de este joven pingüino me divirtió, pero el fondo era horrible. Así que tomé la foto sabiendo que eliminaría el fondo y la encuadré según esa idea.»

- **> Imagen captada en película de 35 mm**
- **> Escanear**
- **> Photoshop**
- **> Capa**
- **> Herramienta Clonar/ Pincel corrector**
- **> Capa**
- **> Niveles/Curvas**
- **> Capa**
- **> Varita mágica**
- **> Máscara rápida**
- **> Pintar**
- **> Capa**
- **> Contornear**
- **> Cortar/Pegar**
- **> Capa**
- **> Desenfoque gaussiano**
- **> Capa**
- **> Equilibrio de color**
- **> Acoplar**
- **> CD**
- **> Web**

Mejorar

Las dos imágenes (1/2) se digitalizaron a 4.000 ppp (puntos por pulgada) con un escáner para película de 35 mm. Jon es muy meticuloso a la hora de eliminar el polvo y quitó fallos con Photoshop. La herramienta Clonar y Pincel corrector son inmejorables para ello. Jon usa una u otra según el tamaño de la mancha, la naturaleza del defecto y las características del fondo. La foto del pingüino se corrigió con Curvas y Niveles para obtener el máximo detalle y el mejor contraste. Luego llegó la difícil tarea de quitar el fondo y el pingüino –engorrosa a causa del perfil peludo de la figura– y la eliminación del monótono fondo de cemento. Jon, primero, hizo un tosco delineado con herramientas de Lazo estándar o magnético y después pasó a Máscara rápida. Una selección de pinceles con diferentes opacidades, de basto a fino, pintando píxel a píxel con blanco o negro consiguió la selección perfecta. Por último, un toque de contorno completó el trabajo.

El autor pegó el pingüino sobre la imagen de un cielo azul tomada en Bali. Aplicó Desenfoque gaussiano para obtener un desenfoque realista eligiendo un radio máximo de 15 píxeles, que luego perfeccionó con pequeñas cantidades de desenfoque añadido a otros elementos. Para que la temperatura de color del primer plano fuera la correcta, recurrió a Equilibrio de color (Imagen > Ajustes > Equilibrio de color) (3), ya que la original era demasiado azul. Luego movió la imagen de izquierda a derecha para conseguir un equilibrio visual. Después se acoplaron las capas de esos estados. Para obtener el resultado final se emplearon unas dos horas.

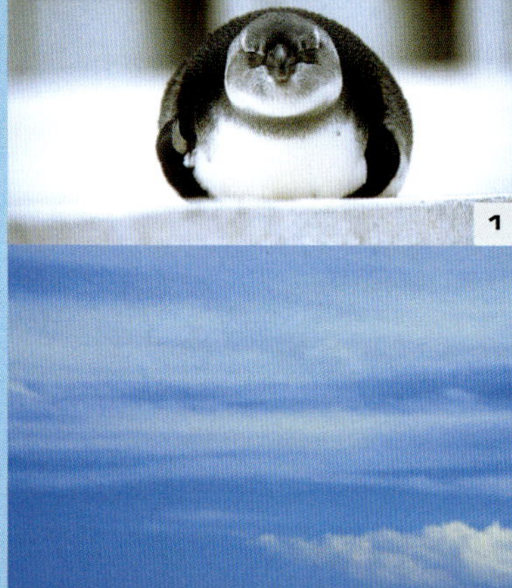

1 2

1/ La imagen inicial se consiguió con un objetivo 70-200 mm con diafragma abierto.

2/ Una fotografía tomada en el otro lado del mundo proporcionó el cielo luminoso deseado.

3/ Se utilizó Equilibrio de color para rebajar el azul del cielo.

4/ La imagen final.

4

3 Equilibrio de color

Equilibrio de color
Niveles de color: 0 0 -3
Cian — Rojo
Magenta — Verde
Amarillo — Azul
Equilibrio tonal
Sombras · Medios tonos · Iluminaciones
Preservar luminosidad

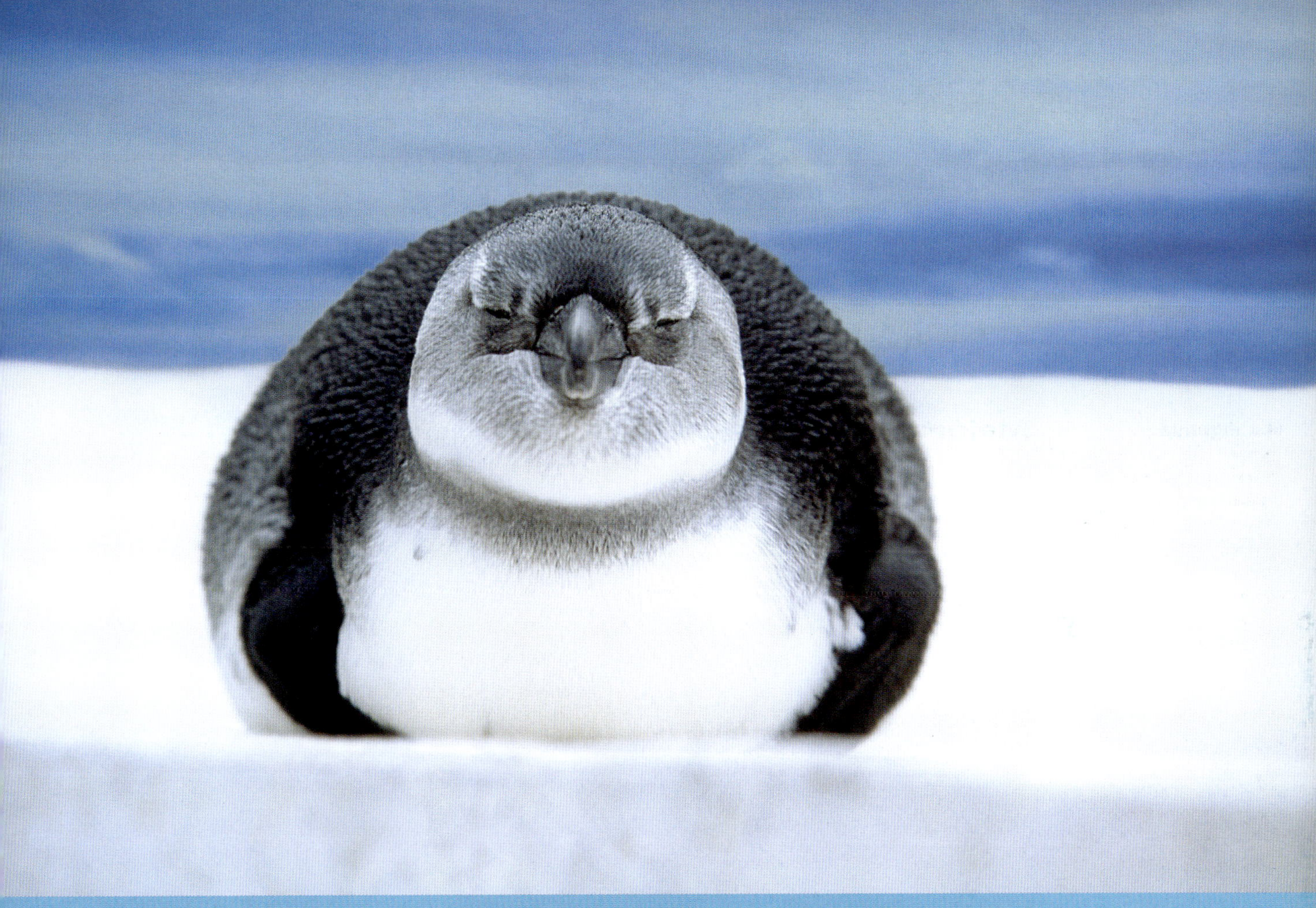

Disfrutar

Esta imagen se archivó en un CD. Jon, a veces, hace copias para su uso personal, pero la mayoría de sus imágenes las compran revistas, libros o bancos de imágenes en internet, como Alamy.

! La herramienta Clonar es una de las más útiles para el fotógrafo digital. Cuando desee crear un área nueva e inmaculada, extender o contraer una parte, o clonar para introducir efectos especiales, es básico dominar la técnica de clonado. La herramienta Clonar o Tampón, como también se la conoce, suele ser más efectiva con un tamaño y forma de pincel un poco más amplios que el área que se desee cubrir.

Si se ajusta sobre «alineados» y se hace clic sobre el área que desea copiar pulsando la tecla ALT, podrá cubrir el área seleccionada haciendo clic sobre la misma y arrastrando. La nueva imagen se copiará encima de la anterior. Puede mover el cursor por cualquier zona de la imagen y el clonado proseguirá desde donde lo dejó. Si no ha seleccionado un área, cada vez que se desplace a una nueva zona de la imagen para clonar necesitará seleccionar un punto haciendo clic con el ratón, pues de otro modo el último punto de muestra se activará de nuevo.

! Cuando vaya a clonar, haga lo mínimo necesario y sepa cuándo parar.

! Elimine (pequeños) elementos de la imagen que distraen la atención del tema principal mediante la herramienta Clonar.

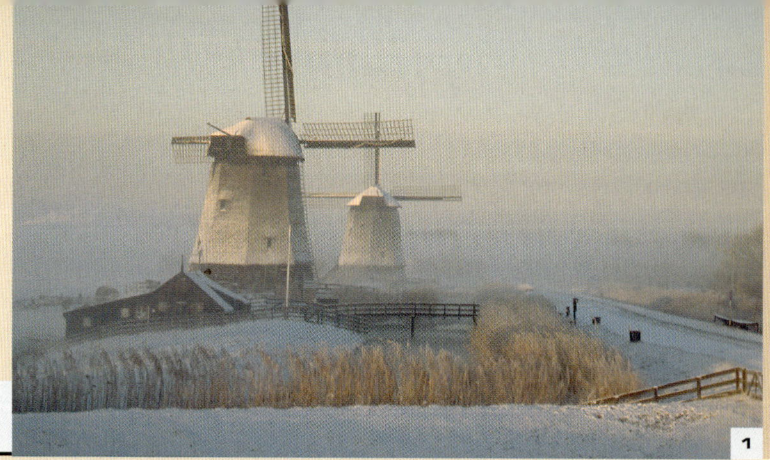
1

Variaciones sutiles

Muchas imágenes mejoran con ajustes de brillo y contraste una vez descargadas en el ordenador. *Invierno en Holanda*, de Jaap Hart, es un buen ejemplo.

Disparar

Jaap usa una cámara de 35 mm de exposición manual fabricada en 1970, en este caso equipada con un objetivo de 85 mm f/1,8. La toma original (1) se obtuvo con película para diapositivas en color hacia las 8.30 de una mañana de domingo en la ciudad holandesa de Schermerhorn. Había nevado la noche anterior y Jaap deseaba plasmar la ocasión. Hay siete molinos de viento a un kilómetro de la ciudad, tres de ellos muy cerca entre sí, a lo largo de la Noordervaart (la carretera a la derecha), y la imagen muestra el panorama de los situados más al oeste. Una hermosa neblina cubría el paisaje, casi oscureciendo las granjas y árboles del fondo. La luz intensa del sol aportaba a la escena en tono especial.

Mejorar

La imagen se escaneó en un CD Kodak Pro Photo de 3.072 x 2.084 píxeles. Con 24 bits de color por píxel, dio como resultado 16 millones de colores y un archivo de 24,7 megas. La imagen se guardó como un archivo TIFF sin pérdidas.

Elementos perturbadores como un coche cerca del molino del fondo, los contenedores de basura junto a la carretera y el asta de la bandera delante del primer molino de viento se eliminaron con la herramienta Clonar. El equilibrio de color se alteró hacia amarillo/rojo, ayudando a «calentar» la imagen (2). Mediante Paint Shop Pro y con la ayuda del histograma, se incrementaron el brillo (+12) y el contraste (+9) (3). Jaap suavizó el cielo y la neblina con la función Suavizar preservando bordes. Esto elimina el ruido de la imagen suavizando las áreas entre los márgenes de los objetos pero no los bordes. Esta función también es muy útil para alisar detalles irregulares, y en las imágenes analógicas sirve además para reducir el efecto del grano. En total, se emplearon dos horas.

2 **Tono/Saturación**

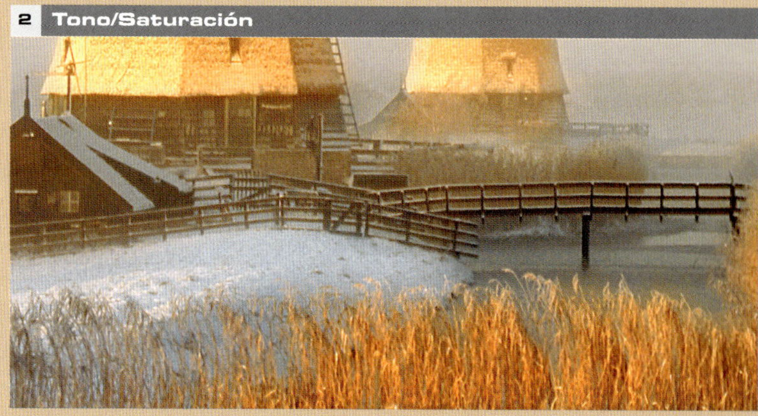

- > **Fotografía con película de 35 mm**
- > **Escanear**
- > **Foto CD**
- > **Herramienta Clonar**
- > **Equilibrio de color**
- > **Histograma**
- > **Brillo**
- > **Contraste**
- > **Suavizar preservando bordes**
- > **Impresora de chorro de tinta**
- > **Web**

! El brillo y el contraste pueden corregirse globalmente, o parcialmente en áreas preseleccionadas. La última opción da gran flexibilidad para crear una imagen con profundidad. Si usted realiza sus propias copias con impresora de inyección de tinta o de sublimación (véanse páginas 94-95), es mejor desactivar cualquier programa de la impresora que pudiera corregir la imagen siempre que usted trabaje con un monitor calibrado, o de lo contrario podría obtener resultados distintos de los esperados.

! Ahorrará tiempo y dinero si realiza una prueba de impresión antes de hacer una copia completa. Corte y pegue áreas pequeñas y representativas en una hoja de papel utilizando diferentes tipos de ajuste para poder examinar los resultados.

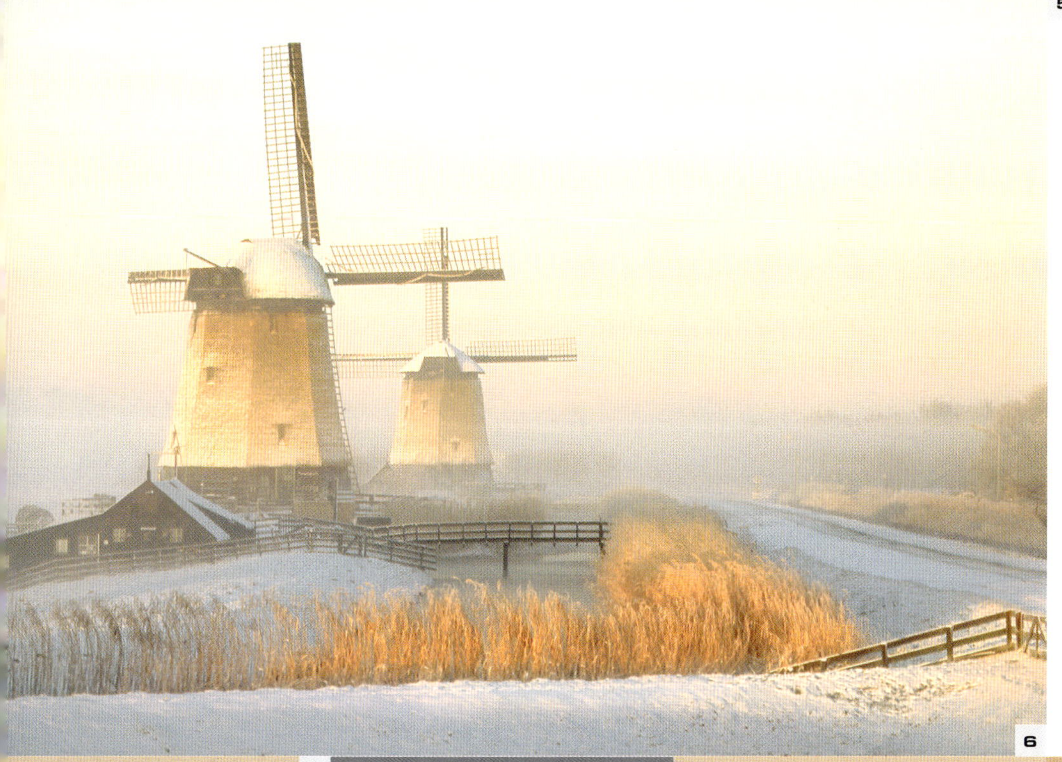

6

5 **Prueba de impresión**

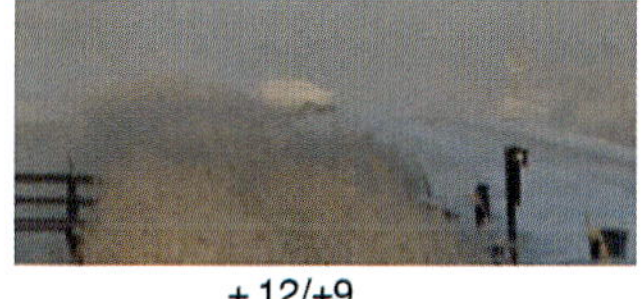

+ 12/+9

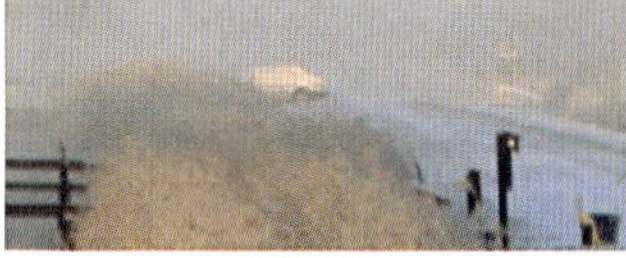

+ 25/+25

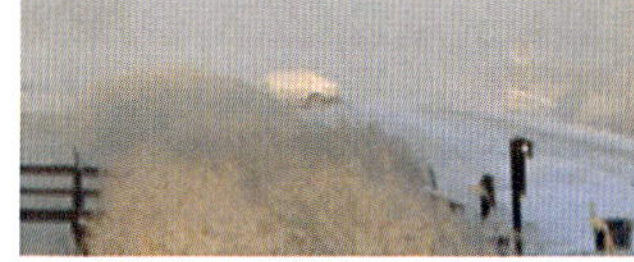

+ 40/+40

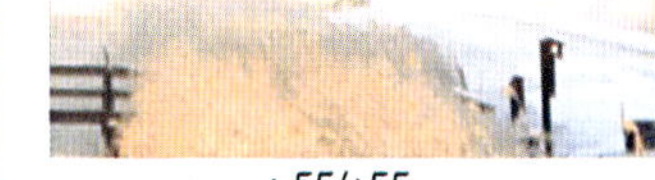

+ 55/+55

3 **Brillo/Contraste**

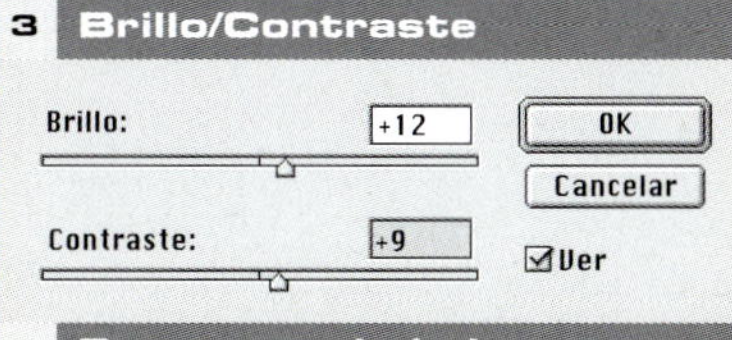

4 **Programa de la impresora**

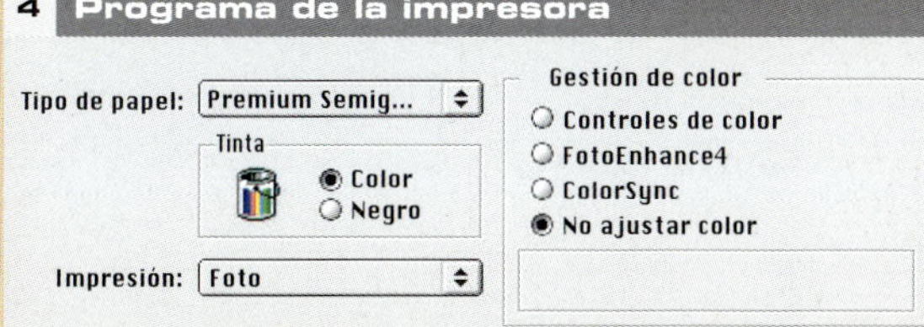

1/ La imagen original.

2/ Los colores se «calentaron» ligeramente para mejorar la imagen.

3/ La mayoría de los programas ofrecen unas guías de desplazamiento para ajustar los niveles básicos de brillo y contraste.

4/ El uso de Colorsync o equivalentes es preferible si desea un color exacto. Si no es así, no olvide desconectar el programa de la impresora cuando trabaje con un monitor calibrado.

5/ Piense en hacer una prueba de impresión para ahorrar costes de papel.

6/ La imagen final.

Disfrutar

Jaap casi siempre imprime copias. Los archivos se reducen al tamaño apropiado requerido para la web.

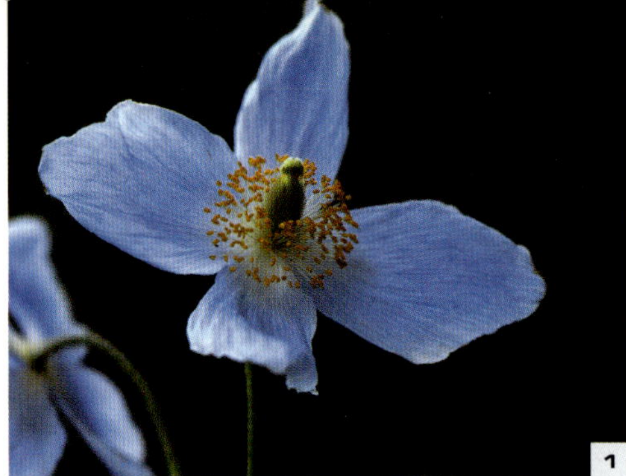

1

Fondos perfectos

A menudo, la mejor imagen surge como resultado de contar tanto con el protagonista como con el fondo adecuados. En muchos casos puede ser un detalle irrelevante, pero con las técnicas digitales no hay excusa para mantener un fondo insulso.

Disparar

Realizada por Phil Preston en el Jardín Botánico de Kew (Reino Unido), esta imagen empezó su vida en película de 35 mm. Se utilizó una cámara réflex equipada con un objetivo macro de 100 mm. La toma original (1) tenía un fondo poco sugerente, además de una molesta flor en la esquina inferior izquierda que distraía la atención. Para digitalizar la imagen se escaneó a 2.700 ppp a fin de producir un archivo de unos 20 megas.

- > **Fotografía con película de 35 mm**
- > **Escanear**
- > **PhotoImpact**
- > **Herramienta Lazo**
- > **Invertir**
- > **EasyPalette**
- > **Galerías**
- > **Rellenar degradado**
- > **Rellenar degradado lineal**
- > **Brillo/Contraste**
- > **Gamma**
- > **Desenfoque gaussiano**
- > **Capas**
- > **Fusionar**
- > **Efecto de iluminación**
- > **Archivo TIFF**
- > **Reproducción en revista**

2 Rellenar galería

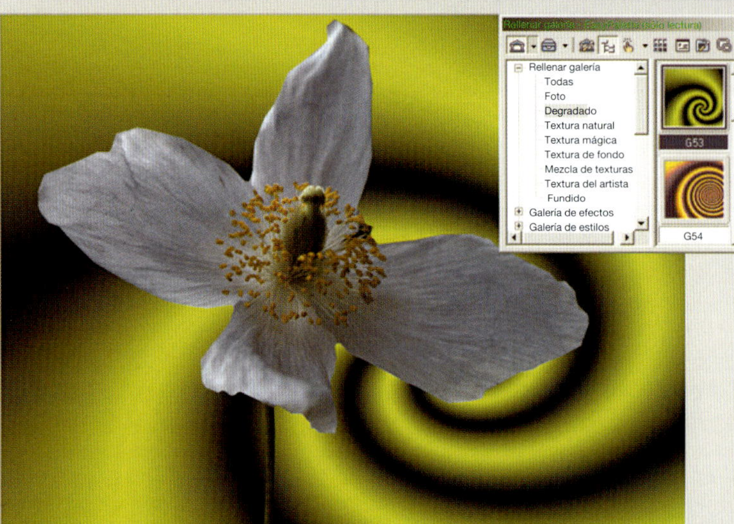

Mejorar

Phil utilizó el programa PhotoImpact para añadir una nueva espiral y un fondo degradado bicolor, con un poco de desenfoque y ajustes de luminosidad para iluminar los pétalos de la flor central. Otros programas de edición fotográfica ofrecen mejoras similares. Después de abrir el archivo original, el primer paso fue seleccionar la margarita para la manipulación. Se hizo poniendo el cursor sobre la herramienta de selección Lazo, que se encuentra en la Barra de herramientas, y se escogió un calado de 3 píxeles. Luego se hizo un cuidadoso movimiento alrededor de los pétalos y el tallo de la flor. Un doble clic del ratón volviendo al punto de partida completó la selección. En esta fase, lo que está seleccionado es la flor y no el fondo, por lo que Phil utilizó la función Invertir selección en la Barra de herramientas para activar el fondo.

Se añadió un fondo nuevo haciendo clic en Vista > Barra de herramientas > Paneles > EasyPalette.

Esto le condujo al icono Galerías. Phil seleccionó Rellenar galería > Degradado y fue a la viñeta de Espiral 3, eligiéndola como degradado del fondo de la imagen haciendo doble clic encima. Pero el color por defecto no era adecuado (2), y Phil lo cambió con la herramienta Rellenar degradado lineal, y poniendo Método de relleno para dos colores (3). Luego puso el cursor sobre las ventanas Rellenar color e hizo su selección.

Phil considera que los colores complementarios funcionan bien con este tipo de imagen. En este ejemplo, se eligieron el azul oscuro (Hex n.º 563CFF) y lila pálido (Hex n.º B3C7FF). Ajustando Método de fusión a Tono y Saturación, y luego Transparencia a 0, Phil arrastró la herramienta Rellenar desde la esquina inferior izquierda a la superior derecha del nuevo fondo. Al soltar el ratón, el color de la espiral pasó a un degradado de relleno basado en los dos colores seleccionados.

Oscurecer el fondo de la espiral ayudó a iluminar los pétalos de la flor. Esto se logró seleccionando Formato en la Barra de herramientas, y luego Luminosidad y Contraste. En la ventana de diálogo, la Gamma se redujo de 1,00 a 0,50, oscureciendo el fondo y acentuando más el perfil de la espiral (4). Después, Phil decidió añadir un poco de desenfoque gaussiano a la parte exterior de los pétalos. Volvió de nuevo a la herramienta Lazo y fijó un calado de 100 píxeles. Seleccionó la parte central de la flor y otras áreas de los pétalos, y luego invirtió la imagen otra vez para desenfocar las otras partes ligeramente. Esto se hizo seleccionando el objeto Nueva capa antes de invertir. Con la nueva capa activada, la función Efecto en la Barra de herramientas muestra las opciones de desenfoque. A partir de aquí, seleccionó Enfocar >

4 Brillo/Contraste

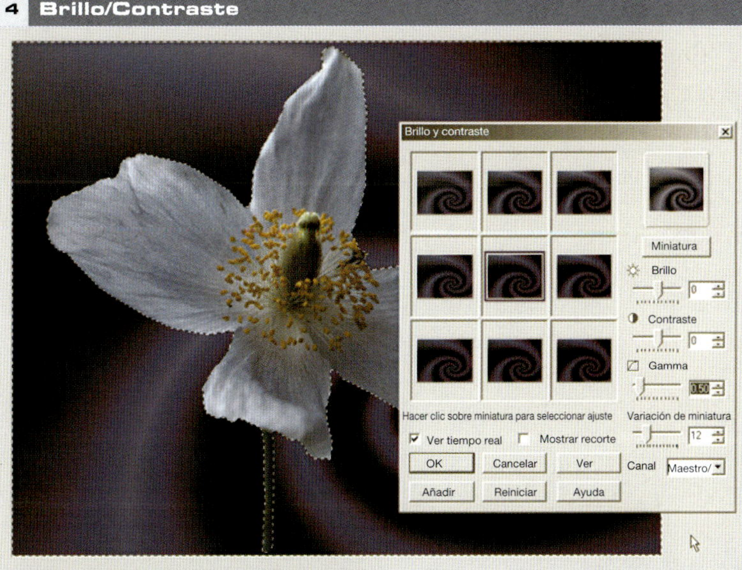

3 Rellenar degradado lineal

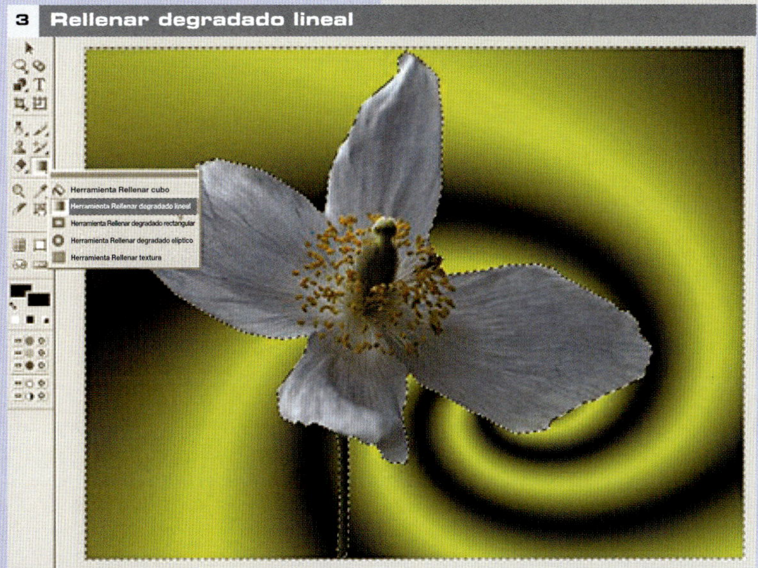

1/ La imagen original.

2/ El fondo de espiral fue seleccionado desde las opciones Rellenar galería.

3/ Los colores por defecto se cambiaron por unos al gusto del fotógrafo.

4/ Se hicieron ajustes de Brillo y Contraste para oscurecer el fondo.

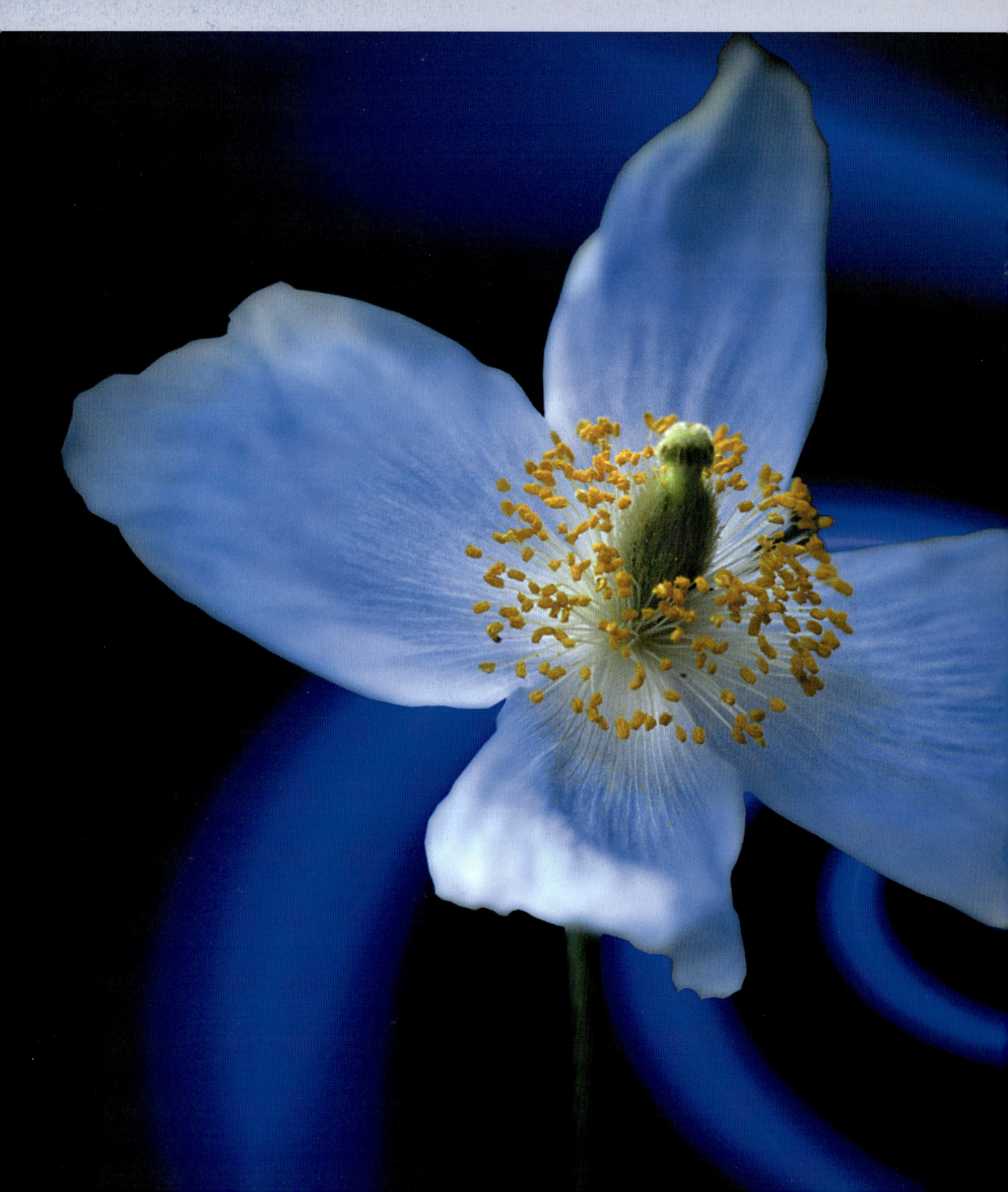

5

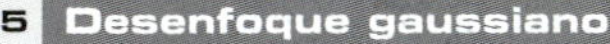

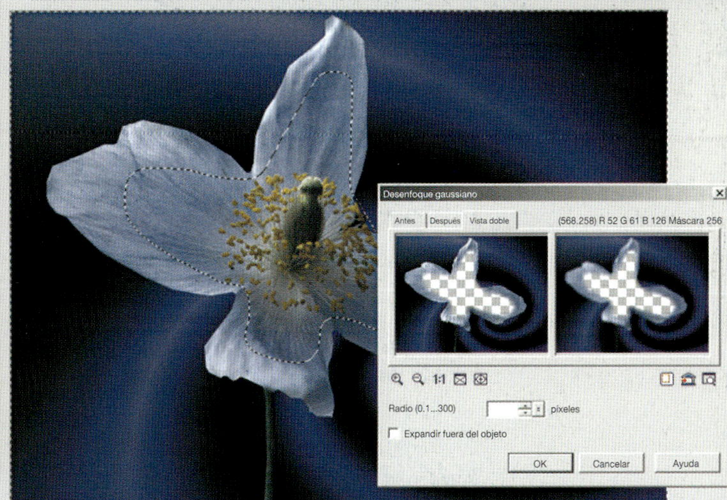

6

Desenfoque gaussiano. Los parámetros se ajustaron con el ajuste de Desviación a 20 (5). Luego todas las capas se fusionaron con la función Fusionar > Todas. En Photoshop, un archivo PDF sin fusionar permite acceder a las capas de nuevo; con PhotoImpact esto se consigue guardando en formato «UFO».

Se introdujo un nuevo efecto de iluminación para aclarar la parte central de la flor y oscurecer el fondo después. Efecto > Mágico > Luz > Opciones fue la ruta escogida, aplicando los siguientes ajustes: Exposición = 80 %, Atmósfera = 50 %, Luz = 100 %, Sesgo = 0, Extensión = 11, Distancia = 300, y Elevación = 90. El último paso fue incrementar la saturación haciendo clic en Formato sobre la Barra de herramientas y escogiendo Tono y Saturación. La última se incrementó en +15. Por último, la imagen se guardó como un archivo TIFF.

Disfrutar

Esta foto ha sido muy popular y se ha reproducido en revistas de fotografía. Con 3.000 x 2.298 píxeles, la imagen podía imprimirse fácilmente a 300 ppp de resolución y 18 x 24 cm.

5/ Se aplicó un poco de Desenfoque gaussiano a los márgenes externos de los pétalos.

6/ La imagen final.

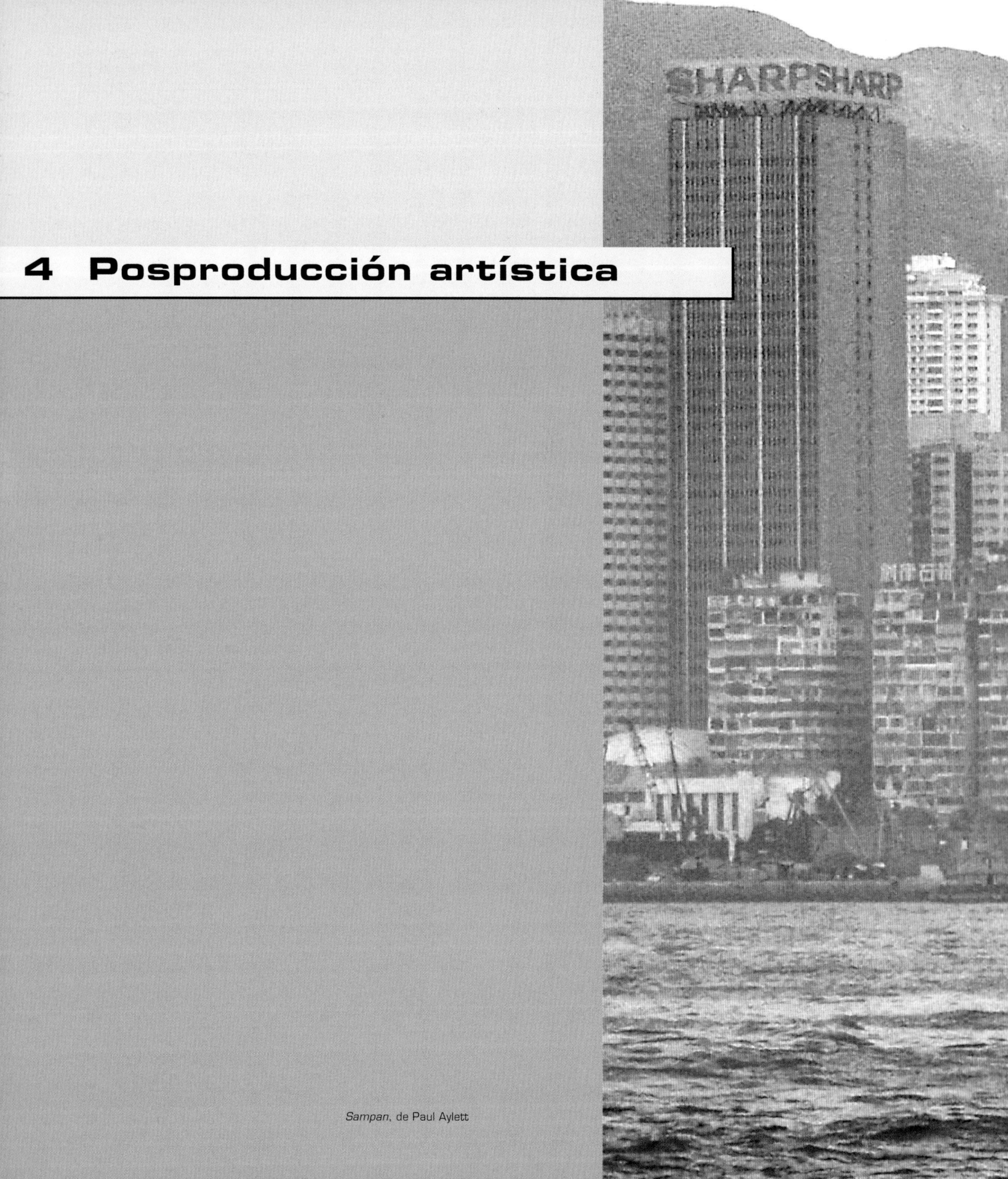

4 Posproducción artística

Sampan, de Paul Aylett

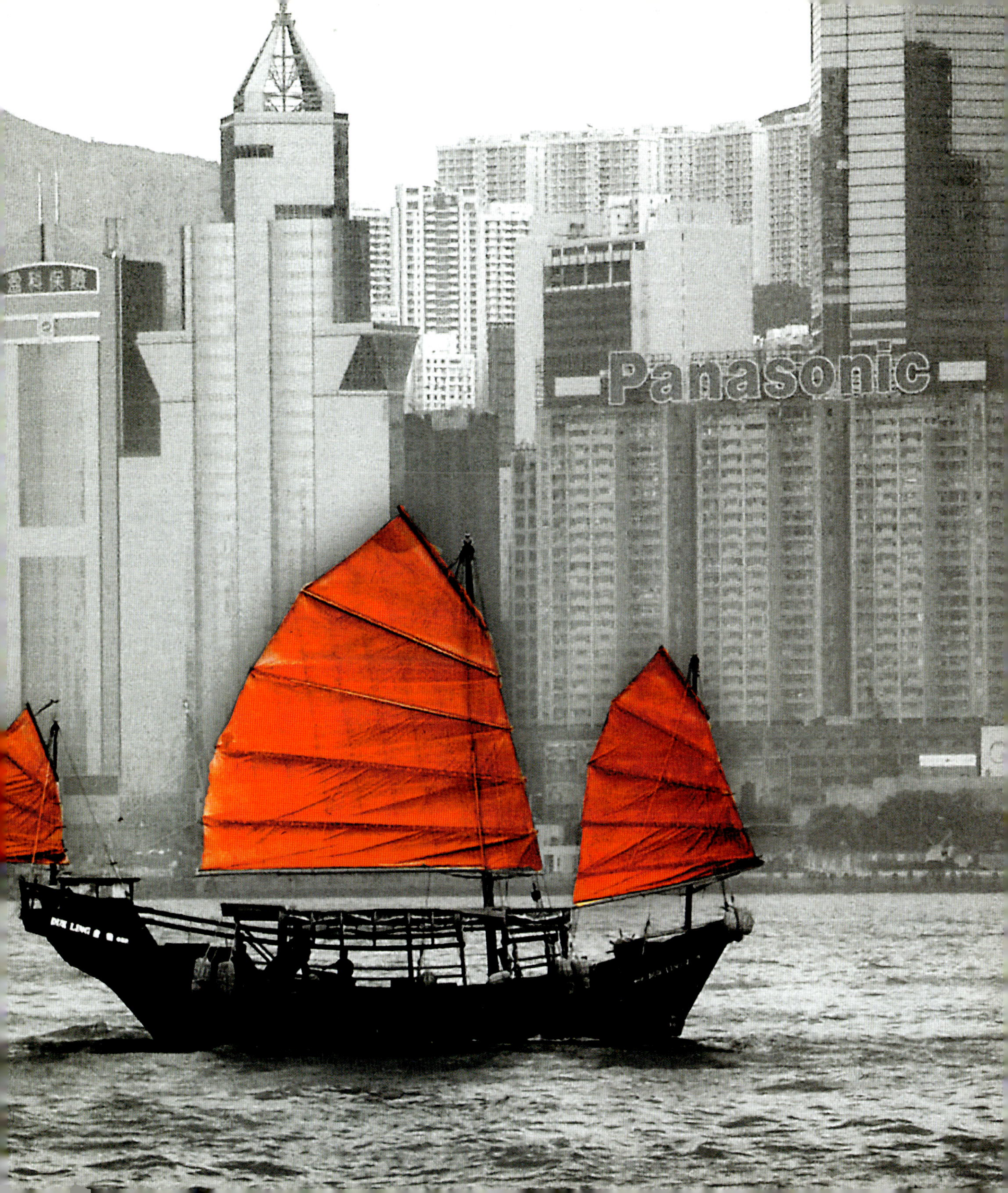
Panasonic

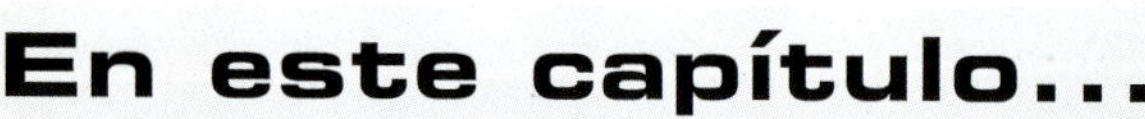

En este capítulo...

En este capítulo nos centramos en las técnicas más avanzadas de posproducción que se utilizan para transformar imágenes según la visión creativa del fotógrafo.

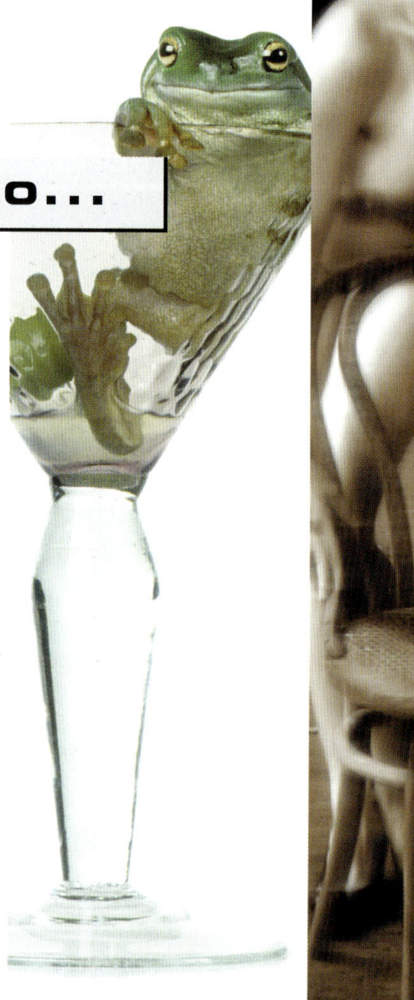

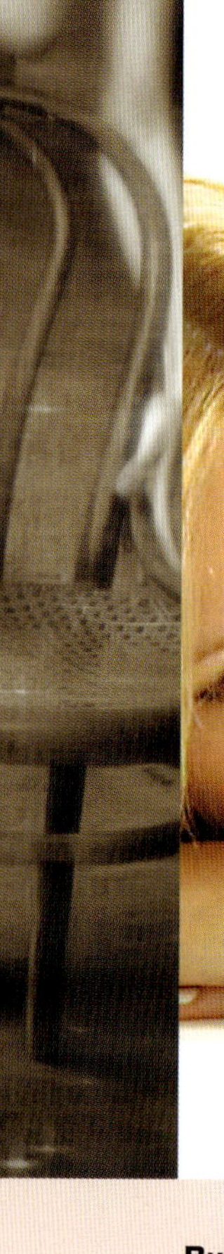

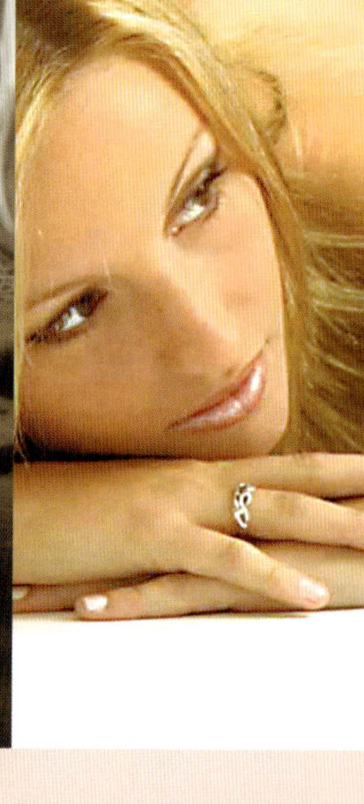

Ajustar curvas

En esta sección vemos con detalle el uso de la función Curvas para corregir el contraste tonal de una imagen.

Páginas 62-65

Ajustar niveles

Ajustar niveles es otro método para alterar el contraste tonal y aumentar el efecto artístico.

Páginas 66–67

Buscar un punto blanco

Elegir un punto blanco es una forma muy útil de eliminar dominantes de color no deseadas.

Páginas 68-69

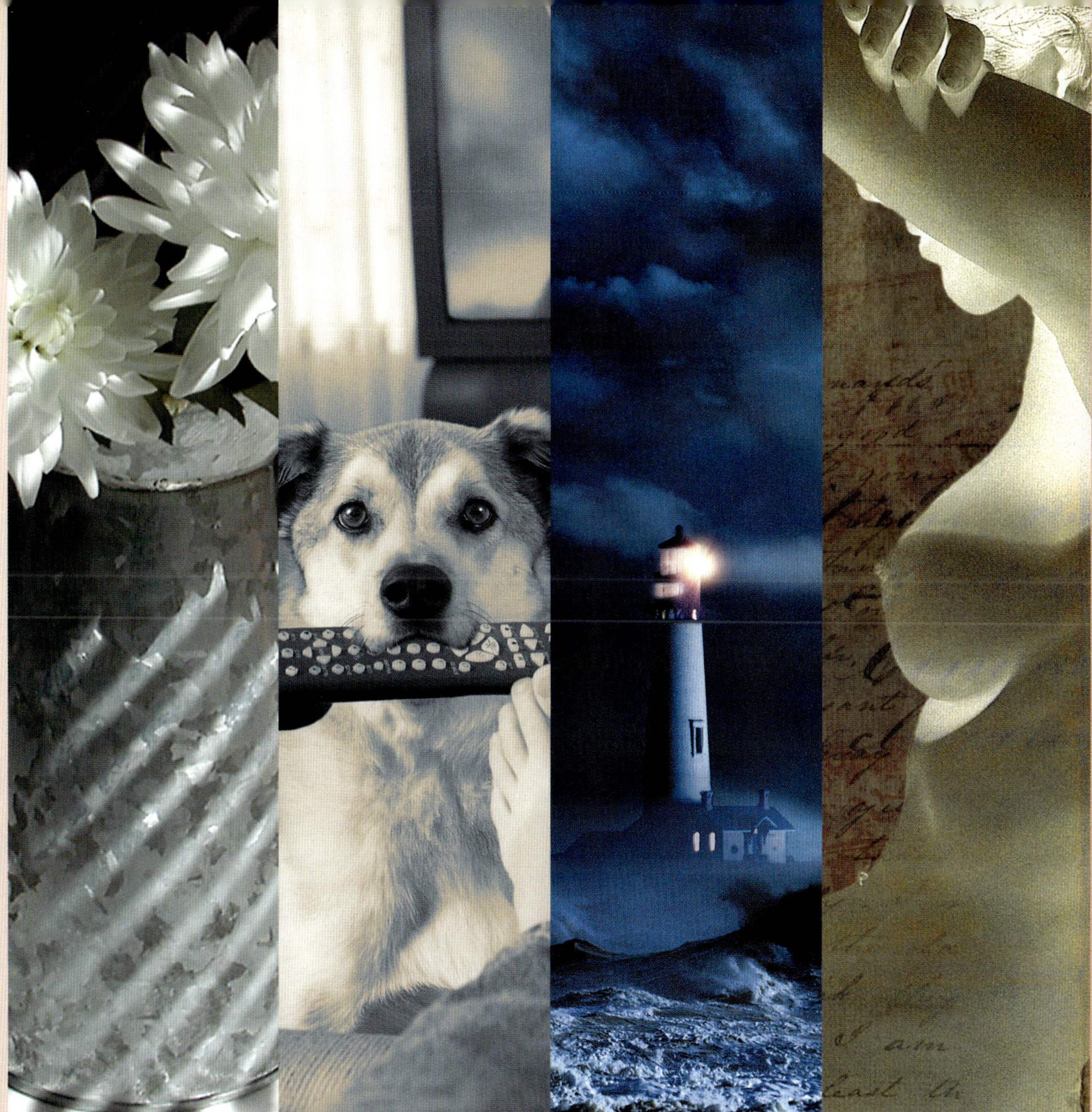

Ajustar un punto negro

Aquí nos ocupamos de buscar un punto negro para mejorar el contraste y realzar el impacto de una imagen.

Páginas 70-71

Paso a paso

Herramientas como las funciones Máscara de capa y Licuar son valiosas formas de corregir imágenes creadas a partir de diferentes elementos.

Páginas 72-75

Ajustes sutiles

A veces unos pequeños retoques son todo lo que se necesita para mejorar una imagen. Aquí tratamos las selecciones de contorno y corrección del color automática.

Páginas 76-77

Construir una imagen

Aquí se examina el uso de Capas, una de las herramientas más útiles cuando trabajamos con imágenes complejas.

Páginas 78-81

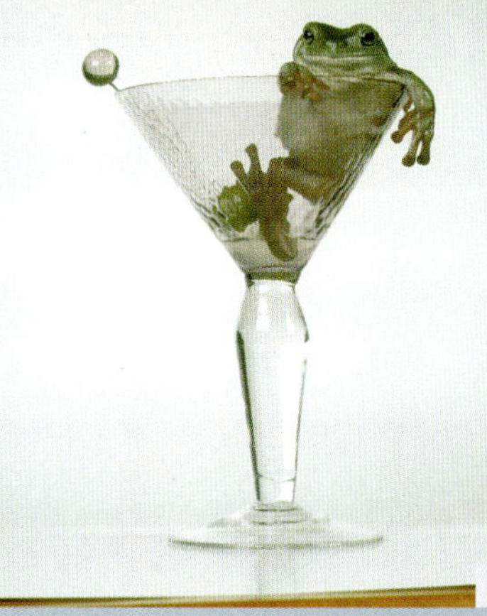

1

«Tenemos cinco ranas que solemos utilizar para fotografías cómicas. Imaginamos una rana en una copa y *Olive*, nuestra rana, es tan perezosa que siempre se sienta. La colocamos en el borde de la copa y allí quedó suspendida con esa expresión estúpida en la cara. Sólo tuvimos que tomar la instantánea.»

Ajustar curvas

Cuando el tiempo y las circunstancias lo permiten, las imágenes se benefician de una corrección individual en áreas clave. Si usted utiliza las herramientas digitales adecuadas, como Curvas, esto resulta más fácil y controlable que nunca y merece la pena el esfuerzo. Esta atención tan específica a los detalles ayuda a crear los innovadores resultados que exige la fotografía profesional.

Disparar

La imagen *Rana en una copa de Martini* se obtuvo con película diapositiva de 100 ISO con una cámara profesional réflex de paso universal y un objetivo macro de 100 mm (1). Los fotógrafos canadienses Anita Dammer y Darwin Wiggett realizaron la foto para su fondo de archivo. Se iluminó con dos flashes de estudio equipados con sendos difusores.

Mejorar

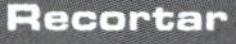

A pesar de la aparente sencillez del montaje, hubo mucho trabajo previo. La foto se escaneó primero con un equipo profesional de sobremesa que casi iguala la calidad de un escáner de tambor. Luego se limpió la imagen para eliminar las marcas de polvo y arañazos. Este procedimiento, como la manipulación restante, se efectuó con Photoshop. El fondo blanco se clonó sobre el área gris, y la imagen se recortó para eliminar la línea marrón inferior (2). Luego se seleccionó el fondo y se convirtió en blanco puro con la herramienta Cuentagotas (véanse páginas 68-69). Al hacer esto, los canales RGB lo leen individualmente como un valor de píxel de 255, el máximo brillo que pueden

2 Recortar

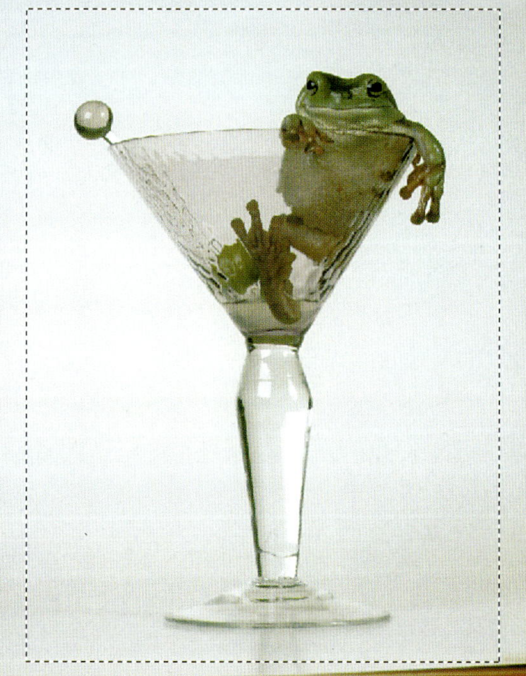

1/ La imagen original.

2/ Recortar imagen.

3/ Ajustar curvas para mejorar el contraste.

4/ Trazado de una curva para un ajuste tonal más exacto.

- **Captura con película de 35 mm**
- **Escanear**
- **Photoshop**
- **Clonar**
- **Recortar**
- **Seleccionar fondo**
- **Cuentagotas blanco**
- **Curvas**
- **Clonar**
- **Ajuste del color**
- **Tono/Saturación**

3 Curvas

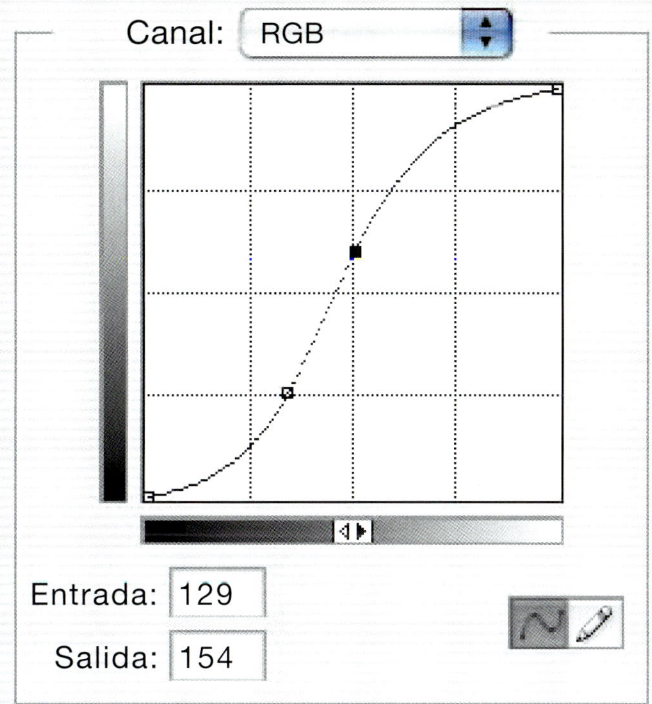

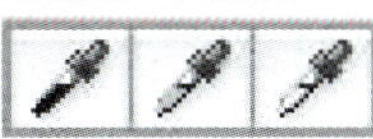

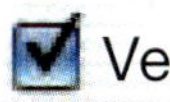

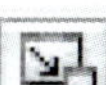

! Así como Niveles es una maravillosa herramienta para ajustar los valores de sombras, medios tonos y luces altas, las Curvas permiten cambiar cada píxel a lo largo de una escala de valores de 0 a 255. Además, la función Curvas permite alterar cada canal de color individualmente y es una manera muy precisa de modificar una imagen. Una curva en forma de S, por ejemplo, puede corregir los píxeles de las zonas claras y oscuras sin cambiar los tonos medios. Se mantiene un aspecto realista pero el contraste extra añade impacto.

alcanzar. Los fotógrafos también utilizan Curvas (Imagen > Ajustes > Curvas) en todas las imágenes para mejorar el contraste. Una curva en forma de S (3) iluminará las zonas claras pero también oscurecerá las sombras, un método muy útil cuando el original presenta una amplia gama tonal. Pero este tipo de curvas no modificará los valores de los tonos medios y añadirá un impacto visual que seguirá siendo natural.

Los reflejos en el tallo de la copa se suavizaron, al igual que la dominante roja en una parte del estómago de la rana. Se aumentó la saturación en las áreas clave de la piel verde y el amarillo de los ojos. Las luminosidades del ojo también se aumentaron con el mismo efecto. En total, se empleó una hora.

! En lugar de utilizar los controles de Tono y Saturación para corregir globalmente una imagen, seleccione elementos individuales, luego altere el tono y la saturación en esas áreas, como los ojos, la copa y la rana en esta toma. Las Capas u otra función similar combinadas entre sí resultan útiles para este efecto.

! Trazar una curva puede ser útil cuando desee trabajar en un área concreta. Fije unos puntos pulsando el mando de control y haciendo clic sobre la escala. Aquí se han anclado las sombras y las iluminaciones con numerosos puntos, pero los tonos medios todavía pueden cambiarse. Con unos pocos puntos fijos, al corregir la curva, unos cambios intensos en los tonos medios aún podrían afectar a las zonas más oscuras y claras.

4 Curvas

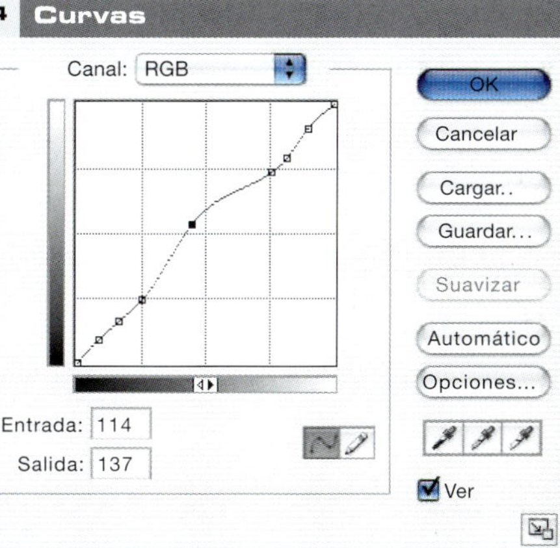

! **Una curva muestra la intensidad de la imagen (salida) original de izquierda a derecha como valores de píxel de 0 (negro) a 255 (blanco). La escala vertical a la izquierda muestra los valores (de salida) corregidos. La línea diagonal ascendente vista antes representa los píxeles que empiezan en las sombras, subiendo a través de los tonos medios y acabando como detalles de las luces altas. En esta fase aparece una línea recta porque no se han realizado ajustes** (5). **La escala con una cuña triangular situada a la izquierda ayuda a graduar el área donde se están corrigiendo los valores tonales. Al hacer clic con el cursor sobre la imagen se ven los valores de píxel en activo. Si se hace clic sobre la línea y se la arrastra, desplazará ese valor de píxel a otra luminosidad, y la comparación se apreciará en las ventanas de diálogo de entrada y salida. Al hacer esto, la imagen cambiará para mostrar el efecto. Cuando se mueve un píxel hacia arriba, se aumenta la luminosidad, y se reduce, al moverlo hacia abajo. Las curvas funcionan por igual con imágenes en RGB y CMYK** (6). **En ambos casos, la escala actúa con valores de brillo de píxel de 0 a 255 o, si lo prefiere, en porcentajes de 0 a 100. Podrá hacer cambios por arriba y por abajo haciendo clic a lo largo de la base de la escala con la cuña triangular. Pueden efectuarse controles adicionales cuando se trabaja en un canal de color específico seleccionado en el menú desplegable. Esto es útil para corregir dominantes de color en la imagen completa o en áreas concretas, o para hacer otro tipo de correcciones de color.**

5 Curvas

Canal: RGB
OK
Cancelar
Cargar...
Guardar...
Suavizar
Automático
Opciones...
Entrada:
Salida:
Ver

6 Curvas

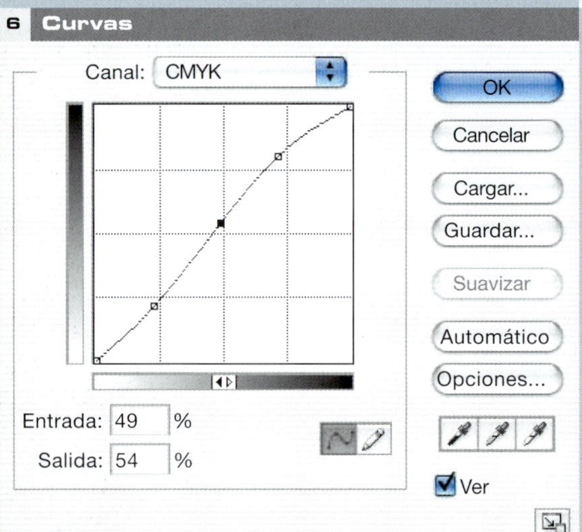

! **Para eliminar un punto que haya fijado, arrástrelo fuera de la ventana de vista previa.**

Disfrutar

La imagen se realizó para el agente que gestiona el archivo del fotógrafo (*www.firstlight.ca*).

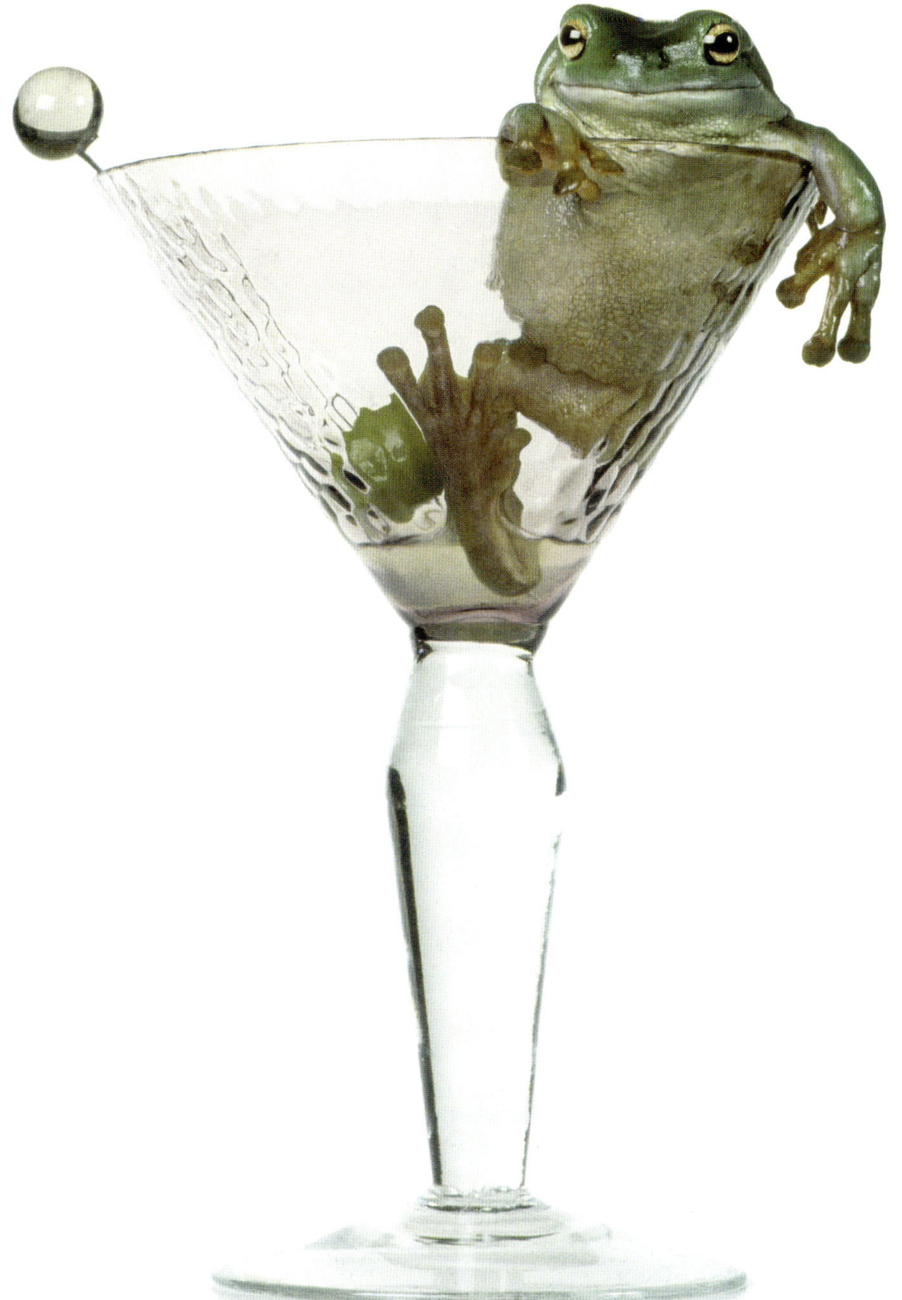

7

5/ Curvas sin correcciones.

6/ Uso de Curvas con una imagen CMYK.

7/ La imagen final.

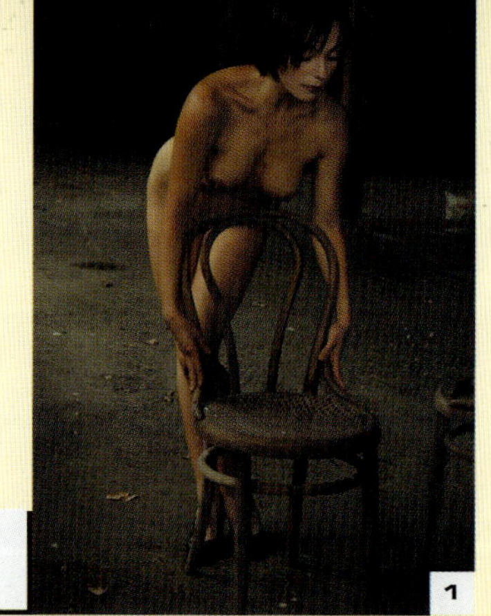

1

> **!** ***Trabajar con canales.*** **A veces es necesario un ajuste de niveles más preciso. El cambio del brillo de los píxeles en los canales de RGB y CMYK es muy útil. En su nivel más básico es otra forma de distorsionar los colores de una imagen para que imágenes apagadas y sin vida resulten más espectaculares e irreales.**

Ajustar niveles

La función Niveles sirve para ajustar el contraste de una imagen o modificar su gama tonal. Los niveles también pueden corregirse con un efecto particular como una capa de ajuste si, por ejemplo, se trabaja en partes de una imagen compleja o se trata de lograr diferentes efectos. Ajustar niveles es un paso habitual en el retoque de imágenes, sobre todo con archivos digitales, pero también cuando el escaneado no ha producido la gama tonal deseada. En Photoshop, la función Niveles está agrupada con otras populares opciones en el menú Ajustar (Imagen > Ajustes > Niveles).

Disparar

Flow, de Walter Spaeth, es un típico ejemplo de la importancia del ajuste de Niveles. La localización del original de este estudio de desnudo se realizó en un antiguo granero. Walter utiliza por igual película y soporte digital, pero cada vez usa más este último con una cámara réflex digital y un amplio repertorio de objetivos, desde 24 mm a 400 mm. Su cámara cuenta con un sensor que no cubre toda la pantalla y por eso eligió un objetivo con la longitud focal más adecuada, teniendo en mente el factor de ampliación 1,5.

Mejorar

La toma original resultó demasiado oscura, por lo que tuvo que ajustar niveles desplazando la flecha blanca hacia la base de la curva del histograma para iluminar la imagen. Luego seleccionó el canal de Rojo. Convirtió la imagen a Escala de grises y luego volvió a pasarla al modo RGB como una capa separada. Le dio una tonalidad sepia y utilizó un filtro para incluir una textura sobre la parte superior. El toque final consistió en usar otro filtro para desenfocar la imagen ligeramente. En total, empleó unas dos horas.

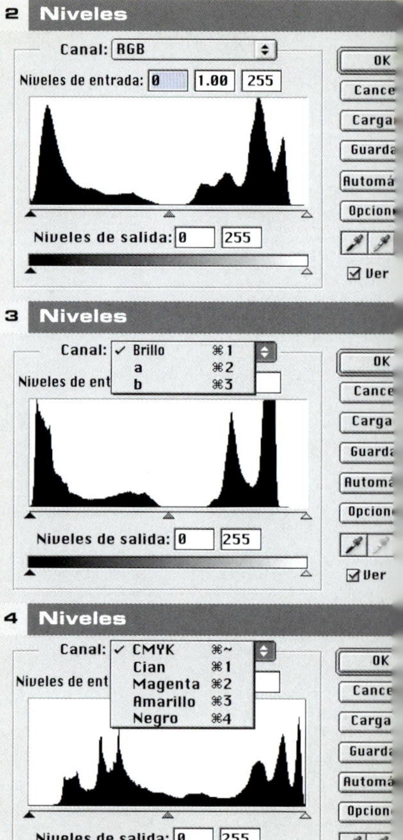

Disfrutar

Una imprenta especializada produjo esta imagen en una edición limitada de diez copias de 60 x 40 cm utilizando el proceso Giclée (véase página 96). Walter también utiliza una impresora de chorro de tinta para hacer sus propias copias a un tamaño máximo de Din A3. Utiliza tintas de pigmento y papel fotográfico de alto brillo o de acuarela.

- > **Photoshop**
- > **Niveles**
- > **Escala de grises**
- > **RGB**
- > **Capas**
- > **Tono sepia**
- > **Impresión Giclée**
- > **Impresión acuarela**
- > **Impresión en brillo**

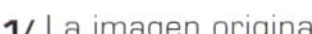

1/ La imagen original.

2/ 3/ 4/ Los niveles pueden ajustarse en los colores que componen una imagen. Es una función muy divertida.

5/ La imagen final.

! **Con la ventana de diálogo de Niveles abierta, el histograma permite verificar la distribución de los valores de brillo en los píxeles. A la izquierda se sitúa el negro (0), mientras que el blanco (valor 255), en el lado opuesto de la escala, es 256 niveles más brillante. Cada uno tiene un triángulo de ajuste en la parte inferior. Cuando se desplaza se fuerza a más píxeles a convertirse en negros o blancos y así a subir su contraste. Esto crea más tonos de gris para uno u otro lado. El triángulo del medio representa el tono medio, y empieza con un valor de 1, que es la gama normal.**

El tono de gris medio se mantiene a ese ajuste de 1 a menos que se aplique un nuevo valor, incluso aunque se mueva respecto de los otros triángulos. Éste mantendrá un valor de luminosidad de tono medio al margen de su posición, salvo que se cambie la gama. Un cambio de la gama por encima de 1 aclarará los tonos medios pero no los extremos, mientras que si se reduce por debajo del valor de gama 1 sólo se oscurecerán los tonos medios. Un control menos frecuente es el del nivel de salida, que permite reducir o «recortar» las 256 gamas de brillo de píxel a un número menor. En este caso se reducirá el contraste de la imagen porque no habrá niveles de brillo de blanco y negro, como puede comprobarse en el diagrama de escala. Esto resulta útil con imágenes demasiado contrastadas, a las que se desea aumentar el detalle de los tonos medios.

5

«El Cuentagotas blanco es excelente para producir la deseada limpieza del fondo en el estudio.»

1

Buscar un punto blanco

Muchas fotografías de personas y objetos se realizan contra un fondo blanco porque así le resulta más fácil al diseñador cortar la imagen y colocarla o reencuadrarla en un fondo alternativo. Pero conseguir un fondo blanco o liso en el estudio no siempre es fácil.

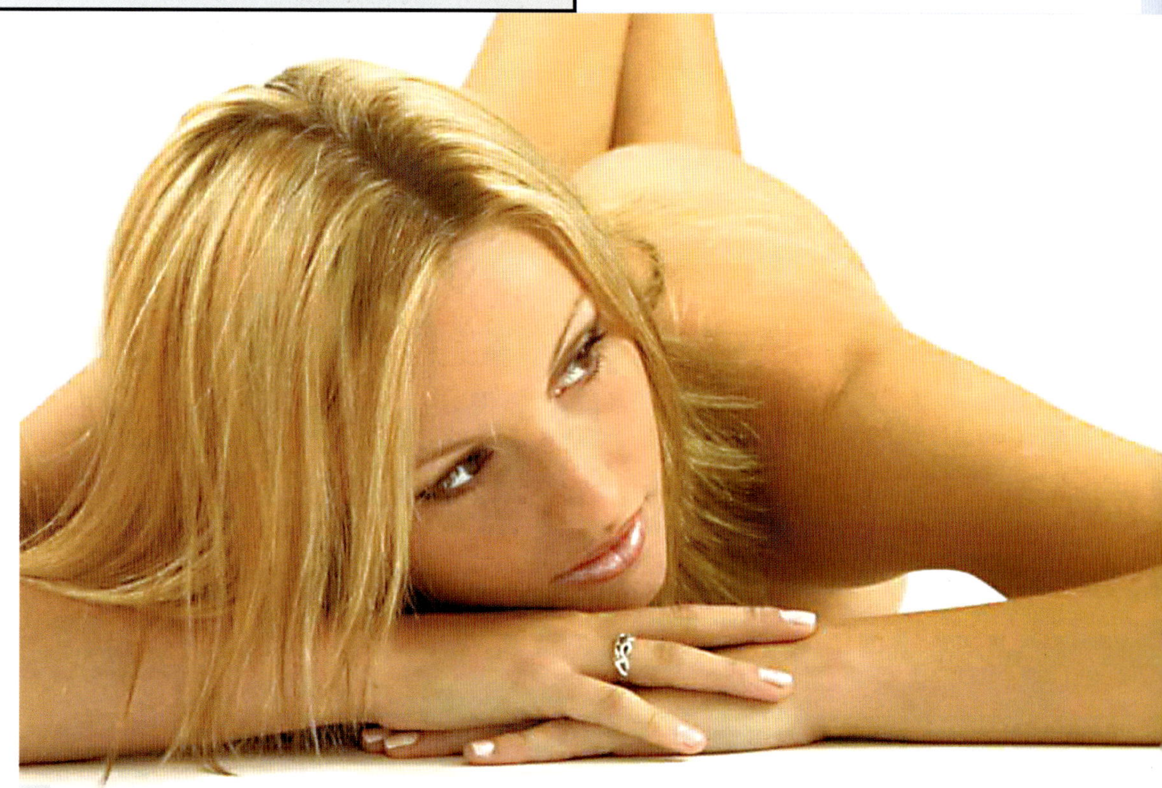

7

- > **JPEG**
- > **Photoshop**
- > **Punto blanco**
- > **Punto blanco 2**
- > **Herramienta Clonar**
- > **USM global**
- > **Reencuadrar**
- > **Reproducción en revista**
- > **CD**
- > **Impresora de chorro de tinta**

Disparar

Esta imagen se tomó para una revista de fotografía que me había pedido que probara una cámara digital réflex. Yo quería obtener un fondo blanco limpio. Habitualmente lo consigo colocando dos flashes de estudio que iluminan el fondo uniformemente.

Con soporte digital tengo que ajustar el flash de esos focos dos diafragmas por encima de la luz principal. Pero la cobertura era errónea y, aunque utilicé un difusor grande para la parte superior y frontal de la figura, a fin de que la luz principal resultase correcta y produjese un ligero efecto de suavizado, el fondo no quedó «limpio», sino que presentaba una dominante de color cálida en ciertos lugares (1). Pero esto se podía corregir con las herramientas del ordenador.

! Determinar un punto blanco ayuda a corregir una dominante de color.

2 Niveles

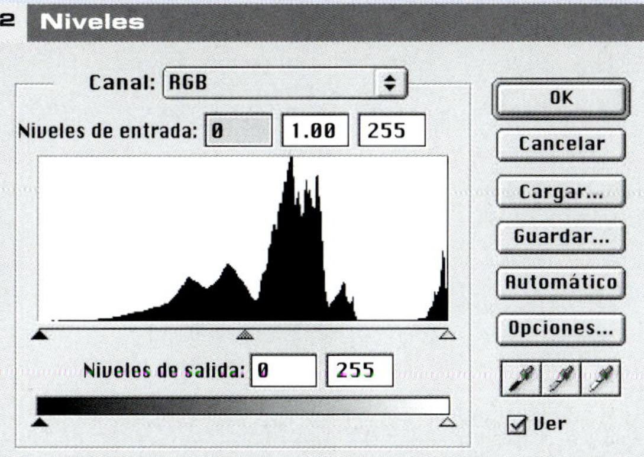

3 Punto blanco

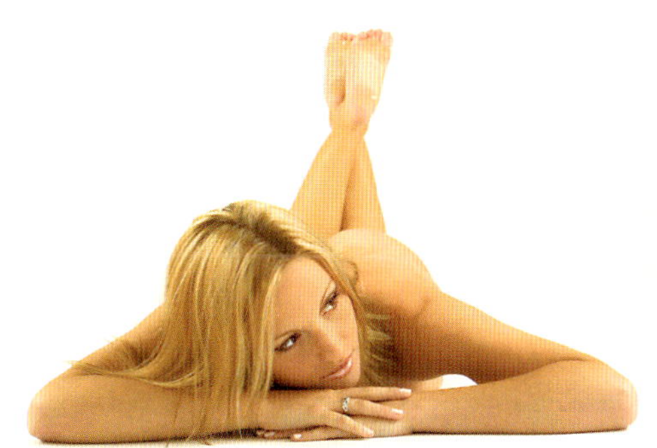

Mejorar

Después de abrir la imagen con Niveles de Photoshop (2) (Imagen > Ajustes > Niveles), elegí la herramienta Cuentagotas blanco para hacer clic sobre el fondo naranja resultante. Así pude cambiar la mayor parte del fondo al blanco deseado (3) ajustándolo al máximo valor de brillo de píxel de 255. Pero aún se veían unos matices anaranjados, por lo que efectué una segunda selección de punto blanco sobre una de ellas que corrigió la dominante restante (4). Ni siquiera las modelos profesionales poseen una piel perfecta, así que tuve que utilizar la herramienta Clonar para eliminar algunas manchas y un mechón de cabello sobre la cara de la modelo. Por último, recorté la imagen y efectué un ajuste global con la Máscara de enfoque.

Disfrutar

La imagen se guardó en un CD y se envió a una revista para su reproducción a 300 ppp. Luego se hizo una impresión de prueba con una impresora de chorro de tinta en tamaño Din A4 para examinar la imagen. Empleé el papel fotográfico Brillo Premium de la misma marca que la impresora.

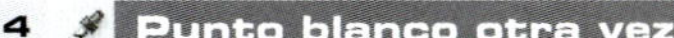

4 Punto blanco otra vez

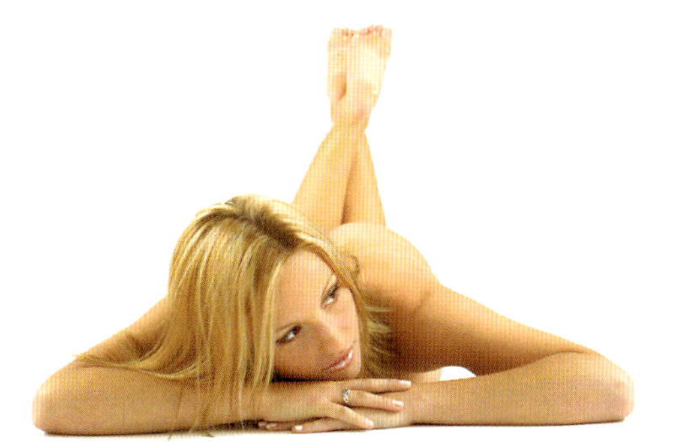

5 Niveles **6 Niveles**

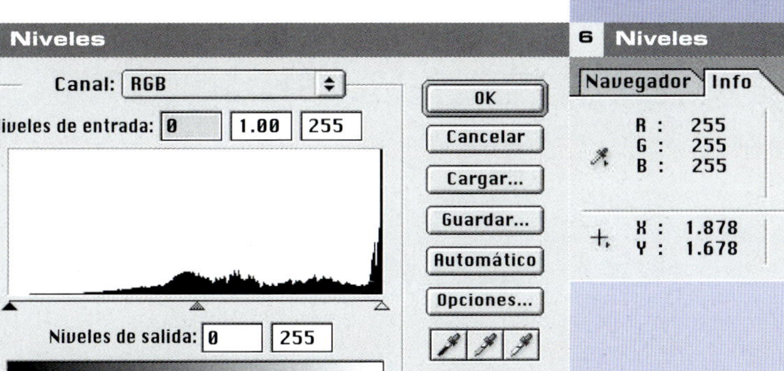

1/ La imagen original.

2/ El histograma de Niveles de la imagen original.

3/ Se escogió un punto blanco para el fondo.

4/ Una segunda medición de punto blanco se utilizó para limpiar los restos de una suave dominante naranja en algunas zonas.

5/ La ventana de diálogo de Niveles de la imagen corregida.

6/ La ventana de información de Niveles muestra que el fondo blanco ha sido desplazado al nivel de brillo 255, el mayor posible.

7/ La imagen final.

1

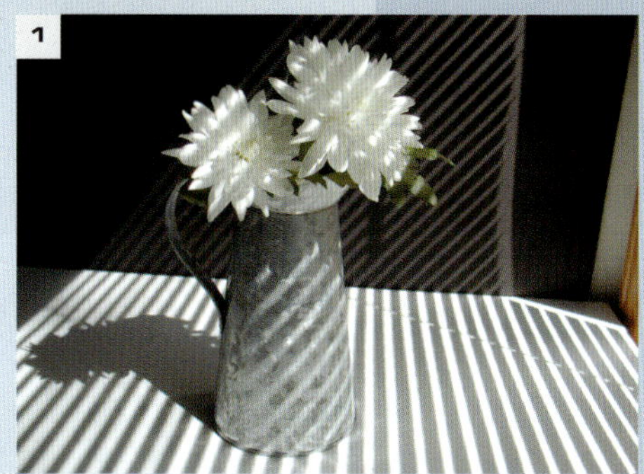

5

! Abra la ventana Info (Ventana > Info) de Photoshop para establecer los valores de punto más oscuros (o los más brillantes cuando se trate de encontrar el punto blanco) si le resulta difícil localizarlo a simple vista.

Ajustar un punto negro

Ajustar un punto negro significa obtener un negro real. Esto puede fijar una imagen, resaltando el contraste y dándole más impacto. Determinar un punto negro implica escoger píxeles de la imagen que tendrán un valor 0 de brillo.

Disparar

Aunque Sharon Smith suele utilizar una réflex de 6 megas para sus bodegones, aquí usó una cámara compacta de 2 megas (1). La autora colocó un par de crisantemos en un jarrón con la intención de fotografiarlos utilizando la luz de la ventana. Antes de levantar los estores advirtió las bonitas listas que hacían sobre las flores y el fondo.

Mejorar

La imagen se reencuadró inicialmente con la herramienta Recortar de Photoshop. Las rayas sobrantes de la mesa se clonaron después (con la herramienta Clonar) para arreglar la imagen y perder parte de la sombra creada por las flores (2). Luego se aplicó un ligero toque de Máscara de enfoque (USM) a todo el conjunto. Esto no fue suficiente para realzar lo que quería la fotógrafa, así que se aplicó más nitidez al jarrón y a las flores seleccionando alrededor de la figura con la herramienta Varita mágica. Para ajustar la imagen al detalle de las sombras se abrieron Niveles (Imagen > Ajustes > Niveles) y se definió un punto negro (3) para que los píxeles escogidos pasaran a brillo 0, garantizando con ello un negro total que añadiera contraste a la imagen final. En total, Sharon necesitó unos cuarenta y cinco minutos.

2 Herramienta Clonar

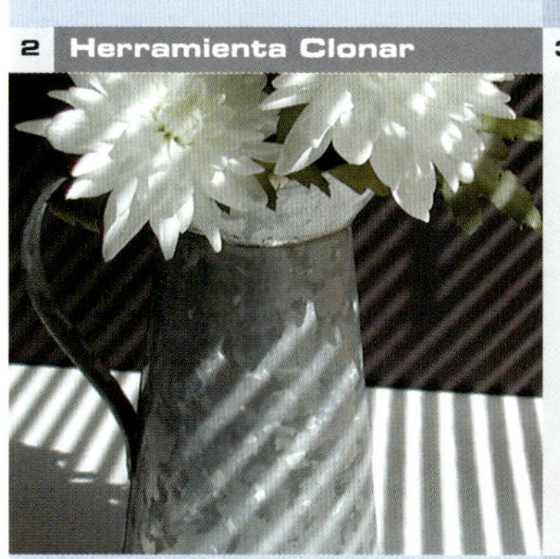

3 Niveles

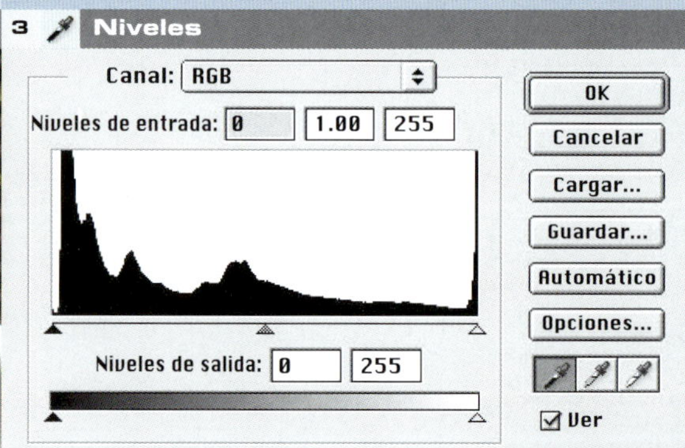

4 Info

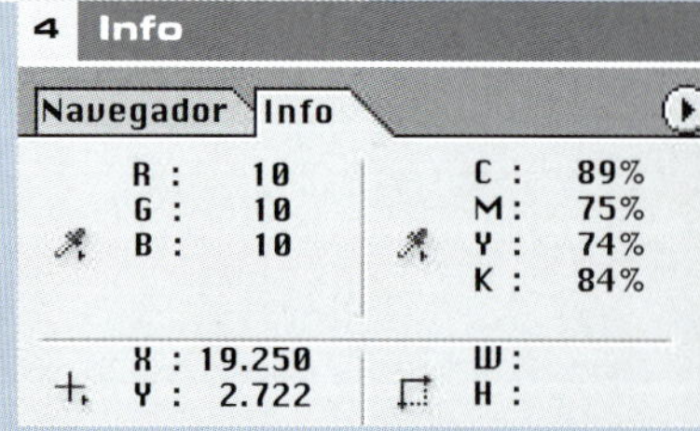

1/ La imagen original.

2/ La herramienta Clonar se utilizó para mejorar la luz diagonal y reducir la masa de sombra.

3/ El uso de la herramienta Cuentagotas mejora el control sobre el contraste de la imagen.

4/ La ventana Info permite dar valores de brillo más exactos.

5/ La imagen final.

- > Recortar
- > Clonar
- > USM general
- > USM selectiva
- > Niveles
- > Punto negro
- > Curvas
- > Remuestrear
- > Web

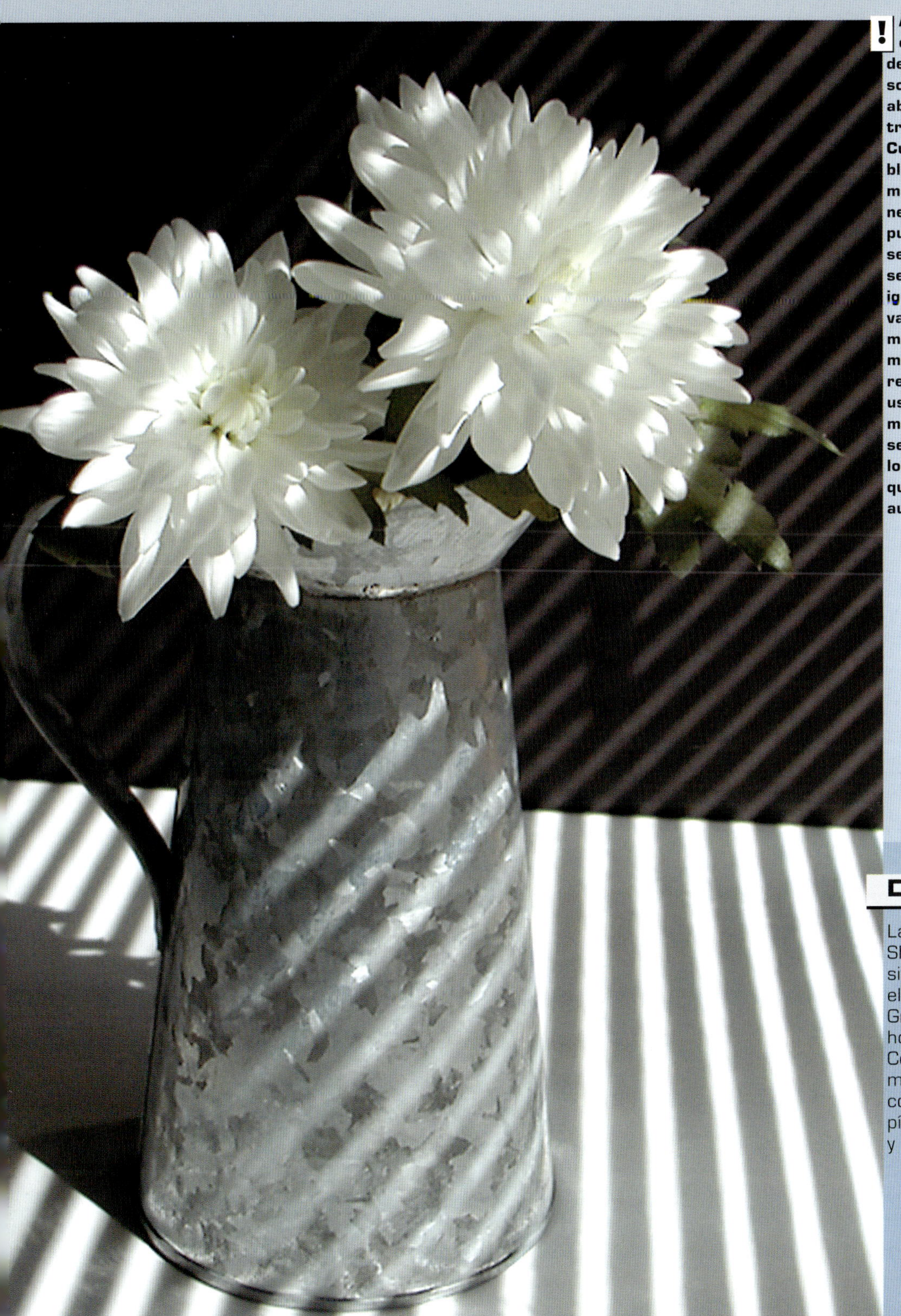

Aquí, fijar un punto negro contribuyó a dar una sensación de profundidad, reforzada por las sombras diagonales. Cuando se abre Niveles de Photoshop se ven tres herramientas de Cuentagotas: una para el punto blanco, la del medio para el tono medio y la otra para el punto negro. Al hacer clic en cualquier punto de la imagen después de seleccionar el Cuentagotas negro se ajustan esos píxeles a un brillo igual a 0. Muy a menudo, los valores más oscuros son los mejores porque suelen ser la zona más oscura que usted deseará ver reproducida como negro. Pero si usted desea cambiar otros tonos más oscuros a negro deberá seleccionar el más brillante. Todos los tonos que sean más oscuros que los seleccionados pasarán automáticamente a negro.

Disfrutar

La mayor parte de la obra de Sharon se exhibe en diversos sitios web y es muy popular. Ganó el premio Best of Category y un Grand Prize con mención honorífica en el Digital Photo Contest de internet. Para mostrarla en internet, Sharon la convirtió a tamaño 480 x 640 píxeles antes de darle más nitidez y ajustar curvas.

«Pensamos que sería divertido ver un perro llevando el mando de TV a su amo, ¡sobre todo si el programa de TV era sobre gatos! Así que buscamos el perro para escenificar la idea.»

Paso a paso

Anita Dammer y Darwin Wiggett, de Natural Moments Photography, combinan habilidades técnicas y artísticas con un maravilloso toque de humor. Esta imagen es un ejemplo. Demuestra que muchas fotografías de éxito cuentan su propia historia. La atención al detalle es la clave.

- **Captación con película de 35 mm**
- **Escaneado**
- **Clonar**
- **Capa**
- **Rotar**
- **Máscara de capa**
- **Sombra de recorte**
- **Licuar**
- **Opacidad**
- **Cuentagotas blanco**
- **Cuentagotas negro**

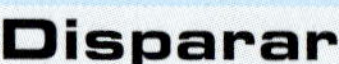

Disparar

Estos fotógrafos usan soporte analógico y digital. En este ejemplo, las partes que componen la imagen se tomaron sobre película (1/2/3). Para la toma del perro se empleó negativo de 100 ISO, mientras que el gato se fotografió con diapositiva de color saturado y grano fino de 50 ISO. Ambas tomas se realizaron con una cámara de 35 mm. Para la del gato, Anita y Darwin usaron un gran angular de 20 mm y dos flashes de estudio equipados con paraguas para suavizar y distribuir la luz. El gato se registró con la misma cámara y un objetivo macro de 100 mm y un flash externo ajustado como flash de relleno.

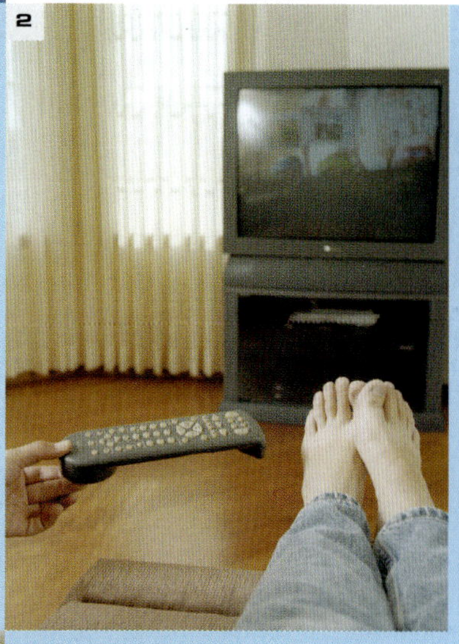

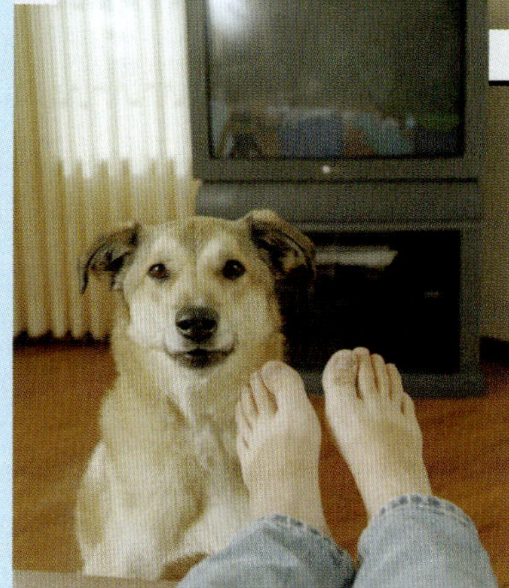

1/ 2/ 3/ Las diferentes tomas.

4/ Ventana de diálogo de Licuar.

Mejorar

Ambas imágenes se digitalizaron con un escáner de sobremesa de alta calidad y se transfirieron a Photoshop. Se eliminó el polvo de la imagen del perro con las herramientas Clonar y Pincel corrector. Luego, se escaneó la imagen del mando de TV, colocándola sobre la imagen del perro como capa y se rotó en el ángulo correcto para la boca del perro. Al final, se usó un Pincel de borde suave y una Máscara de capa para eliminar secciones del mando y que pareciera que el perro lo sostenía con la boca.

«Todo nuestro trabajo de montaje se hizo con máscaras de capa. Creemos que las Máscaras de capa son unas de las herramientas más potentes de Photoshop y siempre usamos esa función cuando hacemos montajes.»

! Siempre es mejor captar la imagen con la cámara que tratar de fusionar elementos con el programa de edición de imágenes. Las tomas a partir de cámara siempre parecen más reales que pegar elementos juntos más tarde.

4 Licuar

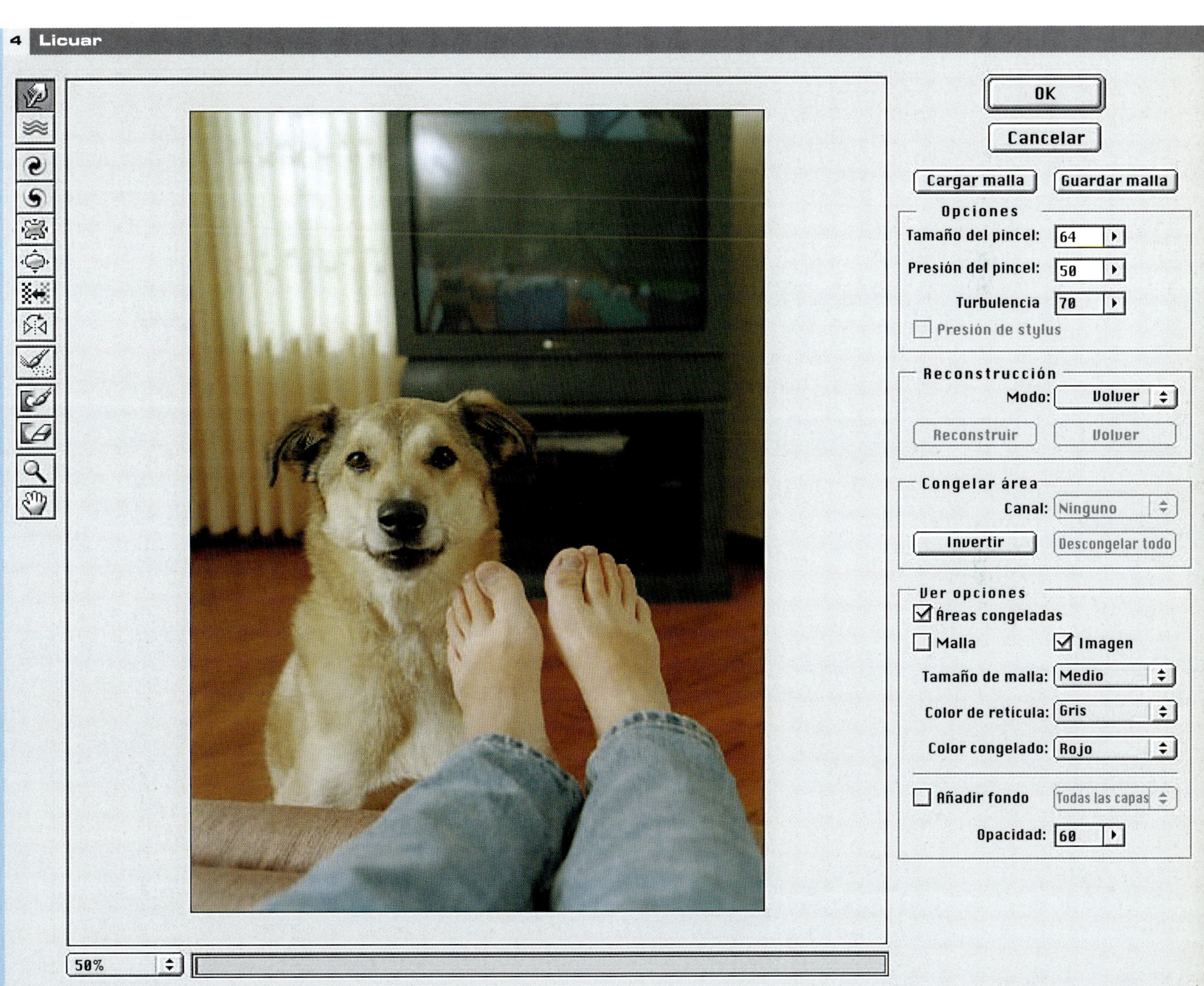

! Una Máscara de capa es una herramienta muy útil. Se pueden seleccionar partes de una capa, una capa completa o un conjunto de capas y luego trabajar sobre ellas o protegerlas. Una Máscara de capa es una imagen en escala de grises. Esto significa que cuando se pinta con blanco, la zona tapada con la máscara aumentará para mostrar más a medida que pinta. Igualmente, pintar con negro esconderá o contraerá el área. La última variable es cuando se pinta con gris. Esto no cambia el área sino la transparencia de la misma.

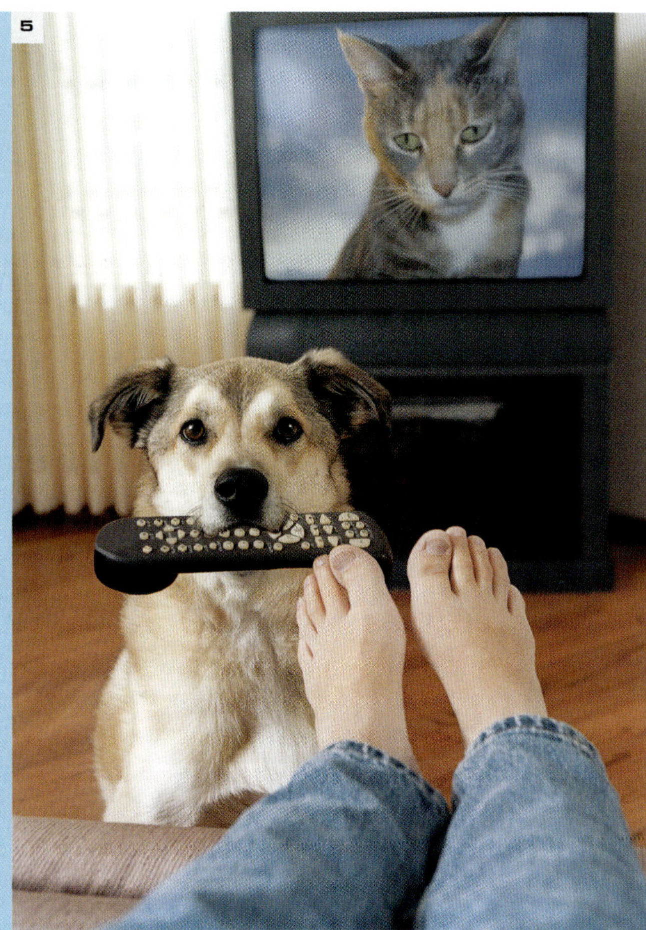
5

Hacer que pareciera real fue arduo. Se colocó un recorte de capa alrededor de la boca del perro para ayudar a crear el efecto. Luego se empleó la herramienta Licuar (4) para cambiar la figura de la boca del perro y hacerla más convincente. El mando Licuar se usó también para «abultar» los ojos del perro.

Después, la imagen del gato se colocó sobre la TV, después de ajustar su tamaño para que ocupara la pantalla. Esta capa se difuminó a un 60 % de opacidad, reduciendo así el brillo del cristal. Se añadieron las líneas de TV entrelazadas a la pantalla, un pequeño efecto casi subliminal que aumentó el realismo. Después, las herramientas Cuentagotas de blanco y negro de Niveles sirvieron para elegir sendos puntos de blanco y negro para corregir el color de la toma. Se creó una versión en blanco y negro de la imagen con el comando Calcular de Photoshop, combinando 60 % de rojo y 40 % de verde en los canales apropiados. Seguidamente las luces altas se tiñeron para pasarlas a marrón con el control de Tono y Saturación. Las sombras se tiñeron de azul con el mismo método. Por último, se añadió un efecto de borde con el programa Photo Frame. No sorprende que se emplearan unas cuatro horas para crear esta imagen.

! El comando Licuar es una función muy avanzada, que se encuentra en el menú de Filtros (Filtros > Licuar). Éste permite cambiar una imagen de muchas formas. Estas distorsiones pueden resultar espectaculares, o también pueden usarse con sutileza, como aquí. Este comando permite apretar y mover partes del motivo. En general es mejor usar una «malla», una rejilla que ayuda a evaluar la escala frente a otras partes de la imagen cuando se distorsionan áreas clave. El tipo de distorsión también cambia, así que hay un gran margen de actuación con esta herramienta. Pero Licuar sólo es válido con imágenes de 8 bits en RGB, CMYK, Color LAB o Escala de grises. Además, el efecto sólo afecta a la capa activa de la imagen.

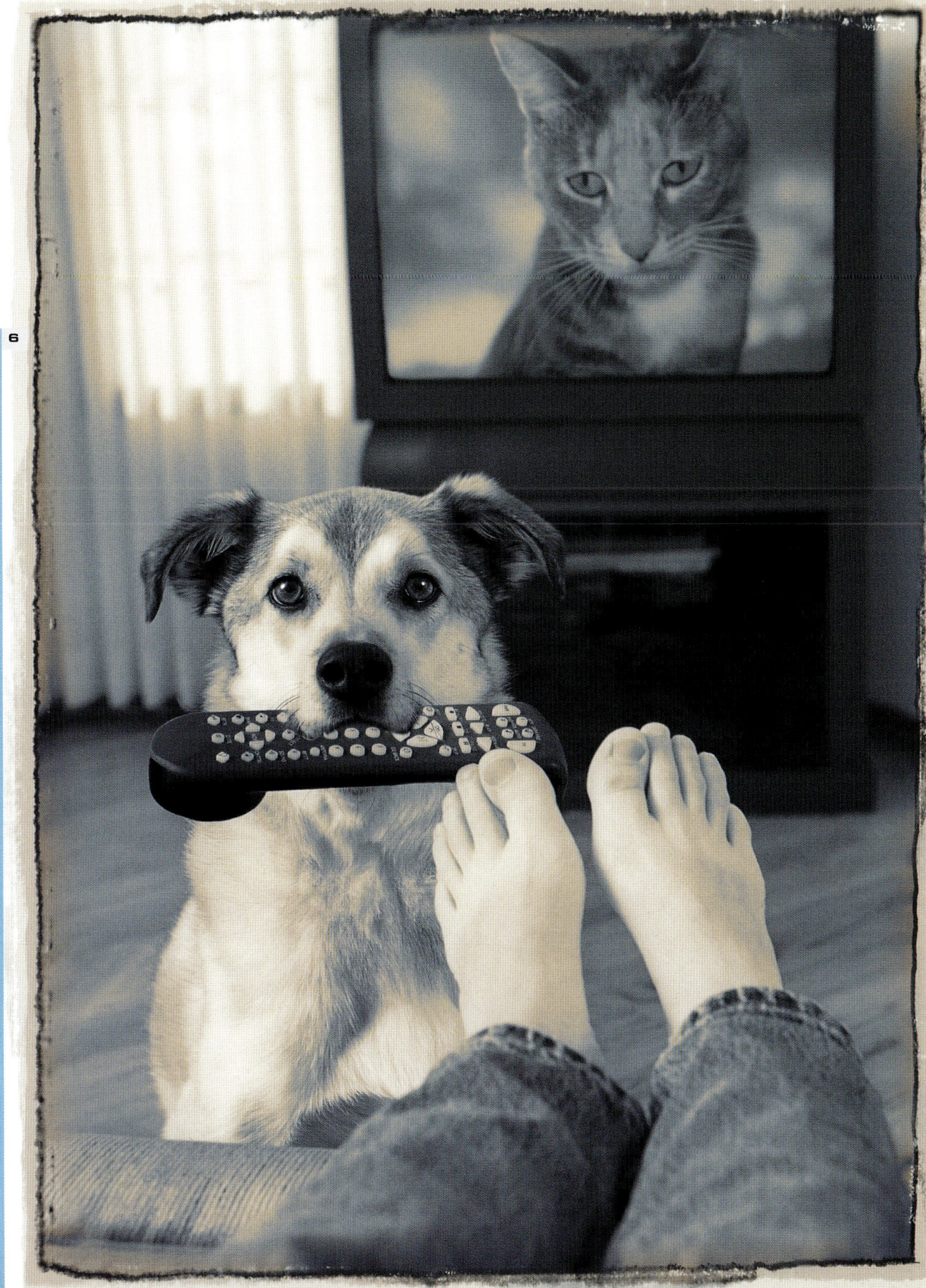

6

5/ Imagen con el color final.

6/ También se creó una versión en blanco y negro.

«Imprima siempre una copia para descubrir pequeños fallos.»

! Contornear desenfoca los bordes alterando la transición entre los límites de la selección y los píxeles circundantes. Este desenfoque puede causar alguna pérdida de detalle en los márgenes de la selección, allí donde las dos caras de los píxeles se encuentren. El contorneo puede realizarse cuando se usan las herramientas Marcar, Lazo, Lazo poligonal o Lazo magnético.

Ajustes sutiles

Después del esfuerzo físico de crear la imagen inicial, los pequeños toques tras la toma suelen decidir los efectos creativos.

Disparar

Esta imagen, *Faro*, la realizó John Lund con película 35 mm y de formato medio. El cielo y el océano se crearon al final. Inicialmente, la fotografía se tomó como parte de una campaña de publicidad para un banco. Se iluminó con luz de flash al anochecer. La luz del faro también era un flash. La imagen compuesta se creó después pensando en el archivo.

Mejorar

John usa Photoshop para su trabajo de posproducción. En esta imagen, primero separó la imagen del faro y la colocó sobre la toma del océano, que oscureció con la función Curvas para intensificar el efecto. Para crear el haz de luz hizo una selección de contorneado (1) con el color alterado mediante Tono y Saturación. Como esta imagen se creó a principios de los años noventa, necesitó unos dos días con el equipo y el programa de ordenador disponible en esa época.

1 Calar

Calar: 2px ☑ Suavizado | Explorador ... | Pinceles

2 Autocorrección de color

Algoritmos
- ○ Mejorar contraste monocromático
- ◉ Buscar contraste por canal
- ○ Encontrar colores oscuros y claros
- ☐ Ajustar medios tonos neutros

Colores de destino y recorte
- Sombras: Recortes: 0.50
- Medios tonos
- Iluminaciones Recortes: 0.50

☐ Guardar como valores por defecto

OK | Cancelar

3

Disfrutar

Ésta es una de las imágenes de archivo de John y se ha vendido a través de la agencia Getty Images.

- > **Película de 35 mm**
- > **Película de formato medio**
- > **Escanear**
- > **Photoshop**
- > **Cortar/Pegar**
- > **Curvas**
- > **Contornear**
- > **Curvas**
- > **Tono/Saturación**
- > **Archivo**

1/ Contornear una selección.

2/ Opciones de corrección de color automática.

3/ La imagen final.

! ***Corrección automática.* Es muy tentador usar las funciones de ajuste automático, como Niveles automáticos en Photoshop, que ajustan los colores y el contraste de una imagen según parámetros predefinidos. A veces realizan un buen trabajo** (2), **corrigiendo con un simple clic los píxeles de las luces altas y bajas, y reajustando los valores de tonos medios. Funcionan mejor con una imagen que tenga una gama de valores de brillo promedio. También pueden corregir una dominante de color. Sin embargo, para su trabajo podría no ser útil una mejora automática e incluso introducir una dominante de color. Pero no todo está perdido. Puede seguir usando este sencillo paso, pero conseguirá más efectividad estableciendo sus propios parámetros. Si va a Niveles o a Curvas y selecciona Opciones, puede introducir valores que se ajusten al tema en el que trabaja. Esta opción es muy útil para el fotógrafo de estudio, y puede ayudarlo cuando trabaje con muchas imágenes.**

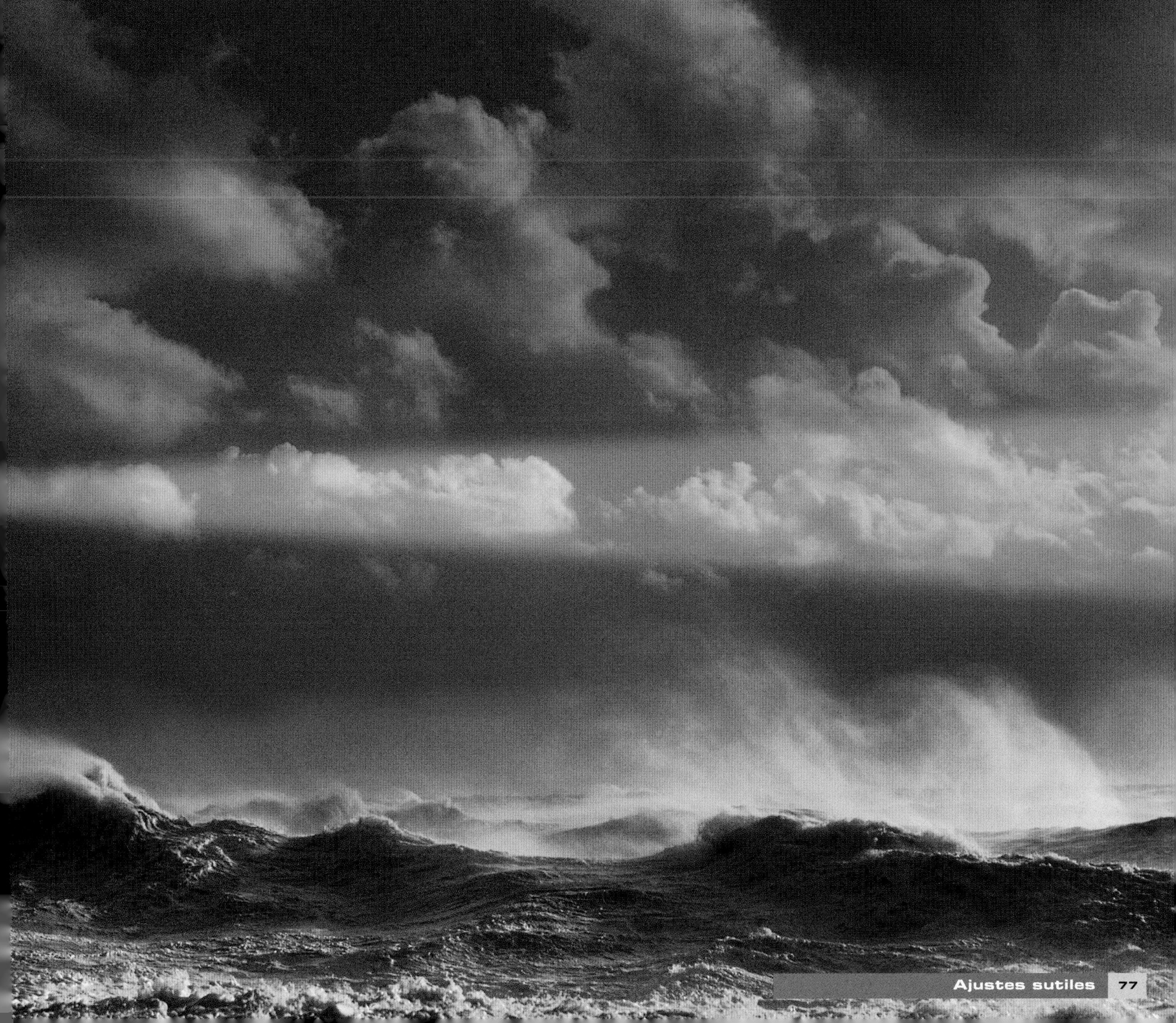

«A veces tomo una fotografía o un archivo digital como punto de partida y la imagen empieza a crecer. Otras veces, simplemente me siento con mis materiales de origen —los CD, el catálogo de fondo— y dejo que las cosas sucedan.»

Construir una imagen

Catherine McIntyre es una artista digital con muchas publicaciones y encargos. Su imagen *Pergamino* es un excelente ejemplo de la actual y exitosa elaboración de imágenes. Con todas las posibilidades a nuestro alcance, todavía cabe un enfoque imaginativo. Catherine cree que, a menudo, un elemento de una imagen sugiere ideas sobre cómo manipularlas después, aunque a veces también fotografía con alguna idea en mente.

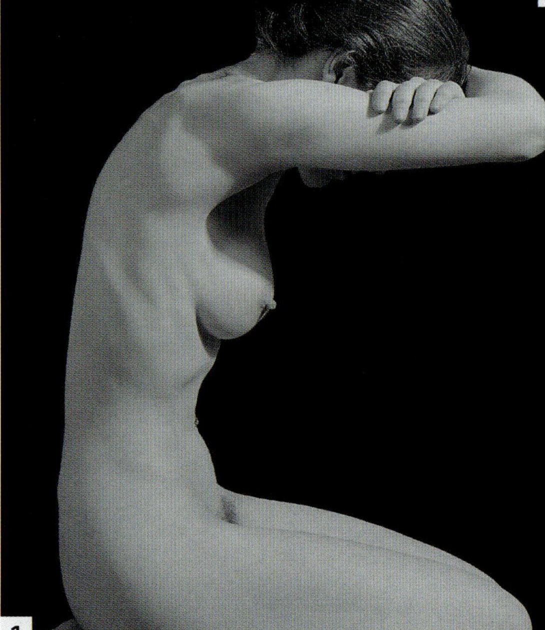

1

2

Disparar

Catherine solía fotografiar con soporte analógico y digital a la vez, aunque ahora trabaja con una cámara compacta digital. Pero cree que la calidad final no depende del tamaño de la imagen obtenida. Este desnudo se tomó con una cámara de 6 x 6 cm equipada con un objetivo normal de 80 mm. Sin embargo, como relata Catherine: «Obviamente, los desnudos en 6 x 6 eran mucho más nítidos, pero esto no es siempre la mejor opción y casi nunca lo empleo a plena resolución, o saltarían a la vista.»

1/ 2/ Las imágenes originales.

3/ Aquí aparecen las capas en el orden escogido. Al hacer clic sobre una capa, ésta se activa y podemos hacerla invisible o visible con sólo hacer clic en el símbolo del ojo. Para eliminar una capa, se la activa y se arrastra después al icono de papelera. Puede cambiar el orden arrastrando la capa escogida y situándola donde desee en la parrilla.

- **> Captura con película de 6 x 6 cm**
- **> Escaneado**
- **> Copia plana**
- **> Escaneado**
- **> Archivo TIFF de 400 ppp**
- **> Captura digital**
- **> Photoshop**
- **> Capas**
- **> Modos de capa**
- **> Máscara de capa**
- **> Invertir imagen**
- **> Acoplar imagen**
- **> Recortar imagen**
- **> Rotar imagen**

Mejorar

La imagen empezó con la toma del desnudo (1), a la que su autora pretendía dar la textura de un manuscrito. Los colores y la composición no estaban planificados, surgieron durante la sesión de trabajo. El manuscrito (2) se digitalizó en un escáner plano a 400 ppp y luego se guardó como archivo TIFF. Después, los detalles del desnudo, la carta y el sello se añadieron mediante Capas y varios modos de capa, incluido Luz suave y Superponer, combinadas con diversos grados de opacidad (3). Se usaron Máscaras de capa para eliminar partes innecesarias de la imagen. El desnudo se invirtió, recortó, rotó y se le aplicó un modo Luminosidad. Luego la imagen se acopló (Capa > Acoplar imagen) para eliminar las diferentes capas y hacer el tamaño del archivo más manejable. Por último, Catherine realizó algún clonado para limpiar la imagen. En total, empleó un par de horas.

3 Paleta de capas

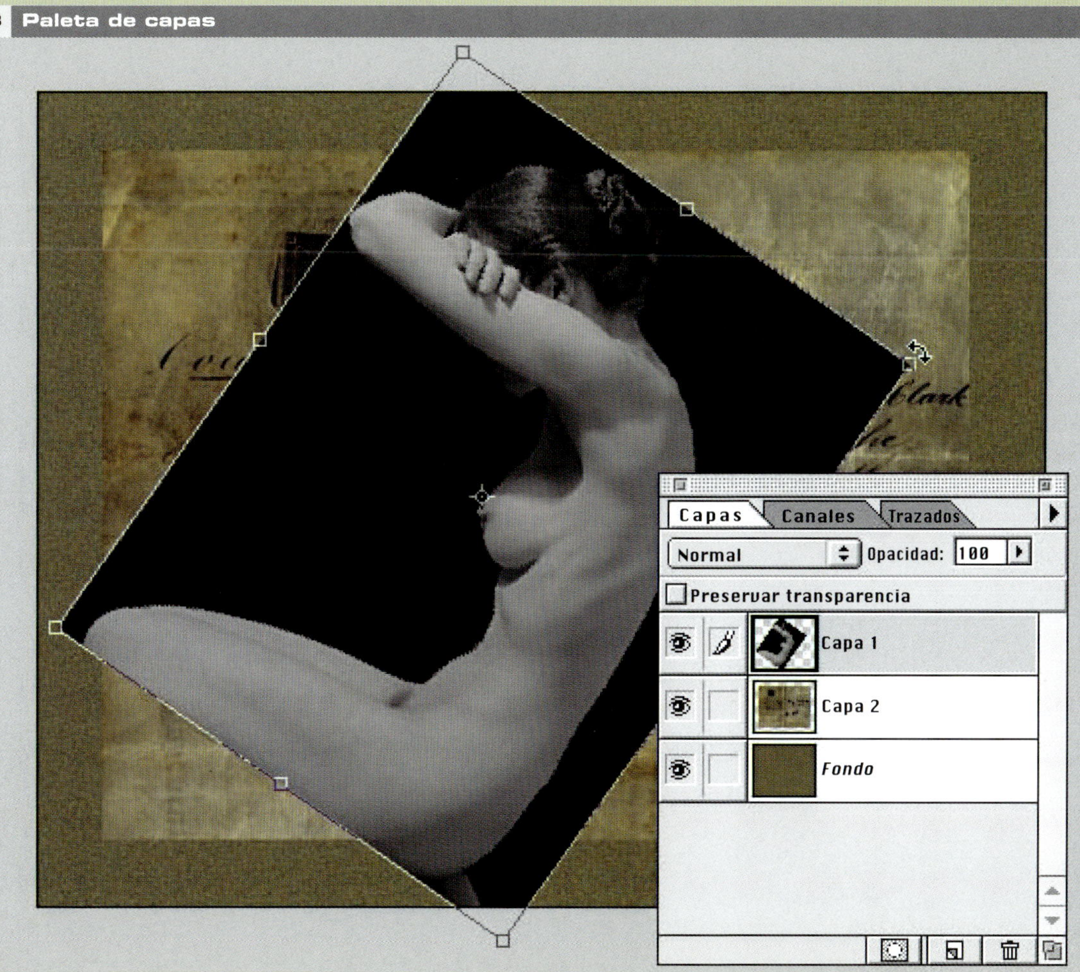

! Una capa de fondo es un lienzo blanco en el que se colocan otros componentes de capa. En Photoshop se encuentra en Archivo > Nuevo. Establezca sus parámetros de tamaño, resolución y modo de color. Puede crearse una capa de fondo a partir de una capa normal sólo con cambiarle el nombre haciendo doble clic en su posición en la paleta de capas.

Una capa interactúa con las otras capas ordenadas por debajo utilizando los Modos de capa. Catherine empieza con un archivo del tamaño final planeado, a una resolución de 400 ppp. Suele ser una textura abstracta que sirve de fondo y sobre la que elabora la imagen. Luego copia otros archivos y los pega en el archivo de trabajo, pero en capas separadas. Este primer estadio suele requerir algún cambio de escala y de orientación de los componentes. Los elementos se fusionan entre sí para crear un resultado coherente.

«Para mí, las figuras vestidas en seguida se inscriben en el tiempo y definen al personaje de diferentes formas. Muchos mensajes se transmiten a través de la indumentaria y no son los que necesito comunicar. Por otro lado, me gustan los cuerpos: ¡son grandes obras de ingeniería!»

4 Paleta de capas

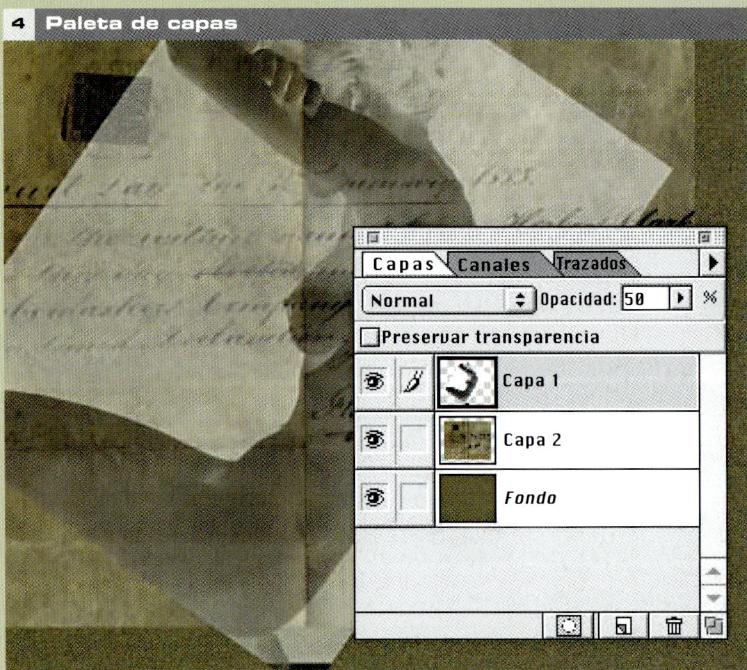

«Me siento ante el monitor cada día y me obligo a producir algo, pero sólo a veces se desarrolla con un ímpetu propio y se convierte en algo más que las partes que lo componen. La inspiración no se controla fácilmente. Es una cuestión de suerte que todo lo que tienes en la cabeza –los sentimientos, los bits de información, la impresión visual y los problemas que surgen en la pantalla– se combine para crear algo interesante.»

5

Capas: una introducción básica

Las Capas en Photoshop, o su equivalente en otros programas de edición fotográfica, son una función que vale la pena aprender. Si domina esta técnica, las capas se convertirán en la mejor arma de su arsenal creativo. Con las capas, los elementos de una imagen, o toda la imagen, pueden colocarse por separado uno sobre otro y dispuestos en cualquier orden. También pueden efectuarse ajustes para cada capa. El orden de las capas puede cambiarse siempre que lo necesite a medida que desarrolla sus ideas. Cada capa permanecerá separada de las otras hasta que las fusione o acople. Como describe Catherine McIntyre, los elementos pueden recortarse y rotarse, como en el montaje sobre papel. Al estar cada elemento en su capa, hay un gran margen para corregir la escala, la perspectiva, distorsionar o hacer otros ajustes. A Catherine le gusta modificar la opacidad, variándola a lo largo de una capa sólo en zonas concretas. La imaginación o la necesidad técnica pueden ser su guía. Las capas pueden ocultarse, en el caso de que desee volver a ellas pero no esté manipulándolas en ese momento. También puede vincular las capas de modo que, por ejemplo, sus componentes puedan moverse juntos a una nueva zona de la composición general.

Disfrutar

Esta imagen es parte de un proyecto personal en el que usa diferentes medios.

4/ Dominar el uso de las capas es imprescindible para progresar en su trabajo de posproducción.

5/ La imagen final.

5 Papel e impresión

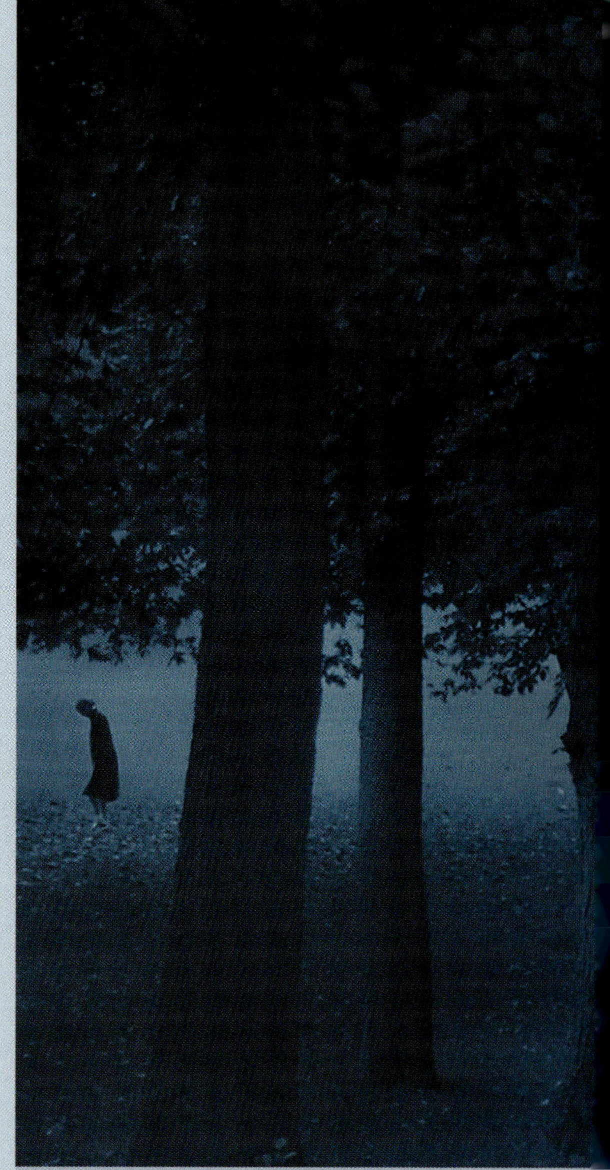

Bosques, de René Asmussen

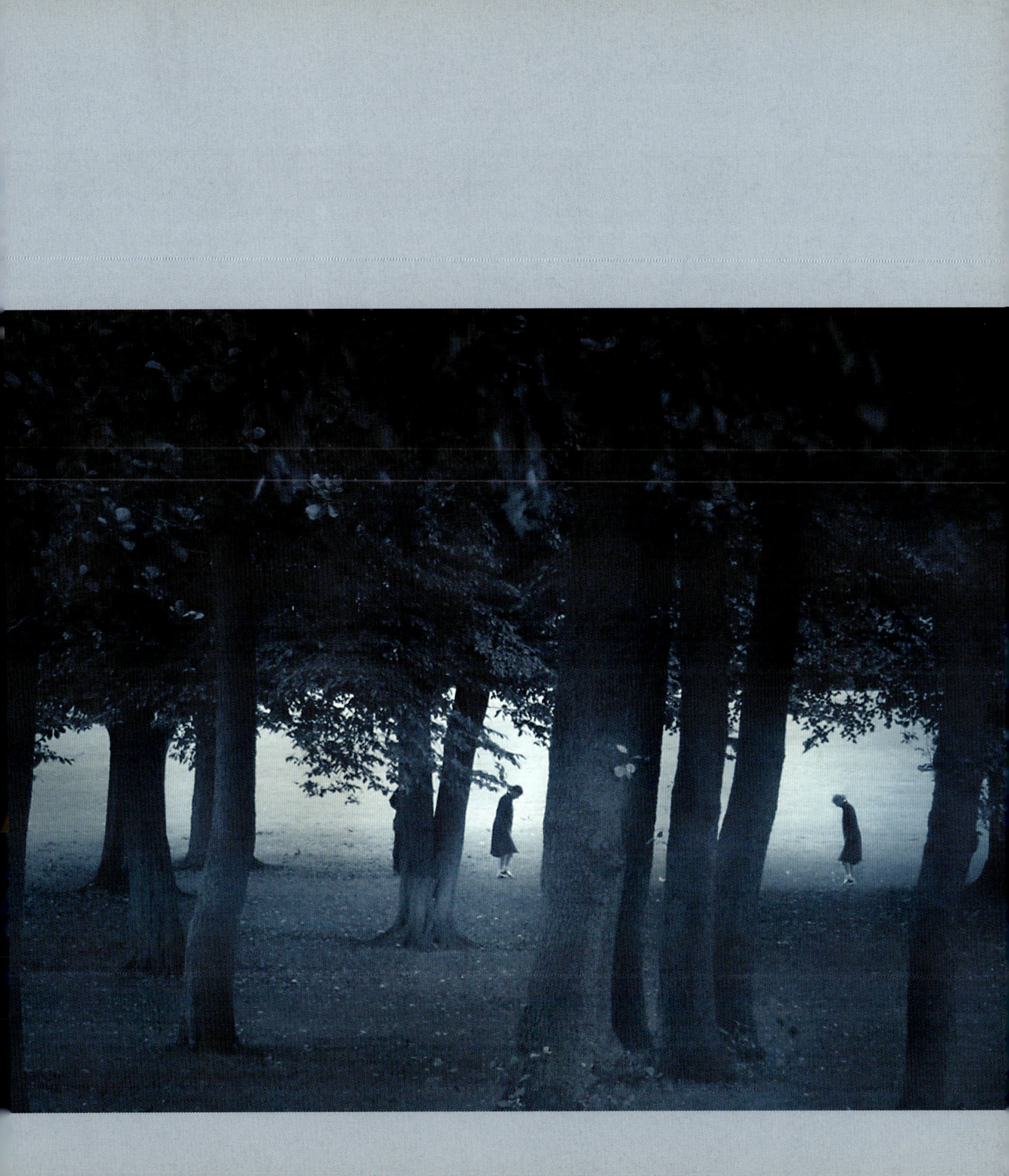

En este capítulo...

Aquí examinamos las opciones al alcance del creador de imágenes digitales para que la imagen final impresa ofrezca el máximo impacto.

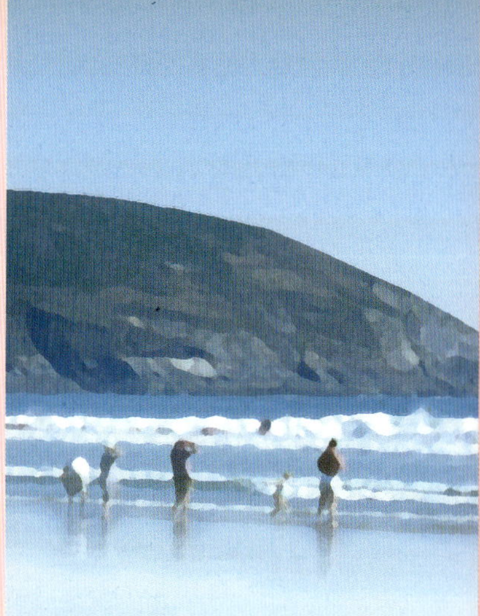

La imagen en papel

Las imágenes digitales no sólo pueden presentarse como simples copias impresas; también hay otras opciones, como las tarjetas de felicitación.

Páginas 86-87

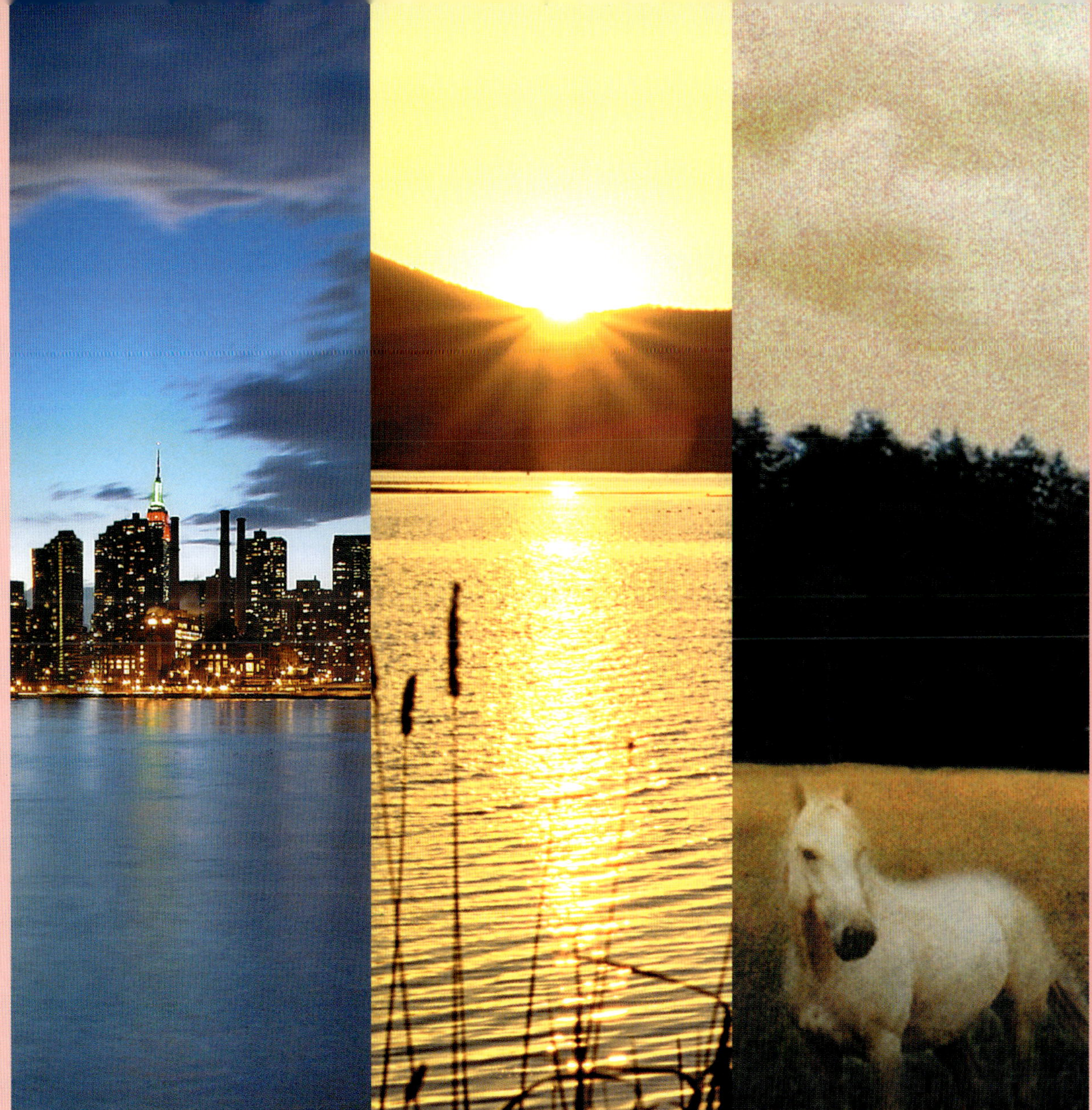

Copias panorámicas

Las copias panorámicas pueden ser impactantes, como las instantáneas de paisajes dinámicos, y los actuales programas de edición hacen que sea muy fácil producirlas.

Páginas 88-93

Opciones de impresión

Aquí examinamos las opciones de impresión: la impresión por inyección de tinta, por sublimación térmica y las copias con el sistema Giclée.

Páginas 94–97

Para una exposición

Aquí nos centramos en los diferentes tipos de papel que pueden usarse para realzar la copia final.

Páginas 98–99

«Cuanta menos información contenga una imagen, más cosas verá en ella el espectador.»

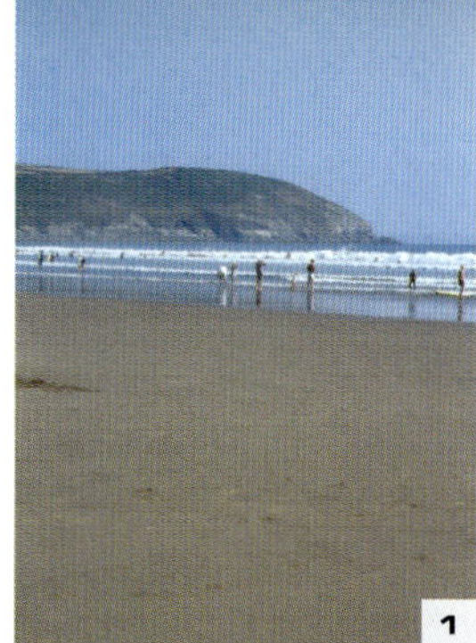

1

! Una imagen de baja calidad da margen para la creatividad, ya que hay menos que perder y más que ganar con la experimentación.

La imagen en papel

Los usos sociales de la imagen están creciendo día a día. Se están generando tecnologías que permiten reproducirlas en productos que hoy no asociaríamos con nuestra forma de crear imágenes. Pero la ampliación tradicional seguramente superará la prueba del tiempo. Hay un gran mercado para tarjetas de felicitación, calendarios, puntos de lectura y otros productos en papel. Muchos de ellos pueden realizarse desde el ordenador.

Disparar

Bruce Aiken es diseñador casi a tiempo completo. Reside en Devon (Reino Unido) y también es un fotógrafo consumado. Captó esta imagen (1) con película de 35 mm, en principio para una campaña de publicidad de un parque de vacaciones y para su archivo.

2 Borrador

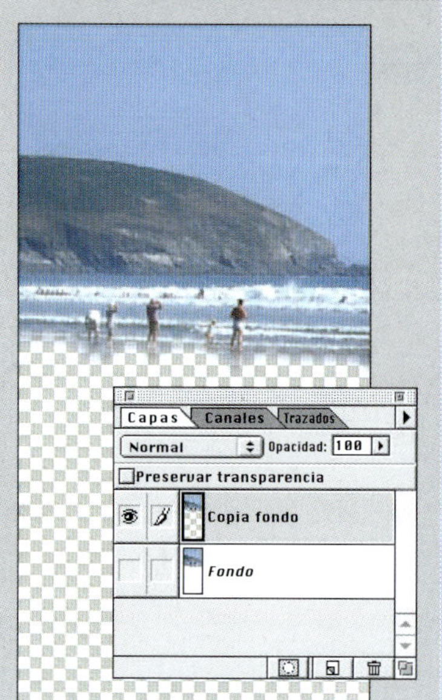

Mejorar

Para asegurar la calidad del escaneado, Bruce empleó durante años un escáner de tambor. Esta imagen se escaneó y se convirtió en un archivo de 12 megas. Tras pasarla a Photoshop, Bruce bajó la resolución para dar el efecto de acuarela. Para lograr el efecto final se usaron varios filtros. La fotografía se reencuadró bastante, por ejemplo, eliminando la tira de arena del fondo (2) con Borrador. Bruce también quería un efecto de clave alta para evocar la sensación de un día soleado, que consiguió con Niveles. Se creó un duplicado de capa, luego otras dos más y se añadió un Relleno de degradado azul (3) a una de ellas. Éste era más oscuro en la base para equilibrar la imagen visualmente. El filtro Pincel seco (4) se aplicó a una de ellas (Filtro > Artístico > Pincel seco). La opacidad de la capa se situó en 70 % para suavizar el efecto de bordes ásperos. Luego se seleccionó el

3 Relleno de degradado

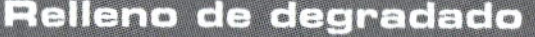

Navegador | Info | Opciones de marco
Calar: 0 píxeles Suavizado
Estilo: Normal
Ancho: Altura:

Capas | Canales | Trazados
Normal Opacidad: 100
Preservar transparencia
Copia fondo
Azul suave
Fondo

- > Película de 35 mm
- > Escáner de tambor
- > Photoshop
- > Recortar
- > Duplicar capa
- > Borrar
- > Nueva capa
- > Relleno de degradado
- > Pincel seco
- > Ruido
- > Recortar

1/ Una imagen poco prometedora.

2/ La herramienta Borrador se usó para eliminar la arena oscura.

3/ Un Relleno de degradado en una capa separada sirvió para integrar el color general.

4/ Una combinación de Pincel seco y Pinceladas creó el efecto de acuarela.

5/ El cielo original se eliminó para aplicar el Relleno de degradado, que daba un efecto más brillante.

6/ La imagen final se imprimió en tarjetas de felicitación.

cielo con Varita mágica y se corrigió el color aplicando un Relleno de degradado (5). Para añadir realismo a ese tono desvaído se introdujo un poco de ruido (Filtro > Ruido > Añadir ruido). Por último, la imagen se ajusto a tamaño 210 x 105 mm lista para imprimir en una imprenta sobre papel de 250 g.

5 Varita mágica

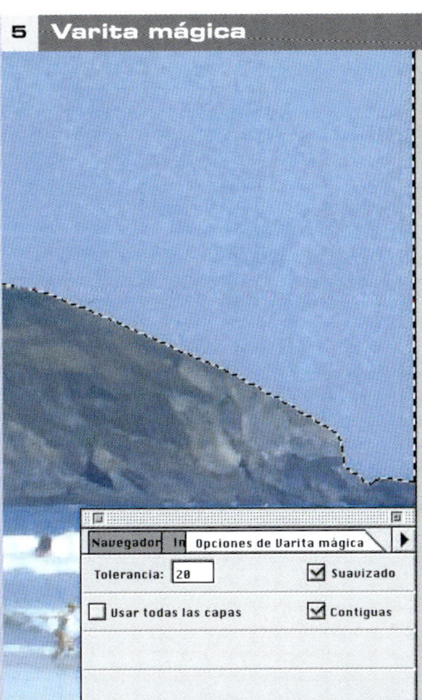

6

4 Pincel seco

OK

Cancelar

50%

Opciones

Tamaño de pincel 10

Detalle de pincel 10

Textura 1

Disfrutar

Esta imagen se vendió como tarjeta de felicitación y en una edición limitada de seis ejemplares. Y Bruce ha puesto a la venta copias impresas por inyección de tinta desde su sitio web.

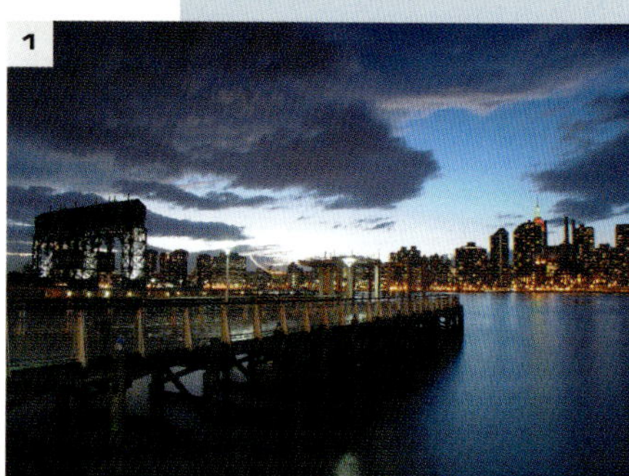

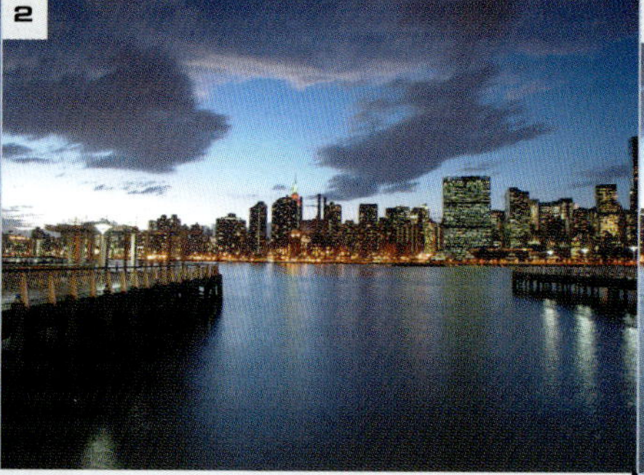

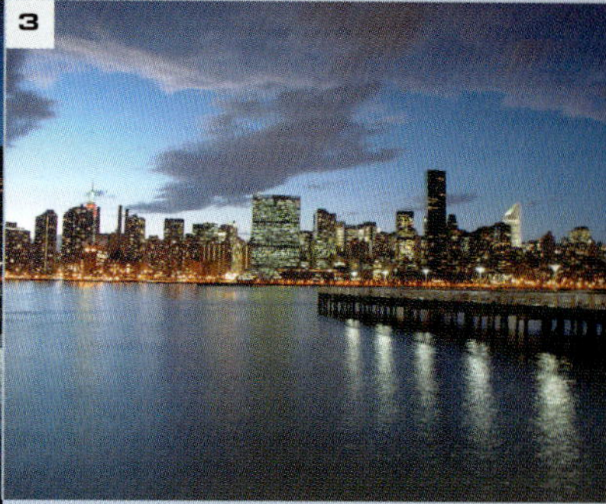

Copias panorámicas

La presentación de la fotografía cambia la forma de trabajar del fotógrafo y condiciona la respuesta del público. Las imágenes panorámicas, con sus proporciones inhabituales, son muy populares entre los paisajistas, pero también son adecuadas para otros temas.

- > **Larga exposición**
- > **Archivo TIFF**
- > **Photoshop**
- > **Niveles automáticos**
- > **Duplicar capa**
- > **Herramienta Medición**
- > **Filtro Esferizar**
- > **Acoplar capas**
- > **Tamaño de lienzo**
- > **Seleccionar todas**
- > **Escala de opacidad**
- > **Opacidad**
- > **Máscara**
- > **Herramienta Degradado**
- > **Herramienta Clonar**
- > **Máscara**
- > **Capas**
- > **Máscara de enfoque**
- > **Recortar**
- > **Impresión**

Disparar

Yann Keesing usó una cámara digital compacta de 5 megas para crear esta maravillosa panorámica de Nueva York. Hizo tres tomas (1/2/3) con la cámara en un trípode y ajustada para el disparador automático. Sobre el objetivo zoom estándar se montó una lente conversora angular (x 0,7) para obtener más cobertura visual. Escogió un modo de prioridad a la obturación con una velocidad de 5 segundos para registrar el movimiento de las nubes. Pero hubo unos 30 segundos de diferencia entre cada una de las tomas porque Yann eligió el sistema de reducción de ruido de la cámara. Aunque esto creaba nuevos problemas porque las nubes se movían muy rápido, era preferible a una imagen en la que el ruido borrara el detalle e introdujera colores falsos.

Mejorar

Yann usó el programa Photoshop para manipular esta imagen. Primero, cada imagen pasó por Niveles automáticos (Imagen > Ajustes > Niveles automáticos) para corregir el contraste, el brillo y el color básicos (4/5/6). La distorsión del objetivo se corrigió con un nuevo duplicado de capa (Imagen > Capa > Duplicar capa). Luego se acoplaron las imágenes.

Después aumentó el tamaño de la imagen de la izquierda para darle unos 10 mm más de espacio, por abajo y arriba, más el doble de ancho en el lado derecho, donde encajaría la imagen central. En esta fase, la imagen se guardó como «Panorama».

Luego seleccionó la imagen del centro con Seleccionar > Todas, y copió y pegó en «Panorama» pero sobre una nueva capa llamada «Centro».

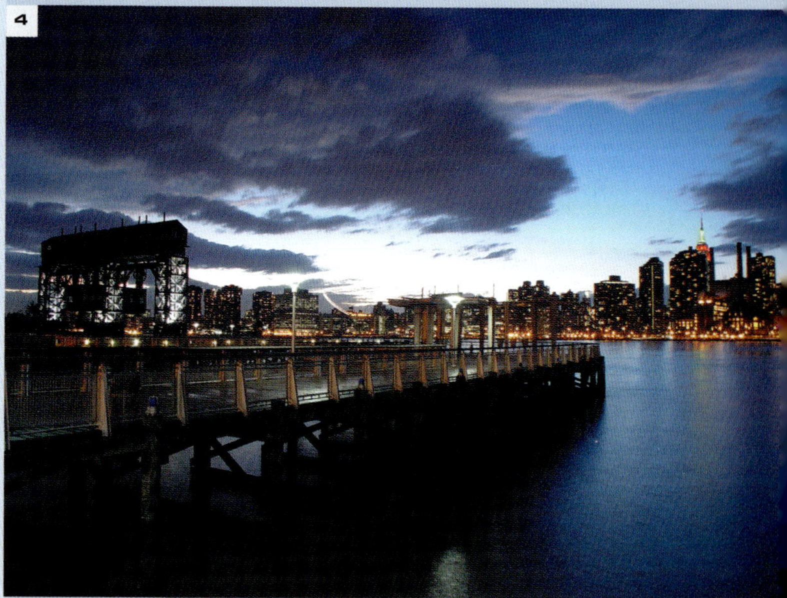

1/ 2/ 3/ Imágenes originales.

4/ 5/ 6/ Con Niveles automáticos se consiguieron ajustes básicos pero notables.

7/ Ventana de ajuste de tamaño de lienzo.

8/ Filtro Esferizar.

! ***Ajustar tamaño de lienzo.*** **Aumentar o reducir el tamaño de lienzo es muy útil. En Photoshop, el tamaño de lienzo se ajusta en el menú Imagen > Tamaño de lienzo. Aparece una ventana de diálogo** (7) **donde se escribe el valor que se desea cambiar, sea en porcentaje, píxeles, pulgadas, mm, cm, puntos, picas o columnas. (Si desea reducir el tamaño de lienzo, escriba un valor con el signo menos.) El área añadida aparecerá con el color de fondo habitual. Haga clic en OK y se operará el cambio. También puede mover el punto de ajuste de la imagen original sobre el nuevo lienzo haciendo clic en la rejilla.**

7 Tamaño de lienzo

Tamaño actual: 1.28M
Ancho: 4cm
Altura: 6cm
Nuevo tamaño 2.16M
Ancho: 7 cm
Altura: 7 cm
Anclar:

! ***Corrección de la distorsión con Photoshop.*** **Para eliminar la distorsión, Yann, primero, cambió el tamaño de lienzo para que fuera cuadrado, dejando espacio alrededor de toda la imagen. Por ejemplo, si su imagen es de 10 x 15 cm, intente crear un lienzo de 17,5 x 17,5 cm. Esto es importante por lo que viene después. Con la herramienta Medición asegúrese de que los puntos más remotos de su horizonte (de izquierda a derecha) están nivelados y ajustados rotando el lienzo (Imagen > Rotar lienzo > Arbitrario) en la proporción indicada. Si es preciso, use el filtro Esferizar (Filtro > Distorsionar > Esferizar)** (8) **con un pequeño ajuste de 5 o 10 para hacer que el efecto parezca más natural. Si tiene edificios y otros objetos rectilíneos en el horizonte, juegue con la perspectiva mediante la función Recortar perspectiva. Ahora recorte la imagen para desechar la parte de lienzo no deseada.**

8 Esferizar

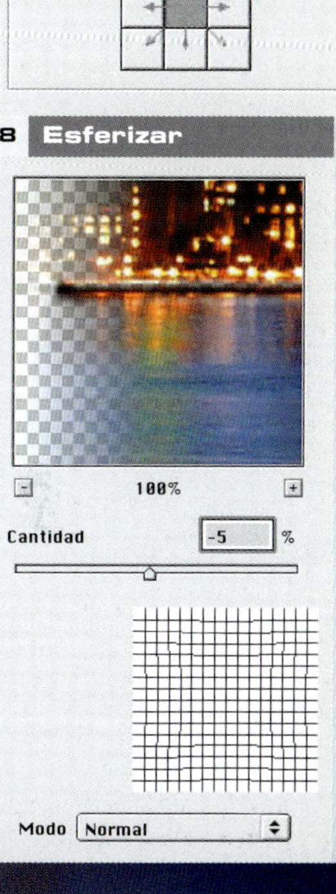

5

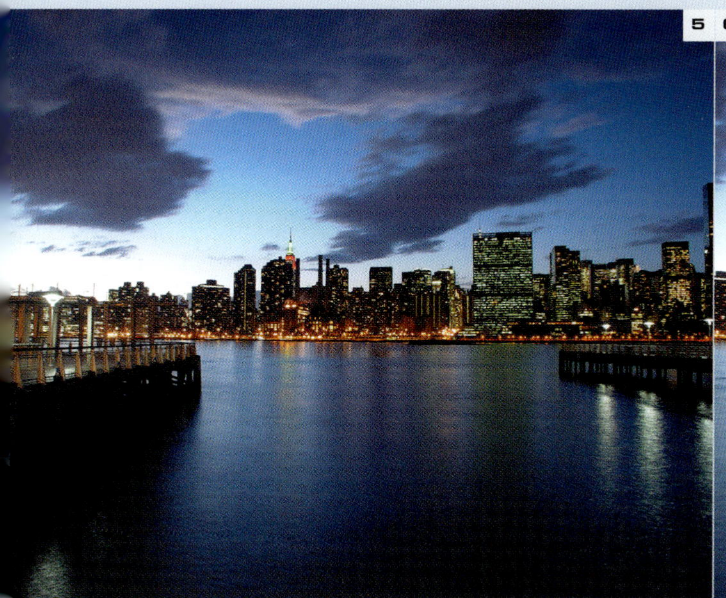

6

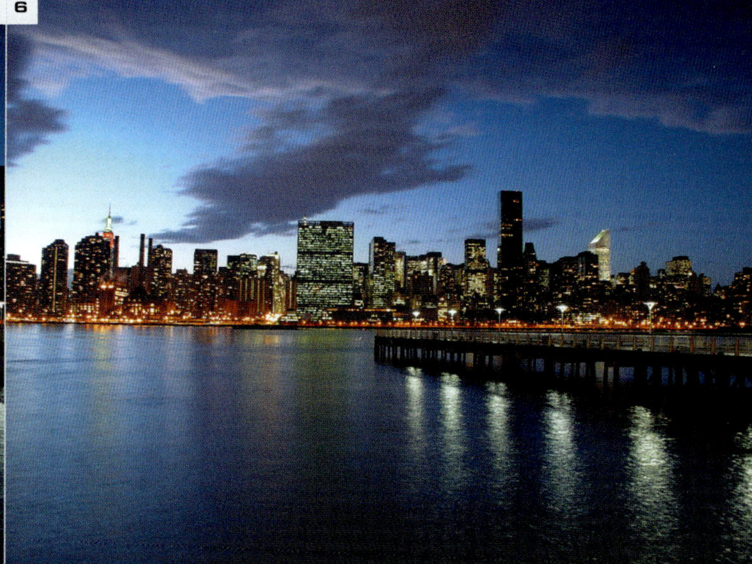

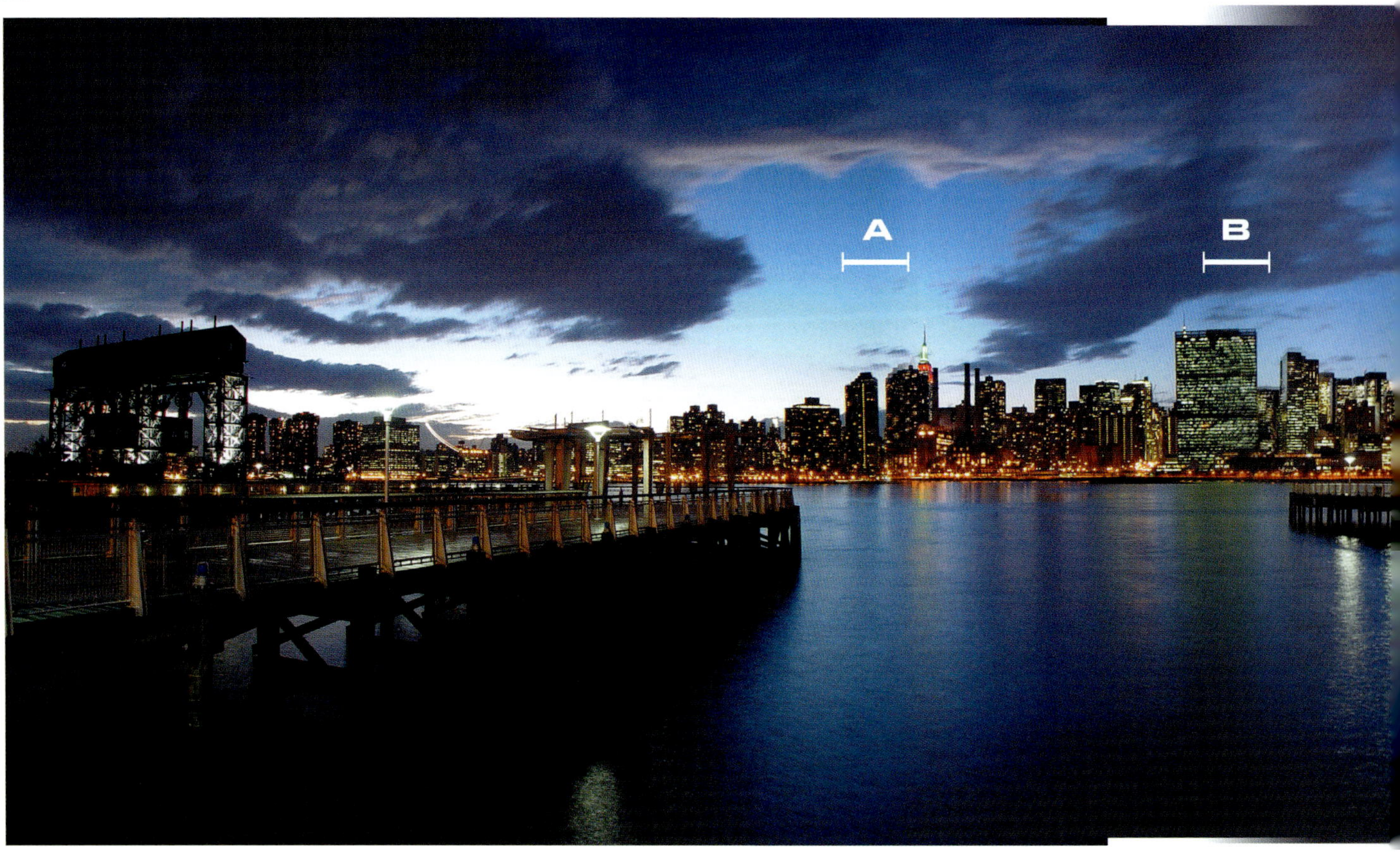

9

9/ Las tres imágenes se combinaron en un solo documento pero en tres capas diferentes.

10/ La Paleta de capas muestra la gestión de las tres imágenes.

11/ Corrección del horizonte inclinado con la herramienta Medición.

Era importante que esta imagen estuviera encima. Yann decidió crear una regla con la herramienta Medición (véase ventana opuesta) y situada a lo largo del horizonte. Yann rebajó la opacidad de la capa de la imagen central, de modo que pudo ver a través de ésta la imagen de la izquierda. Cuando todo parecía correcto, se alineó con la imagen izquierda, aunque necesitó un escalado. Esto es usual cuando se unen varias tomas, pues algunos bordes quedan más pequeños que otros debido a que el objetivo se ajusta para cada foto. La opacidad se ajustó a 100 %.

Ahora había que unir las imágenes para darles un aspecto real y sin «costuras». Primero se buscó una zona donde no se notase la unión en los dos edificios más altos, delante y a la izquierda del Empire State Building. Se colocó una máscara sobre la capa del centro y en la herramienta Degradado lineal se eligió Color frontal/Color de fondo con el color blanco delante y el negro como fondo. Se creó un degradado sobre la máscara de derecha a izquierda con concentración para que la línea descendiente apareciera horizontal. Esto se logró haciendo

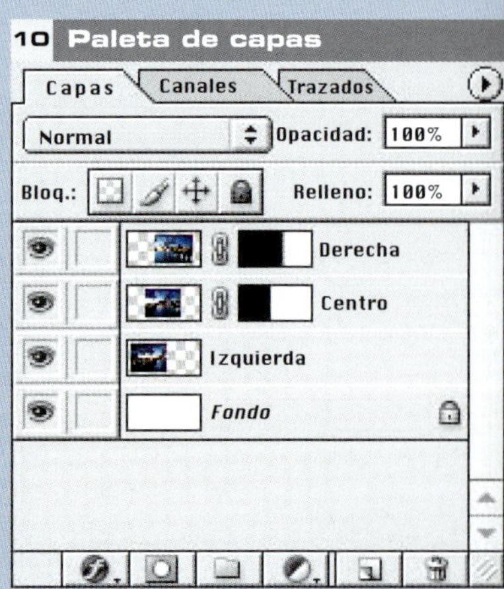

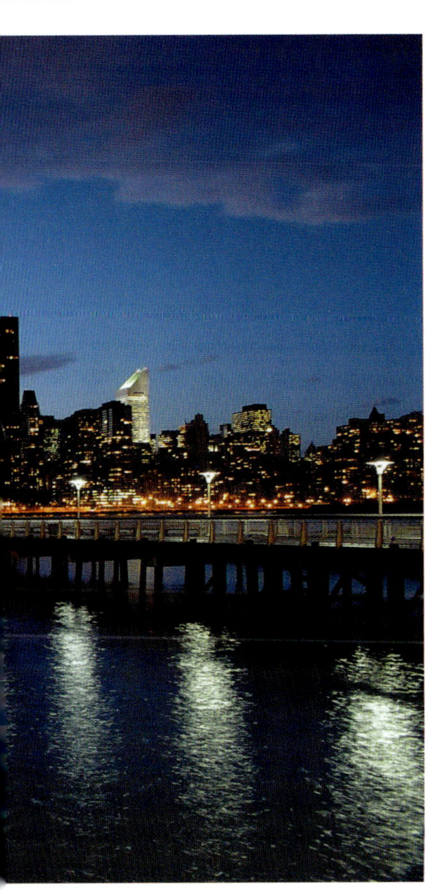

11 Herramienta Medición

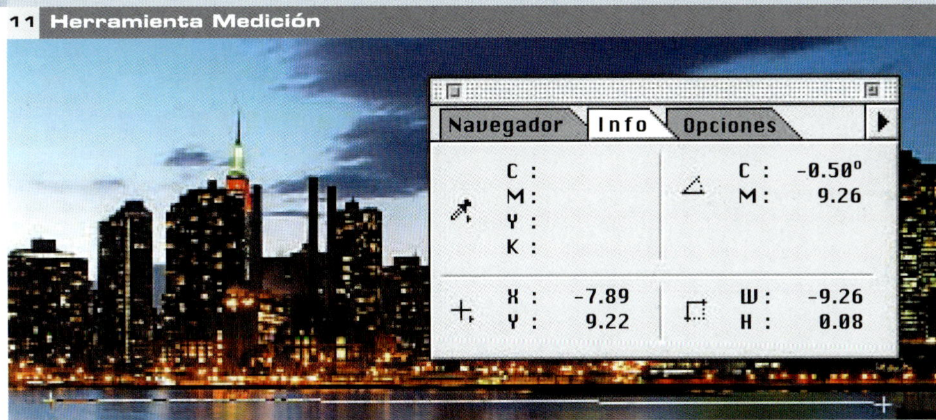

! ***Medición del horizonte.*** **Un horizonte inclinado o curvado parece poco natural. La herramienta Medición de Photoshop es útil para corregirlo. Seleccione la herramienta Medición en el menú de Herramientas y haga clic donde desee empezar la medición. Mueva la línea hacia su posición final y suelte el ratón. El panel Info le mostrará si la línea está inclinada y en qué proporción.**

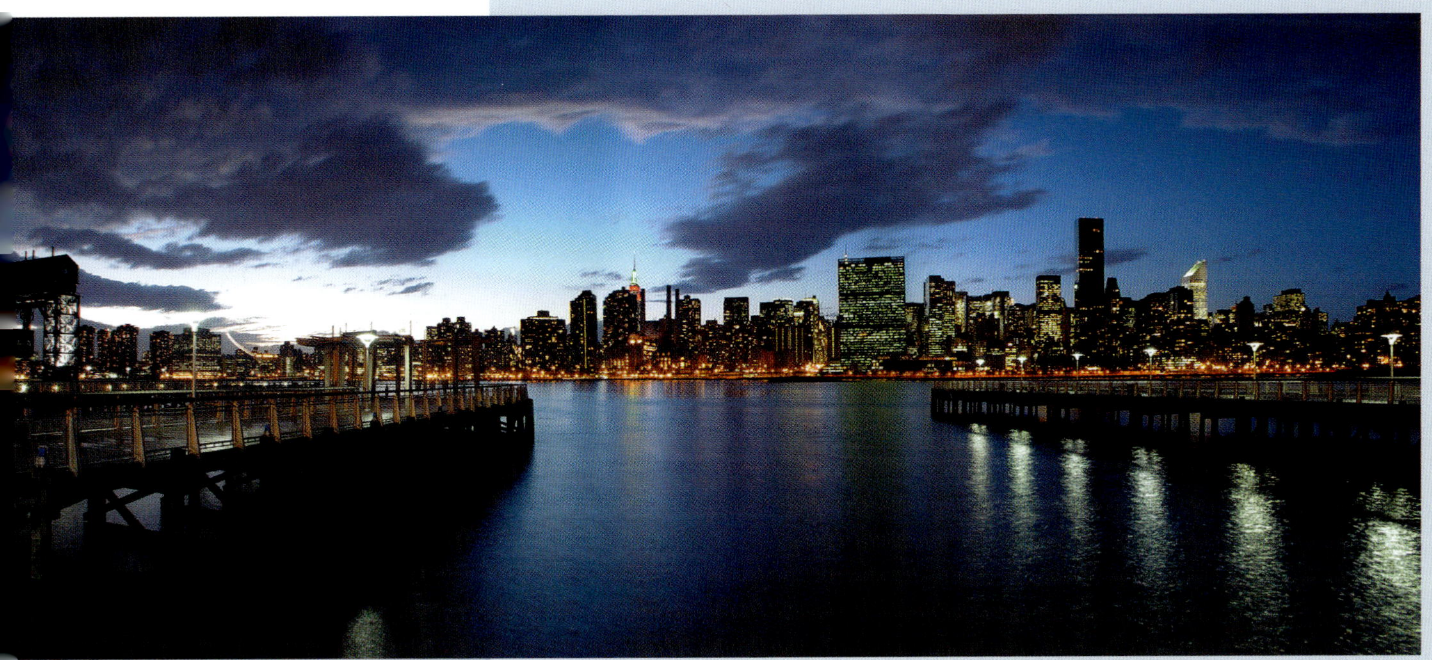

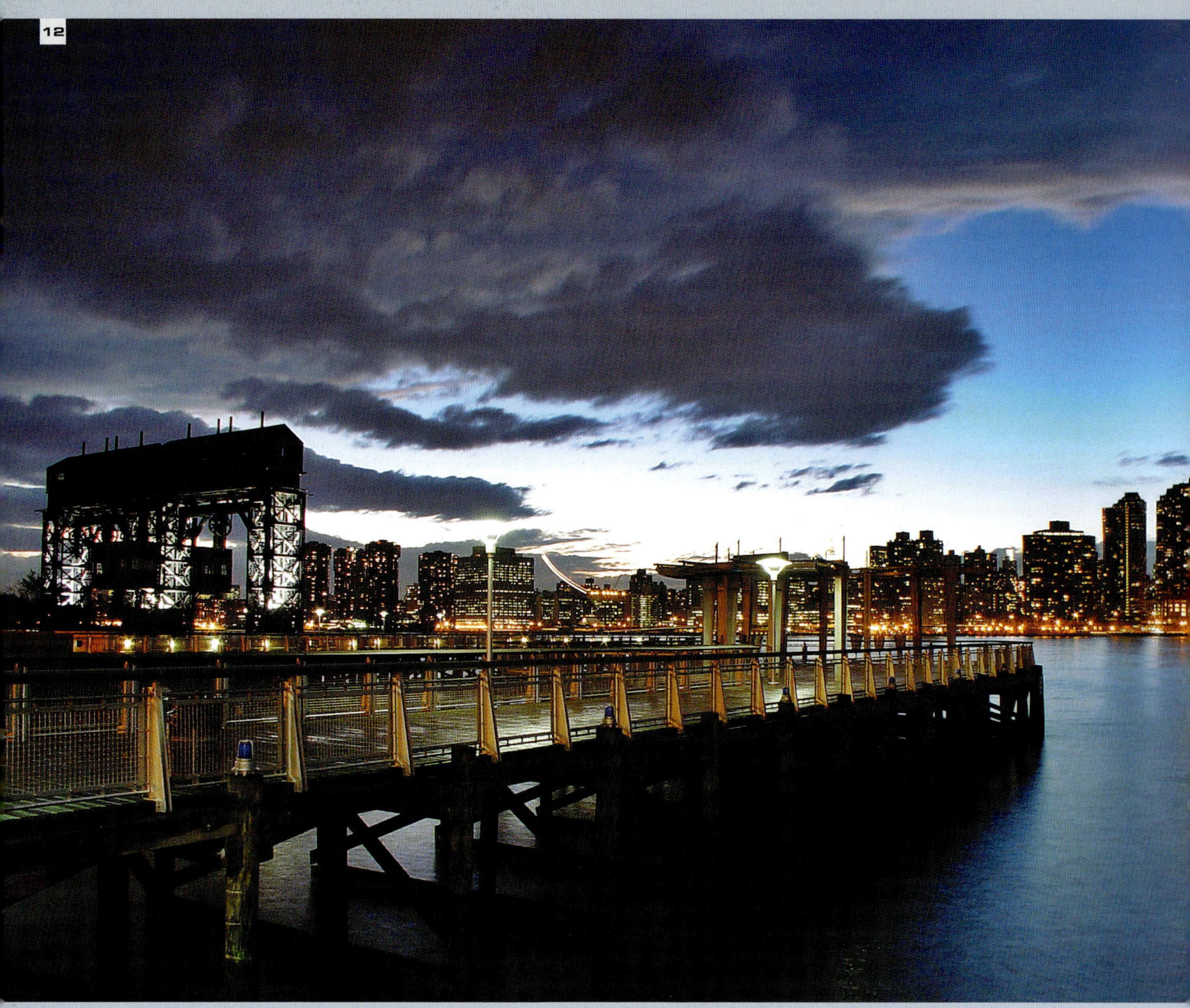

12/ La imagen final.

zoom sobre la imagen. El punto de partida de la pendiente estaba justo encima del edificio rojo y verde (el Empire State). Después se guardó con ese nombre. La imagen de la derecha se creó de igual modo y se unió a la parte central de la panorámica. Yann trabajó luego en puntos concretos, borrando elementos a la vez que clonaba algunas áreas y usaba máscaras. También ajustó los niveles de cada capa. Luego se acoplaron las imágenes, se ajustaron niveles una vez más para captar mejor la iluminación de la ciudad y se aplicó un poco de Máscara de desenfoque. Por último, se reencuadró para mejorar la composición y desechar el fondo blanco.

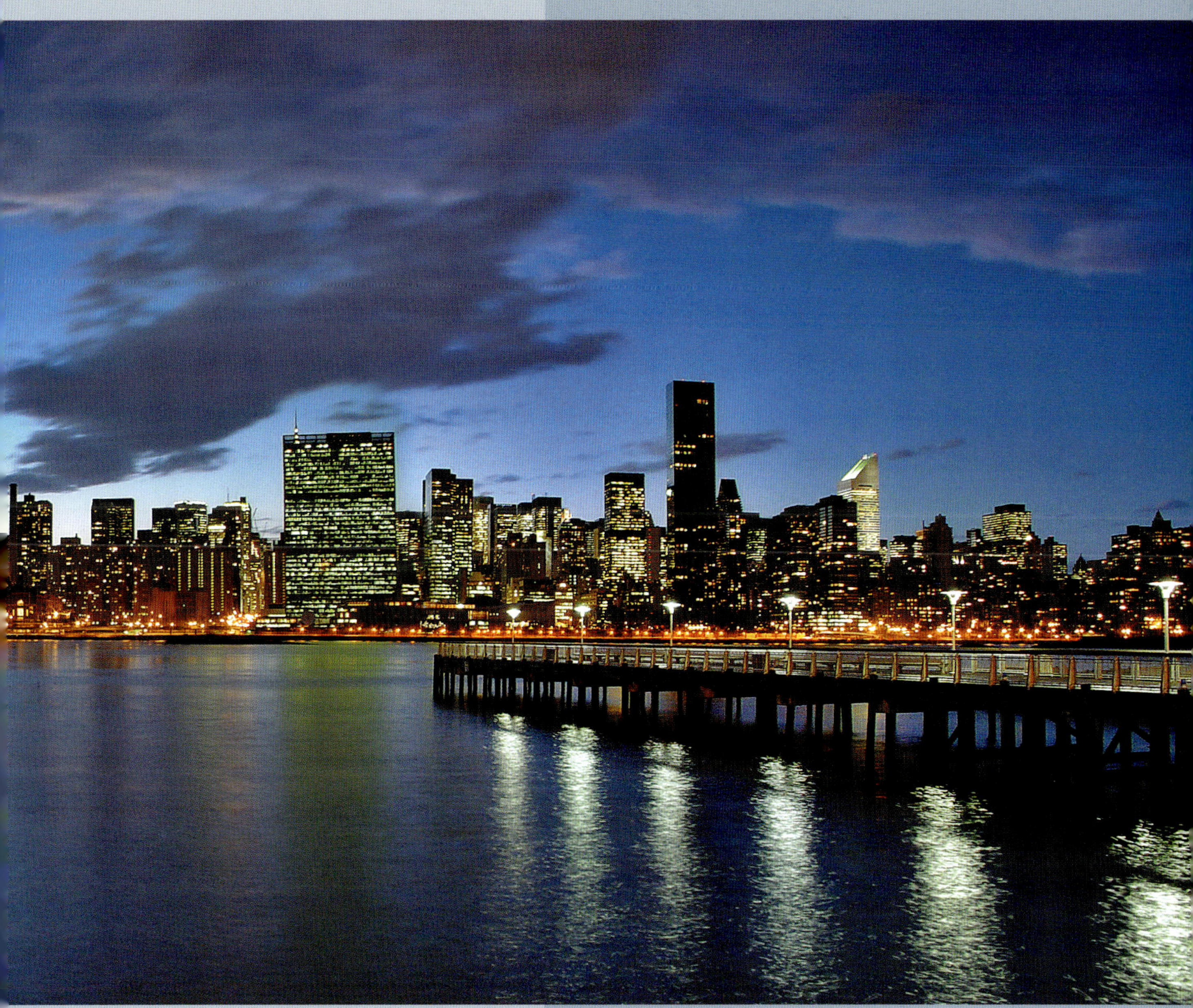

Disfrutar

El tamaño de la imagen final es 368 x 145 mm a 300 ppp. Yann usó esta imagen en su sitio web pero también la ha impreso con una impresora de tinta y papel en rollo, lo que permite darle la longitud exacta a la copia.

Muchos creemos que una imagen está acabada una vez se ha impreso en papel y quizás enmarcado para una exposición. El tiempo y el esfuerzo merecen la recompensa final. Los fotógrafos profesionales siguen presentando ampliaciones en papel, pero también crean imágenes para internet. ¿Cuáles son los mejores materiales para realizar copias? Aquí valoramos las opciones más populares en impresoras de tinta, de sublimación y de papel fotográfico.

Opciones de impresión

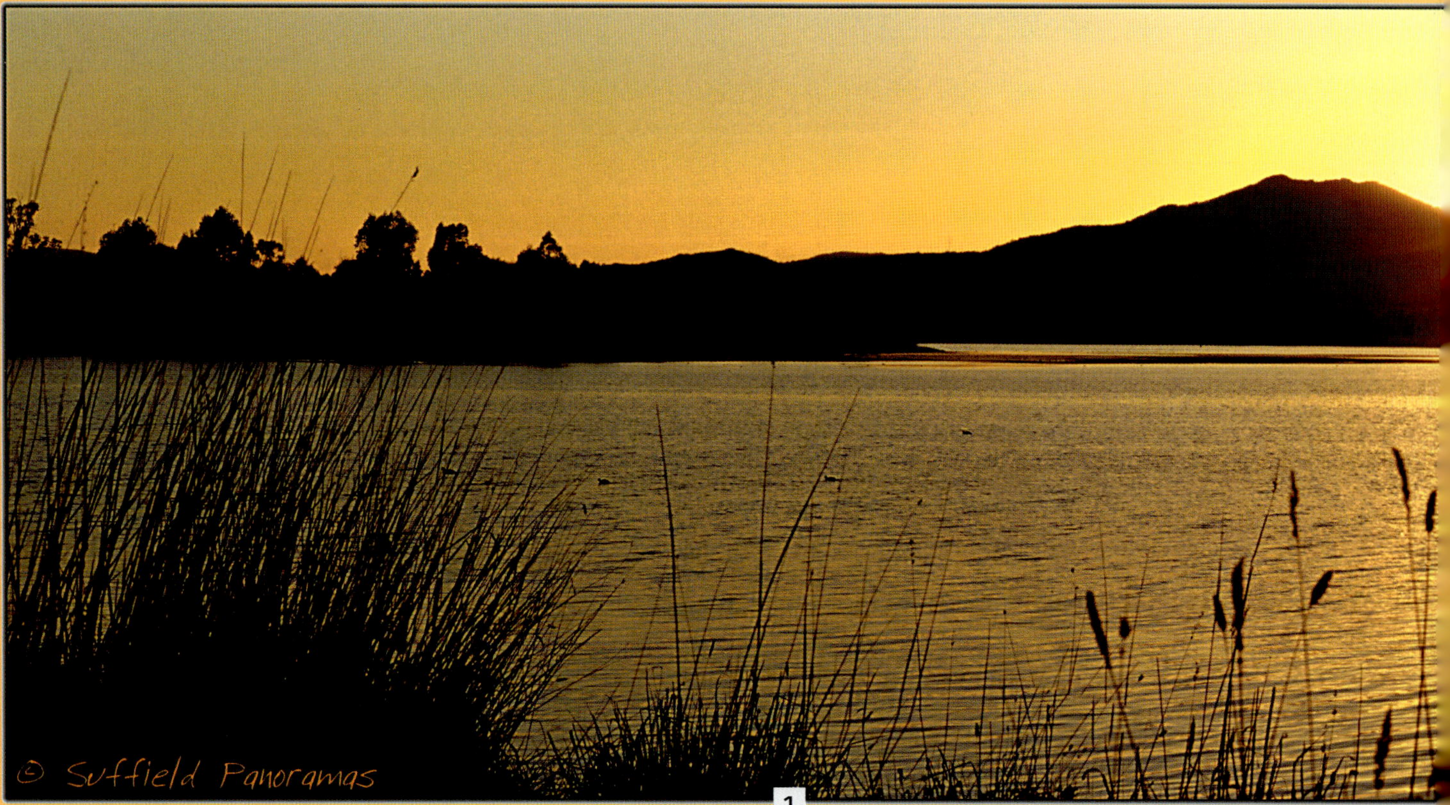

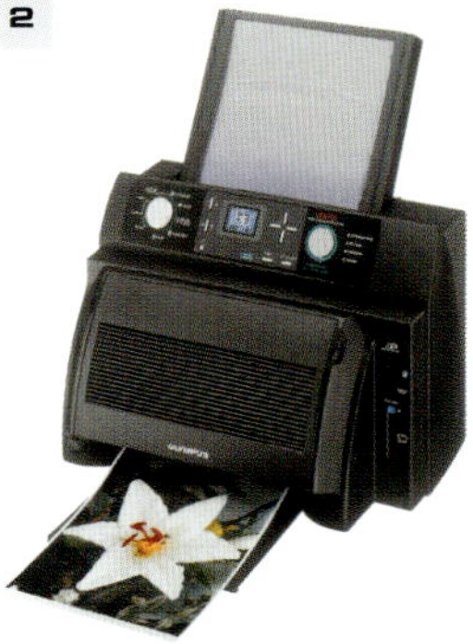

1/ *Amanecer dorado*, de Wayne Suffield, es una imagen panorámica creada a partir de tres originales en película. Se escanearon a 2.700 ppp, que dieron lugar a archivos de 27 megas. Se corrigieron con el programa Corel PhotoPaint con la función Curvas. La aplicación Panavue's Image Assembler se usó para juntar las tres imágenes. Los ajustes de brillo y contraste sirvieron para salvar una leve diferencia de exposición entre las tomas. Luego, la imagen se cambió a 300 ppp para imprimir. Esta imagen se ha vendido en varios tamaños, desde copias de 12,5 cm para puntos de lectura a copias de un metro de ancho. La imagen se enmarcó después de ser montada sobre madera y laminada para que ganara mayor prestancia.

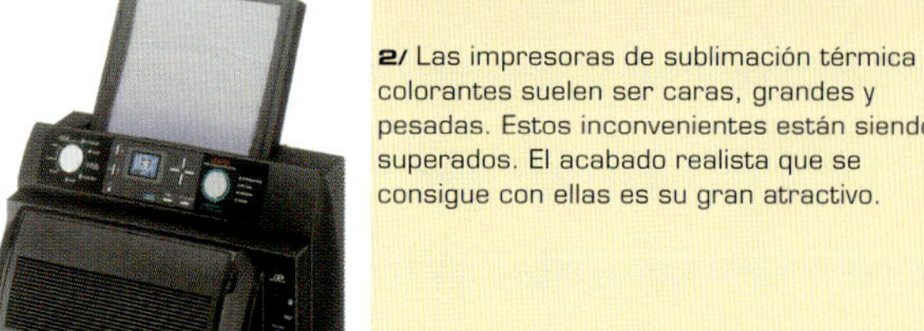

2/ Las impresoras de sublimación térmica de colorantes suelen ser caras, grandes y pesadas. Estos inconvenientes están siendo superados. El acabado realista que se consigue con ellas es su gran atractivo.

Papel

Pasar las imágenes a papel fotográfico sigue siendo una opción atractiva que cada vez es más barata y fácil. Por ello vale la pena llevar al laboratorio fotográfico las imágenes digitales para obtener copias tradicionales. Este proceso puede ser útil cuando se necesitan muchas copias con rapidez. Los archivos digitales se convierten de RGB a CMYK, paso obligado para la impresión.

! Sea cual sea la tecnología que emplee, use una impresora que permita imprimir la imagen sin márgenes. No siempre la necesitará, pero debería disponer de esta opción.

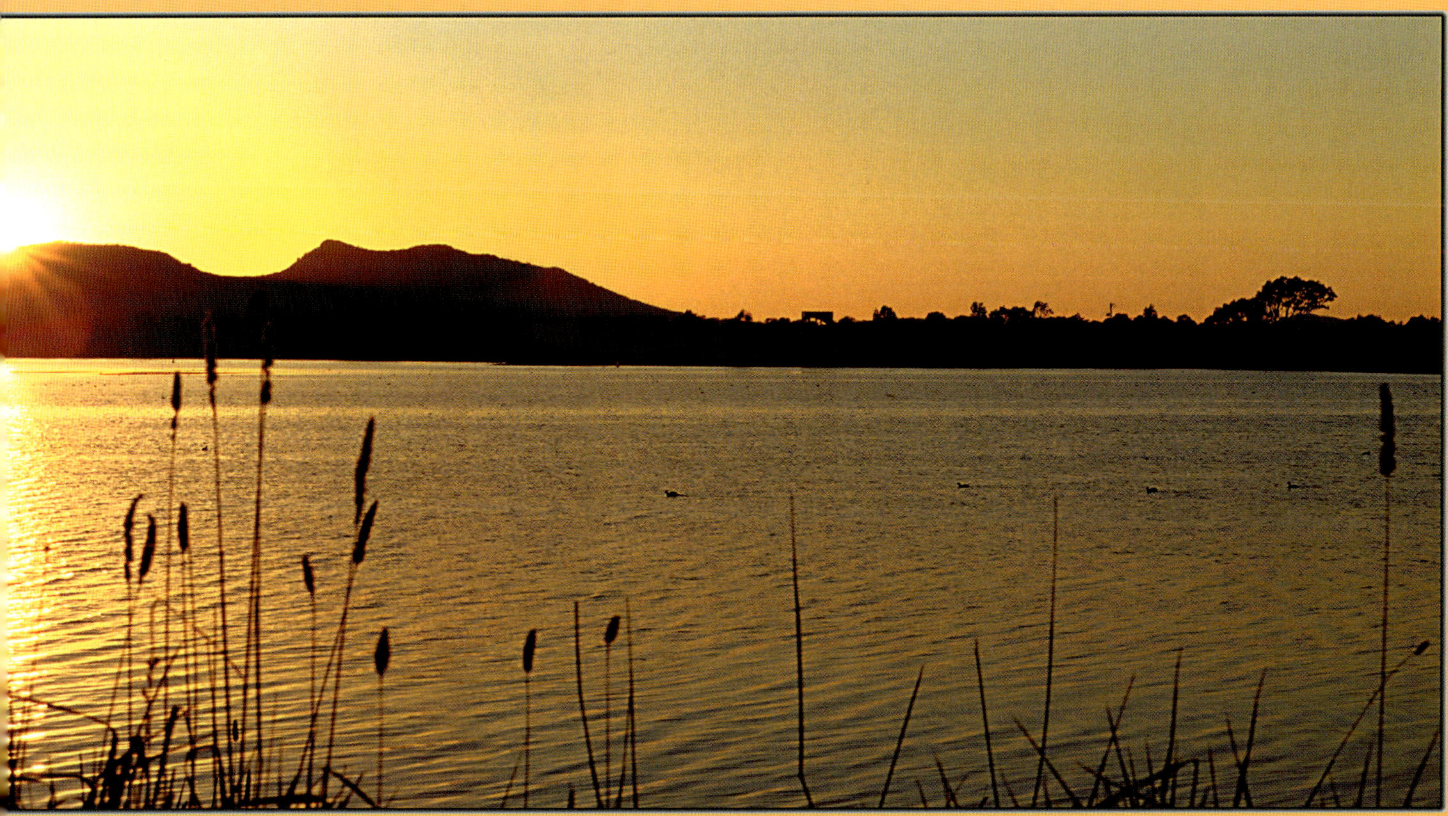

Sublimación

La impresión por sublimación tiene cada vez más adeptos. Las unidades de sobremesa han reducido su precio y tamaño. Su velocidad va en aumento, y es una solución práctica para muchos hogares y estudios profesionales. Las impresoras de sublimación suelen atenuar menos el color que las de inyección. Otro atractivo de este método es el aspecto realista, que logra con su reproducción de tono continuo, conseguido con una cinta de colorantes (cian, magenta, amarillo y negro) que se calientan y pasan sobre el papel de uno en uno. Cuando se calienta, el colorante se evapora, perfora el papel y se solidifica cuando se enfría. Al final se aplica una capa protectora sobre la que se puede escribir y que protege de la humedad. El papel y los colorantes se adquieren juntos en un envase sellado.

Inyección

La impresión por inyección ha sido la principal causante de la «revolución digital». Su precio ha atraído tanto a aficionados como a profesionales. Los materiales han mejorado y hay un amplio abanico de papeles y tintas. Pero el principio de esta impresora (también llamada «de chorro o burbujas») implica que hay que probar la impresora con diversas combinaciones de papel y tinta para hallar la más conveniente. Por ejemplo, la tinta se calienta y cae a chorro sobre la superficie del papel con diferentes tamaños de punto. Si el papel no tiene las propiedades de absorción adecuadas para la tinta, podría extenderse más de la cuenta o no lo suficiente. Los papeles absorbentes pueden necesitar un tiempo para secarse, a diferencia de los de secado inmediato.

Una de las ventajas de la impresión por inyección es la abundancia de papeles disponible. Podemos hacer que una imagen resulte diferente cambiando el material. Es difícil igualar el refinamiento y la creatividad de la impresión por inyección con otros métodos.

Lo malo de este método es el factor tiempo. Busque alternativas si desea imprimir muchas copias. Lo último que hay que tener en cuenta es la tecnología de impresión. Suele basarse en tintas, pero también son comunes las de pigmentos. La primera tiene una mejor gama de color, muy similar a la de la fotografía convencional. Pero su estabilidad es limitada y necesita medidas de conservación y de exposición especiales para obtener el promedio de vida indicado por el fabricante. No obstante, es una buena opción para las impresiones de «prueba». Las tintas de pigmentos tienen mayor estabilidad, pero también son sensibles a los efectos de una mala conservación (véase Giclée). Asimismo suelen presentar una gama cromática reducida.

Giclée

Este método es óptimo cuando se pretende dar una calidad de archivo (máxima estabilidad y duración) a la impresión. El proceso Giclée usa un sistema de inyección de tinta de tono continuo que respeta los criterios de archivo. Su estabilidad a largo plazo hace que las copias impresas por el método Giclée sean las más adecuadas para la venta de copias de autor. Es un proceso caro que sólo fabrican unos pocos proveedores.

3

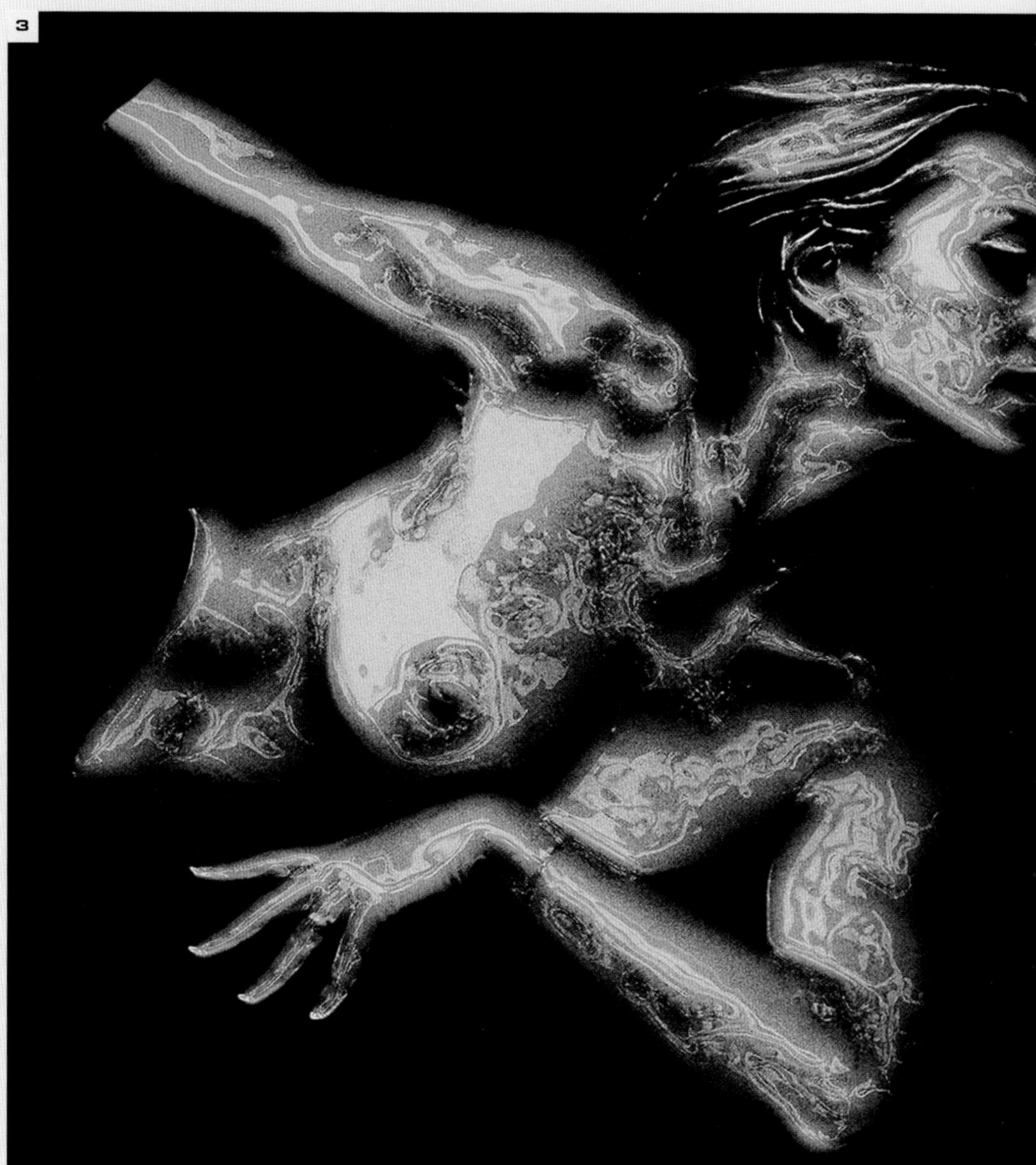

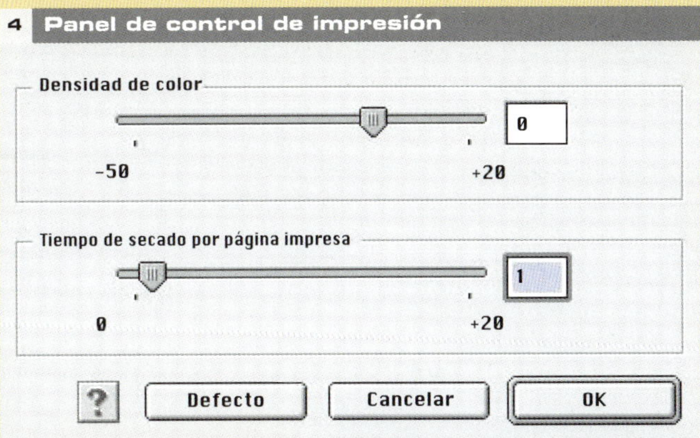

! Una impresora de inyección con alimentador de papel en rollo es la más útil para copias panorámicas.

3/ Esta imagen de John Peristiany se creó en varias fases, incluyendo la aplicación de un filtro *plug-in*. Su especial carácter puede requerir un papel menos convencional para lograr un mayor impacto. Téngalo en cuenta.

4/ 5/ Las herramientas de programa avanzadas permiten controlar la calidad de la copia impresa.

! *Metamerismo*. Es un efecto que hay que tener en cuenta, sobre todo si vende su obra. Los colores originales por las tintas pueden parecer distintos según las fuentes de luz y pueden cambiar el equilibrio de color general cuando se ven, por ejemplo, a la luz del día o con iluminación de tungsteno. Es mejor examinar las imágenes en las condiciones de luz que serán las habituales.

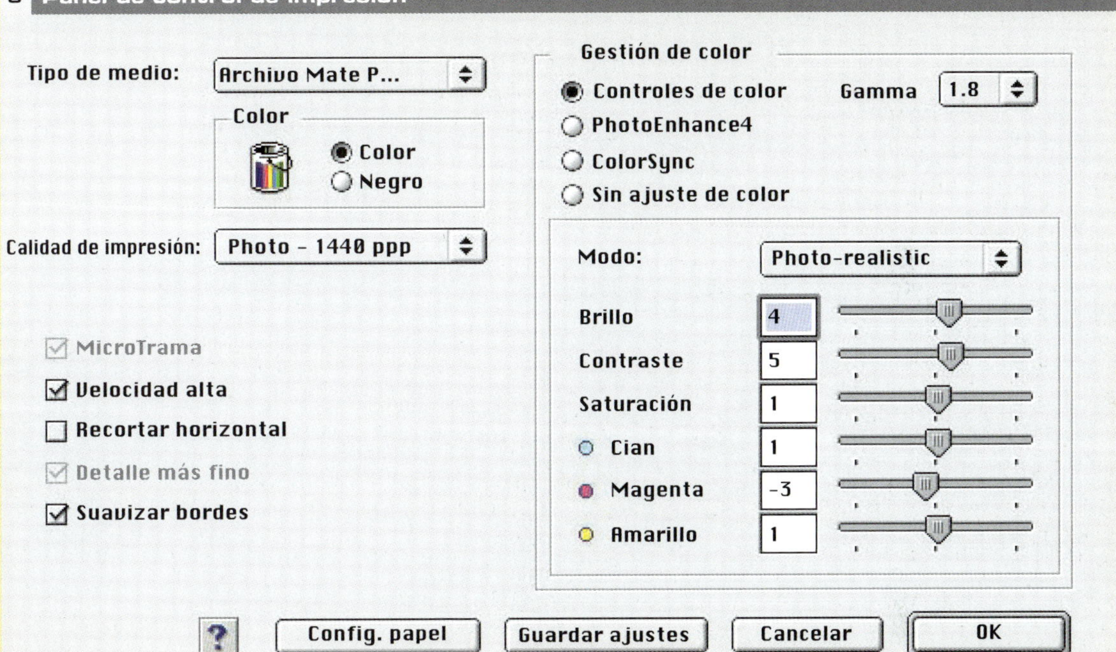

Mejorar

Cualquiera que sea el método de impresión que use, debería emplear el mejor archivo posible. Algunas impresoras pensadas para uso doméstico trabajan mejor con archivos JPEG. Los archivos TIFF mayores rebajan la velocidad de impresión porque ocupan espacio de la memoria intermedia (la RAM que almacena los datos de la imagen antes de imprimir). En estas impresoras de inyección muchas imágenes de tamaños moderados pueden imprimirse a unos 150 ppp y mantener su calidad fotográfica. Pero la pauta general para impresiones de inyección y para la mayoría de máquinas de sublimación es de 300 ppp. En algunos productos es preferible 400 ppp, pero la mayoría de las máquinas no la ofrece.

! El gramaje del papel es importante para lograr copias realistas. Use papeles para inyección de tinta de al menos 260 gramos.

Disfrutar

Enmarcar una imagen es una buena forma de añadir un toque final. Escoger el estilo y el color del marco es crucial para realzar o empeorar una imagen. El laminado es mejor si se desea proteger la copia de la humedad y los impactos directos.

«Yo hago fotografías, no las tomo...»

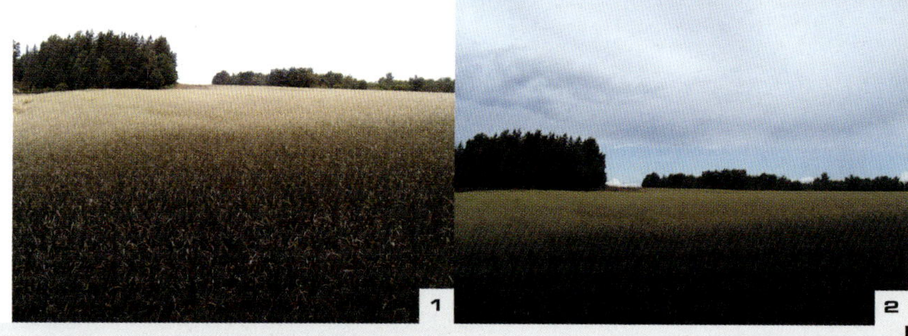

Para una exposición

Aunque es mejor concebir el proceso de trabajo conociendo el uso final de una imagen, a veces esto cambia sobre la marcha. Pero eso no significa que no pueda adaptar una imagen, como en este caso. En ocasiones necesitamos modificar una imagen tomada para una web en una para una impresión en papel.

Disparar

Tom Bjornland reside en Moss (Noruega). Suele tomar sus imágenes para exponerlas en galerías y casas particulares, así como para bancos de imágenes. La mayor parte de su obra está realizada con una cámara réflex digital de 35 mm; pero esta imagen, *Mustang*, fue tomada con una de 2 megas de baja resolución. La toma digital es para Tom un aspecto menor pero crucial en su trabajo. El autor calcula que el 80 % de su creatividad reside en su ordenador y cree que la toma digital es sólo un medio de lograr la materia prima que necesita para su labor creativa. Las tomas del caballo y del fondo de esta imagen se captaron a lo largo de un camino que Tom suele recorrer y que pasa por la granja de un amigo.

Mejorar

Esta imagen surgió cuando Tom hacía pruebas con Photoshop. Consiste en dos archivos originales, el caballo y el fondo (1). Por desgracia, el original del caballo se había perdido pero había sido creado inicialmente para internet y por ello sólo ocupaba unos 400-500 Kb. La imagen final que aquí vemos es pequeña, de unos 10 x 5 cm a 300 ppp, pero para este libro la interpolamos un 250 %.

La imagen JPEG original se reencuadró brevemente y se añadió un área del cielo más amplia tras cambiar el tamaño del lienzo (2). El cielo se añadió como una nueva capa haciendo correcciones de tono y saturación. Se ajustó de nuevo el tamaño de lienzo para ampliar la imagen en horizontal (3). La herramienta Clonar se usó para extender el ancho. La herramienta Borrador puede usarse para eliminar partes de la imagen clonada. Clonar en algunas zonas puede añadir cierto realismo. También se introdujo un poco de ruido (4), lo que da a las imágenes digitales una calidad similar a la de la película. Una vez más se corrigieron los colores. Luego se

> Photoshop
> Tamaño de lienzo
> Tono/Saturación
> Tamaño de lienzo
> Herramienta Clonar
> Ruido
> Archivo PSD
> Corrección de color

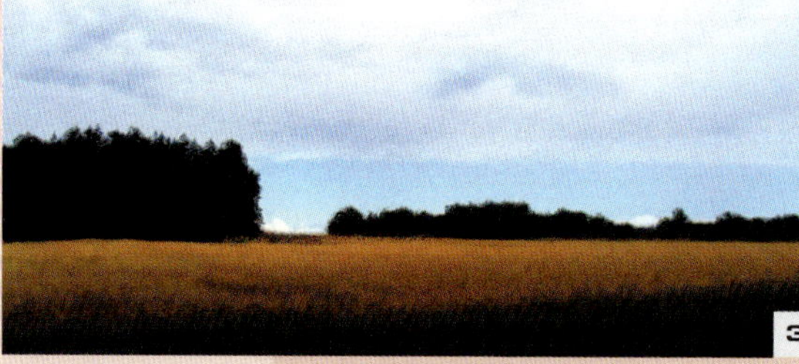

1/ La toma original del fondo.
2/ Ampliación del área del cielo.
3/ Extensión de la imagen horizontalmente.
4/ Adición de ruido.
5/ La imagen final.

colocó el caballo, con la opacidad ajustada sobre una capa separada para que resultase más natural. Luego se hicieron más ajustes de color (5). En esta fase, la imagen se guardó como archivo PSD. En total, se emplearon dos horas.

! Haga pruebas. No tenga miedo de experimentar.

Disfrutar

Tom suele hacer copias sobre lienzo de más de un metro y medio de longitud, una tarea propia de un laboratorio profesional, aunque los materiales de imitación de lienzo pueden usarse en muchas impresoras de inyección en tamaños inferiores. También cree que el papel de acuarela es adecuado para este tipo de imágenes, sobre todo para las exposiciones. Algunas de sus obras se usan para publicidad o en revistas.

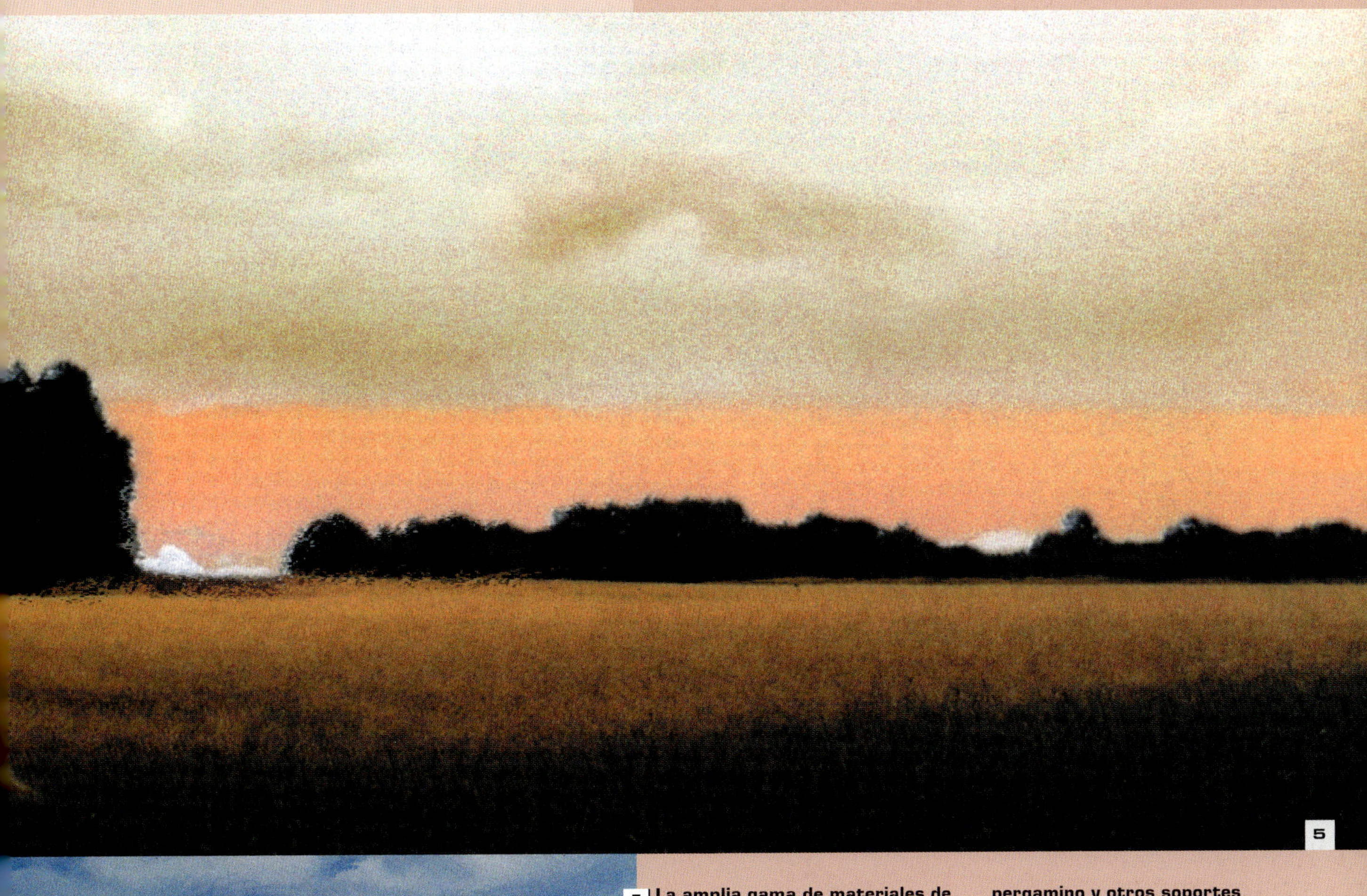

5

4

! La amplia gama de materiales de papel disponible hoy en día es la mayor ventaja para el creador digital. Una misma imagen impresa sobre papeles distintos luce muy diferente, así que es mejor experimentar. Por ejemplo, el pergamino y otros soportes «artísticos» pueden añadir un toque, aunque no todas las imágenes aceptan estos acabados. Si usted es más tradicional, hay muchas opciones, desde acabados en brillo, extrabrillo, mate y lustre.

6 Magia en blanco y negro

Wakey Wakey, de Royston Matthews

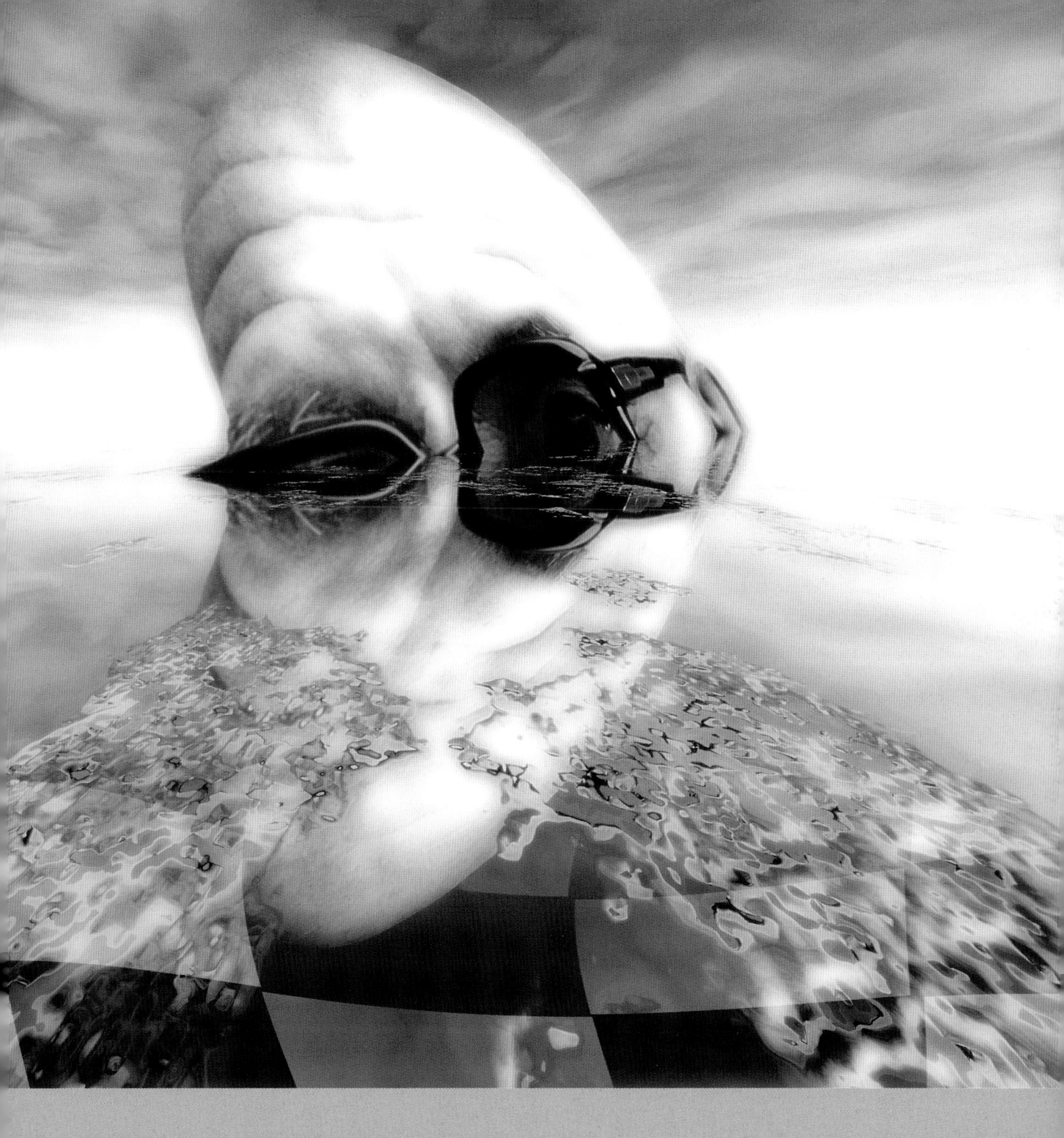

En este capítulo...

El blanco y negro sigue siendo popular, y la creación digital aumenta nuestras opciones creativas para elaborar imágenes monocromas.

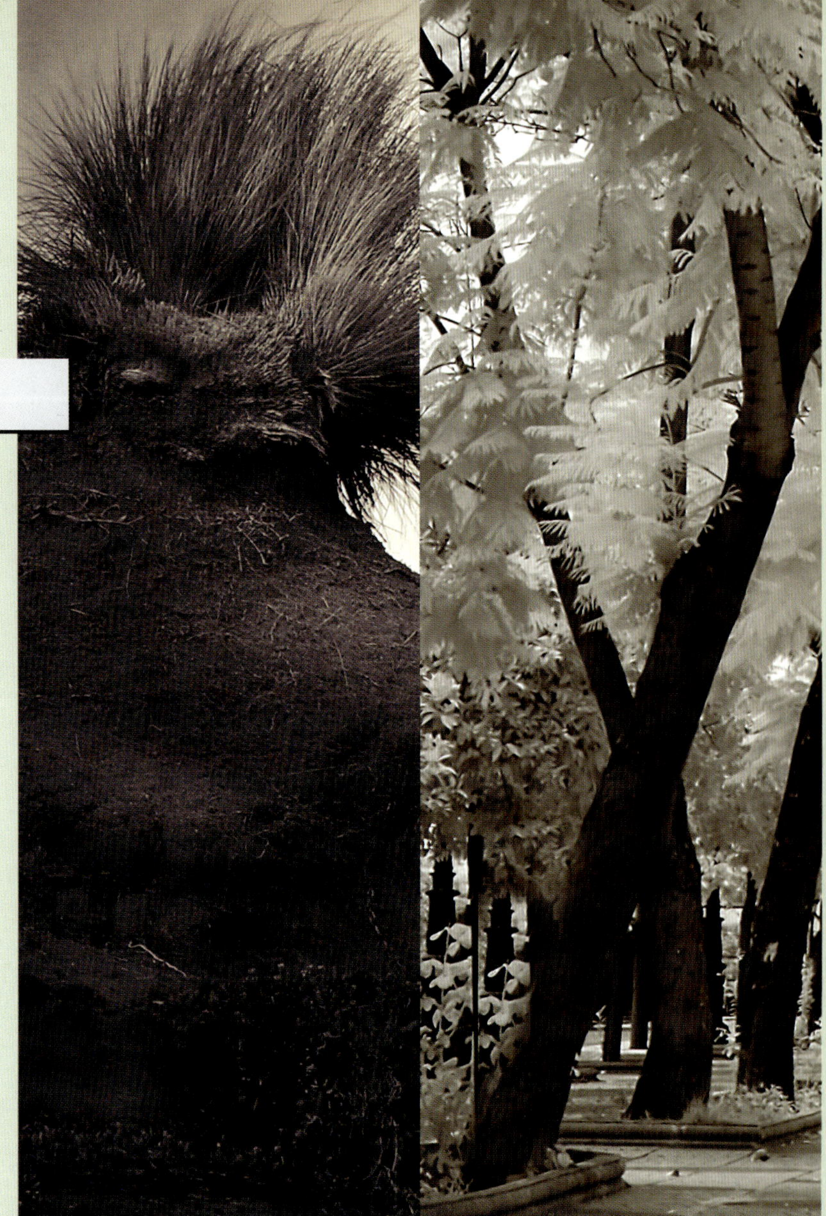

Virado a sepia

El virado a sepia es un efecto muy popular para las imágenes monocromas. Aquí examinamos varias técnicas.

Páginas 104-107

Infrarrojo digital

En esta sección vemos cómo se usan las herramientas digitales para crear los efectos originales e irreales propios de la película infrarroja.

Páginas 108-109

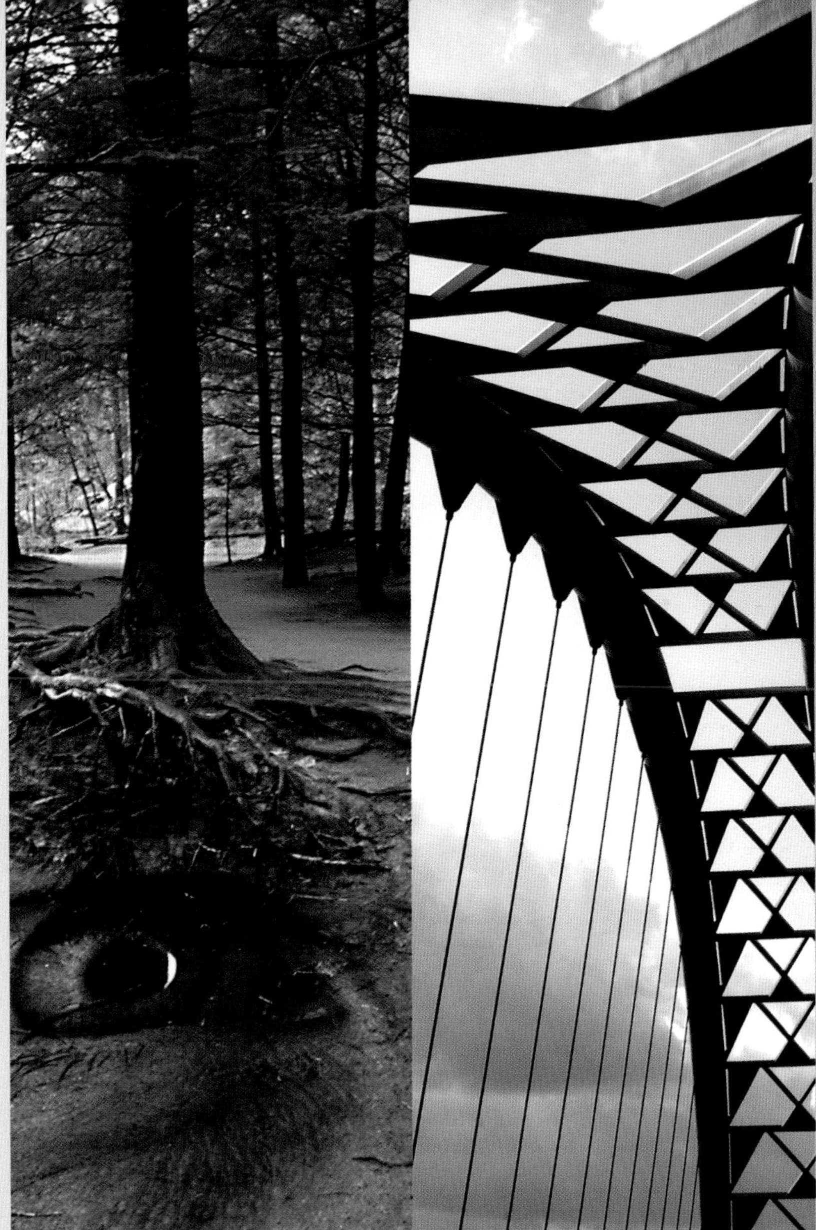

Creación en blanco y negro

Hay muchas formas de crear imágenes en blanco y negro: pasar la imagen a escala de grises; usando las guías de Tono y Saturación, o el Mezclador de canales.

Páginas 110-111

Impresión en blanco y negro

Los equipos de impresión de inyección tienen un precio asequible y pueden producir resultados asombrosos en blanco y negro.

Páginas 112-113

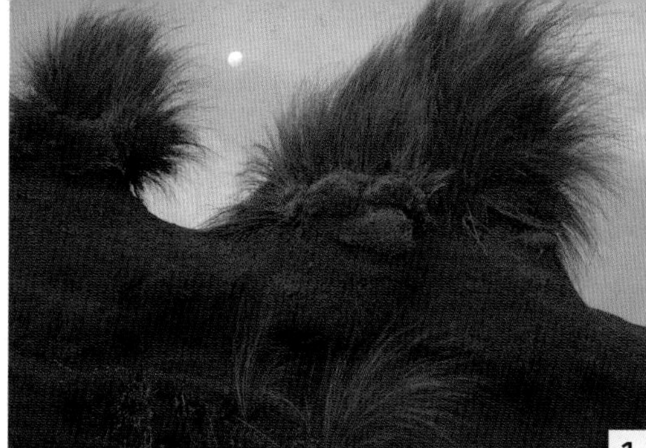

1

«Sabía que tendría que confiar en algún proceso digital para mejorar el tono y el contraste de la imagen final.»

Virado a sepia

El virado a sepia crea un maravilloso efecto atmosférico relativamente fácil de conseguir digitalmente. ¡Qué lejos quedan los tiempos en que las copias se viraban con productos químicos!

- **Archivo TIFF**
- **Photoshop**
- **Reducir la saturación**
- **Niveles**
- **Curvas**
- **Sobreexponer y Subexponer**
- **Nueva capa**
- **Mapa de degradado**
- **Duplicar capa**
- **Tono/Saturación**
- **Aplacar**
- **Impresión de inyección**
- **Web**

Disparar

Juergen Kollmorgen es alemán, pero ahora vive en China y está especializado en fotografía artística, un área donde es difícil destacar. Juergen trabaja casi siempre con película, pero considera que tanto la fotografía moderna como la tradicional son un medio para llegar a un fin, por lo que también recurre a la cámara digital.

Esta imagen, llamada *Anochecer*, empezó su vida como una fotografía hecha con una compacta digital de 5 megas. La tomó en Australia, en la costa próxima a Melbourne. Juergen iba hacia su coche después de fotografiar el crepúsculo cuando se presentó la ocasión. Fue un momento en que la luna apareció por un instante detrás de una nube y unas briznas de hierba en la colina se iluminaron por detrás. Como la cámara estaba sobre el trípode pudo ajustar el diafragma a f/8 y darle un segundo de exposición.

2

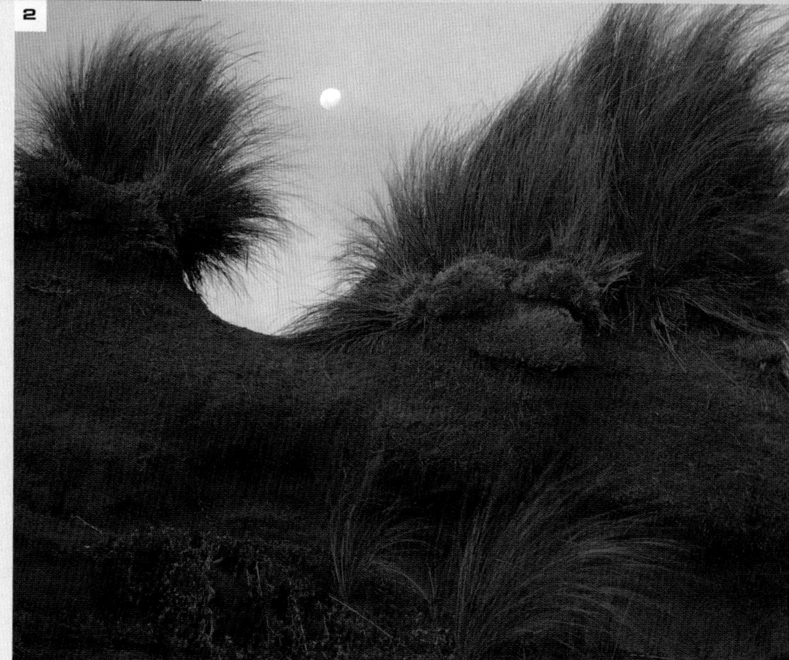

Mejorar

Juergen empleó casi una hora en manipular esta imagen. Debido a la falta de luz, el original carecía de contraste y resultaba bastante plano (1). El primer paso fue reducir la saturación de la imagen en RGB (Imagen > Ajustes > Desaturar) (2). Luego se modificó la gama tonal examinando la información del histograma de Photoshop. Para juzgar cómo y cuándo corregir los píxeles se abrió Imagen > Ajustes > Niveles, que mostraron que no se habían registrado bien los detalles más luminosos. Con el puntero en la parte inferior derecha del histograma, Juergen forzó esos píxeles para que quedaran tan brillantes como eran originalmente (3). Luego se manipularon las Curvas

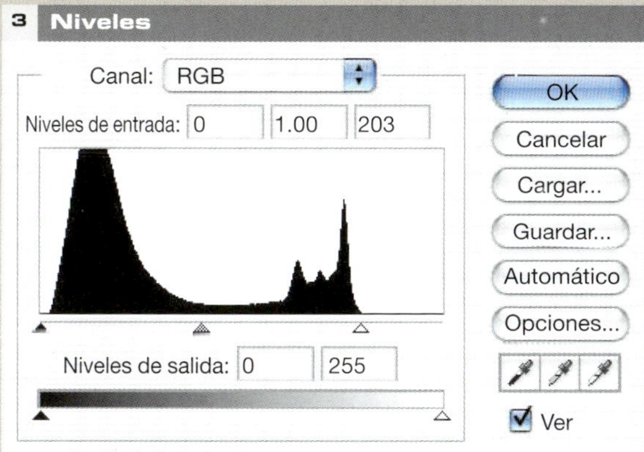

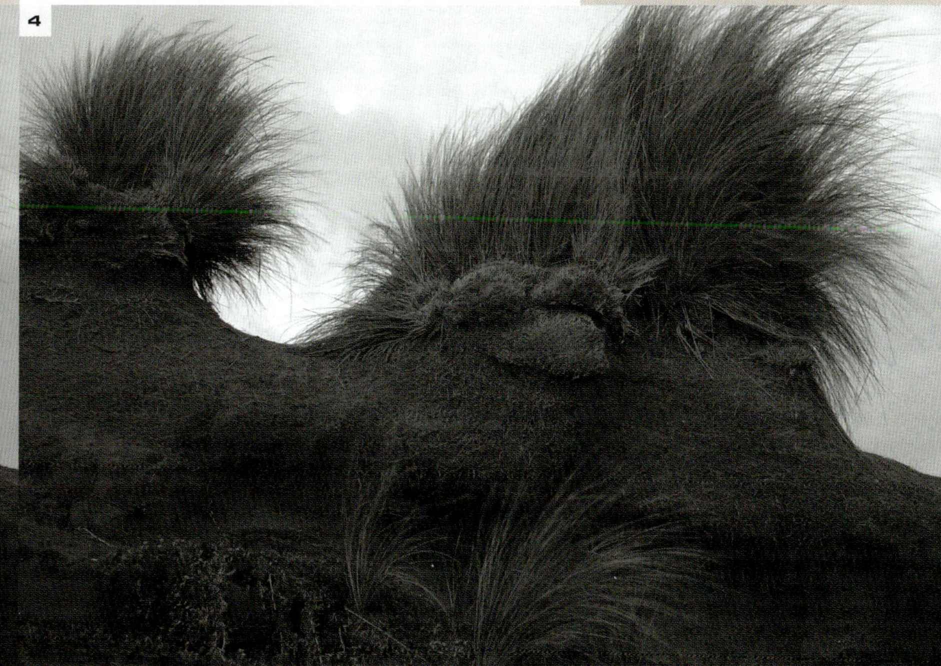

1/ La imagen original carecía de contraste tonal.

2/ Se redujo la saturación y se pasó a blanco y negro.

3/ La gama tonal se ajustó con el histograma.

4/ Las Curvas realzaron el contraste de la imagen.

5/ Los ajustes de Curvas utilizados.

! ***Una vía alternativa.*** **Hay muchas formas de crear un efecto sepia o de otro tono. Si quiere una rápida, use Imagen > Ajustes > Desaturar para quitar el color visible de la imagen en RGB. Luego, con Imagen > Ajustes > Equilibrio de color, sitúe el amarillo a –100 % y reduzca el rojo a voluntad, con lo que logrará un aspecto pseudosepia, no igual al de *Anochecer*, pero impactante. Aún pueden añadirse más toques usando el menú de Variaciones (Imagen > Ajustes > Variaciones) y seleccionando o modificando la imagen desde allí. También puede reducir el amarillo y el magenta, pero sin llegar al máximo, y luego aumentar la cantidad de rojo.**

(Imagen > Ajustes > Curvas) para aumentar el contraste sin perder detalle en las nubes (4/5).

Luego llegó el equivalente actual de las copias antiguas: reservar y quemar para aumentar o reducir el brillo de zonas concretas. La herramienta Sobreexponer se usó primero para iluminar la zona de intensas luces de la hierba, mientras la herramienta

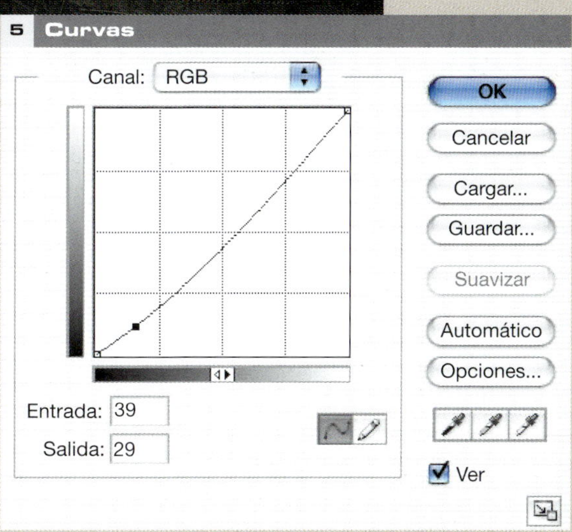

! Organice sus fotografías para localizar fácilmente sus imágenes. Marque las que requieran manipulación digital en un paso posterior y nunca borre los originales.

Subexponer oscurecía las sombras (6). Con una nueva capa (Capa > Nueva capa de ajuste) ya era el momento de crear el efecto sepia con un mapa de degradado. En la ventana de diálogo aparecía Multiplicar, mejor que Normal, seleccionado desde el menú desplegable, y se redujo la Opacidad al 74 %. Tras confirmar la elección se hizo doble clic en la ventana de degradado y se abrió el Editor de degradado (7), donde se seleccionaron tonalidades de amarillo y marrón para dar al mapa de degradado superior el tono sepia deseado.

También se seleccionaron Vibrar e Invertir para cambiar la dirección del degradado y atenuar las transiciones. Se creó un duplicado de capa (Capa > Duplicar capa) y un tono suave con Imagen > Ajustes > Tono/Saturación para corregir los colores (8). Las imágenes se fusionaron al final.

7

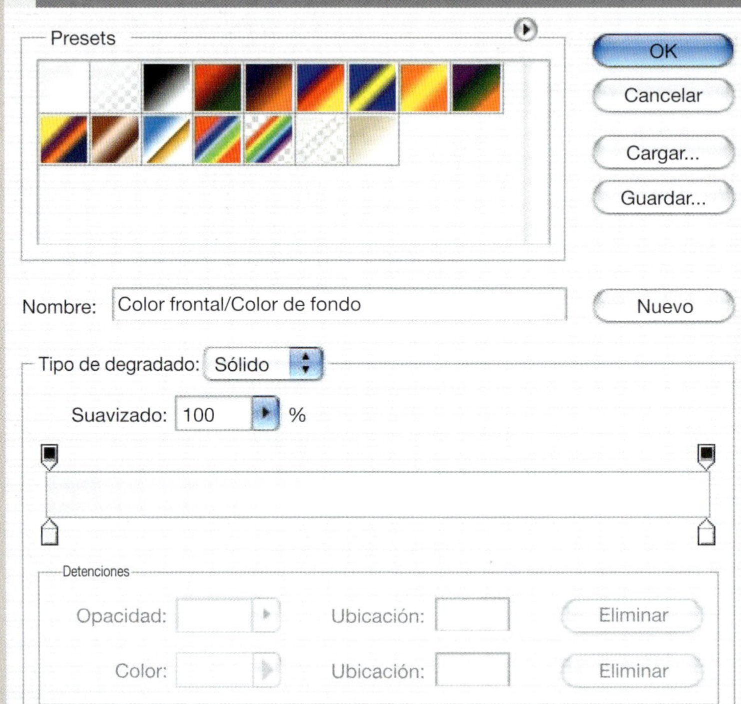

6

8

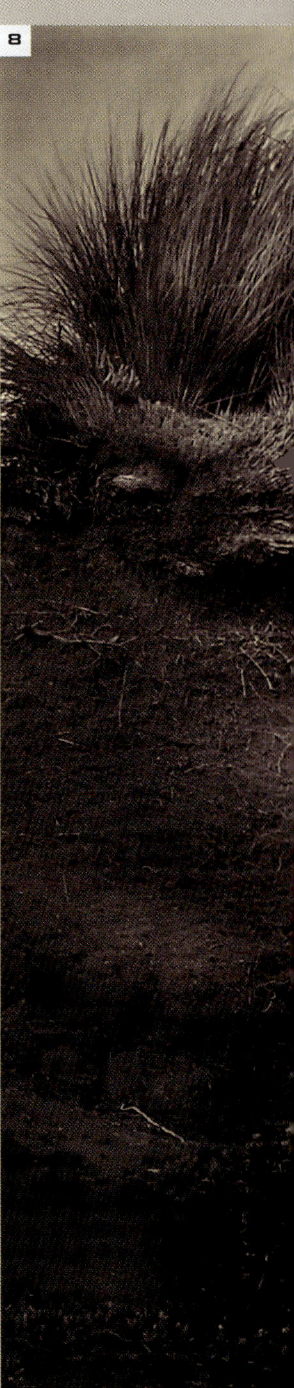

6/ Las reservas y solarizados mejoraron la imagen.

7/ El Editor de degradado se usó para crear un sugerente tono sepia.

8/ La imagen final.

Disfrutar

Hacer sus propias impresiones es crucial para Juergen. Utiliza un sistema de impresión con pigmentos y suele escoger papel de acuarela. Algunas copias las imprime para su propio placer, pero otras se exponen en galerías y exposiciones. Aunque Juergen cree que la fotografía artística no está destinada al gran público sino a grupos selectos.

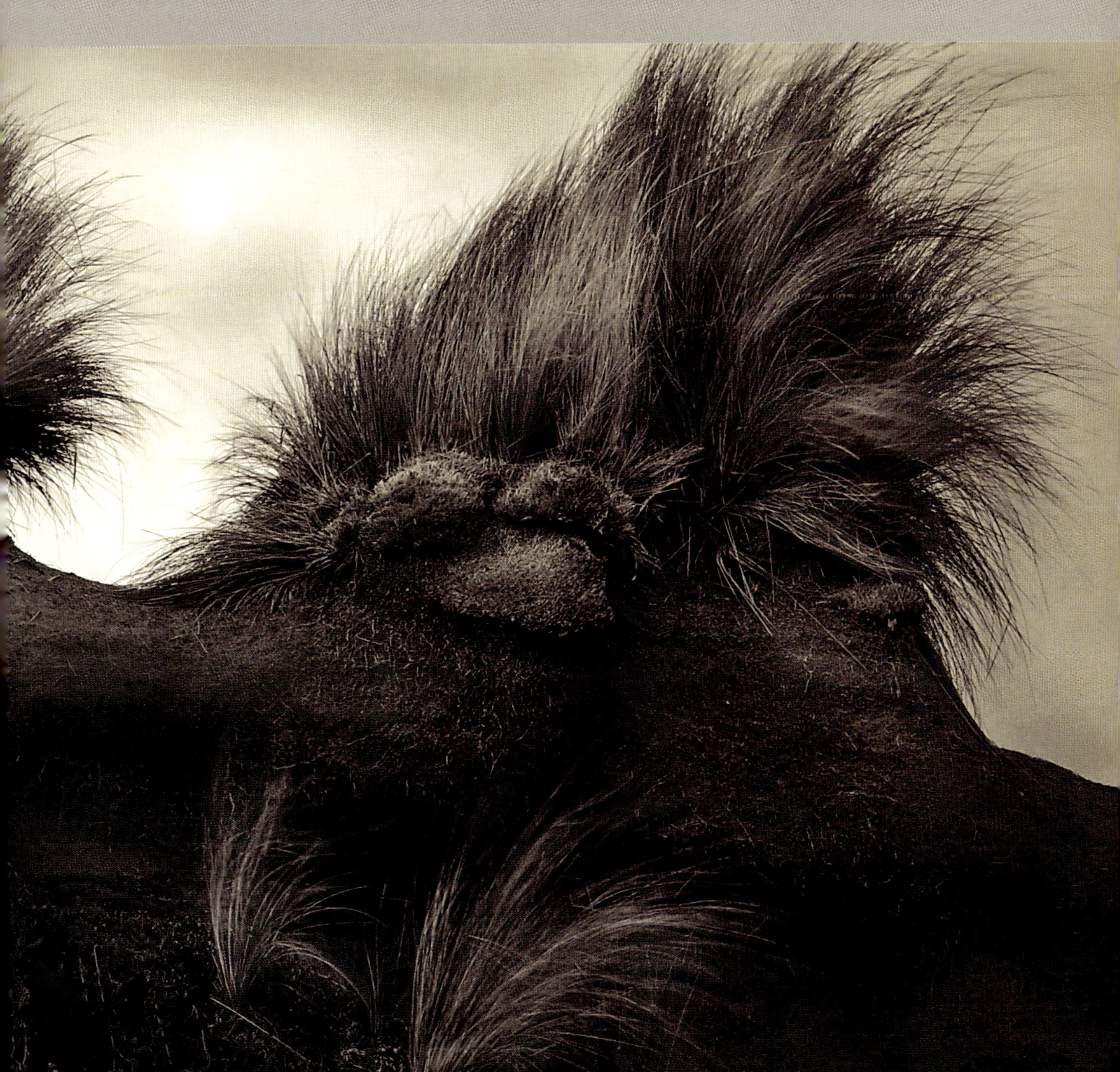

! No todas las cámaras son adecuadas para la fotografía infrarroja. Un medio de averiguarlo es utilizar un mando a distancia de televisión en una habitación oscura y ajustar la cámara para una exposición larga. Dispare una foto y obtendrá la respuesta al proyectar el haz. Así verá si tiene una sensibilidad infrarroja válida.

Infrarrojo digital

1

Esta instantánea muestra la fuerza característica de la fotografía infrarroja: su combinación de realismo y surrealismo.

Disparar

Esta imagen de Felipe Rodríguez muestra los típicos tonos rojizos creados por la luz cuando pasó por el filtro de transmisión infrarrojo (IR) que había colocado a su cámara réflex de 5 megas (1). Usó una velocidad de 100 ISO, lo que le dio una exposición de 10,5 s a f/6 obteniendo una útil, aunque no muy amplia, profundidad de campo y una velocidad de exposición que mantuvo al mínimo el ruido creado por el largo tiempo de exposición. Las dimensiones de la imagen resultante eran de 1.920 x 2.560 píxeles, y el archivo final de 18,7 megas.

Mejorar

El autor redujo la pendiente de la curva de la imagen con la herramienta Recortar y el control de perspectiva de Photoshop. También eliminó una papelera para que quedara fuera de la imagen. Luego la pasó a Escala de grises usando el mezclador de canales (Imagen > Ajustes > Mezclador de canales) (2). Felipe sólo eligió los canales rojo y verde para evitar el ruido excesivo contenido en el canal azul, habitual en muchas imágenes infrarrojas. Luego modificó Niveles (Imagen > Ajustes > Niveles) para ganar contraste y ampliar la gama tonal (3/4/5) y después pasó al programa NeatImage para reducir aún más el ruido. Felipe lo cree muy útil para imágenes pequeñas. También se aplicó un poco de nitidez en esta fase. Por último, se aplicó una capa de color sólido en el modo de fusión de color para virar la imagen y darle el efecto sepia.

2 **Mezclador de canales**

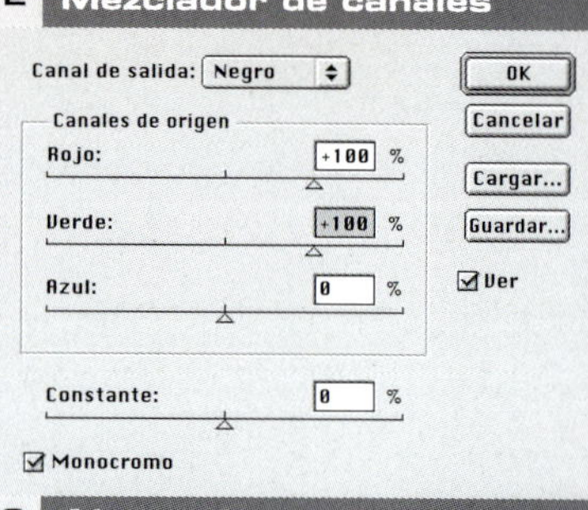

3 **Ajuste de tono**

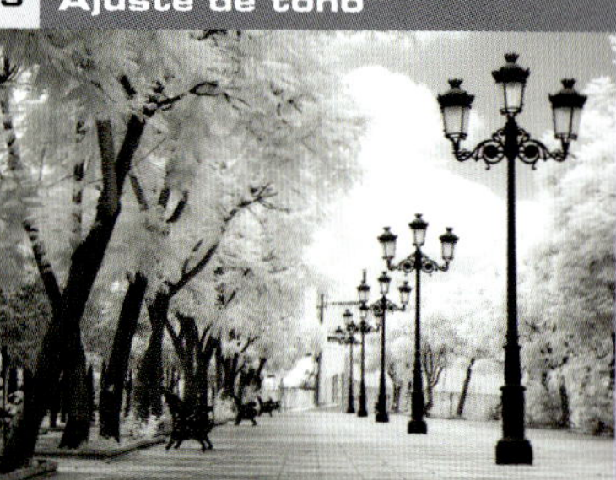

4 **Niveles (antes)**

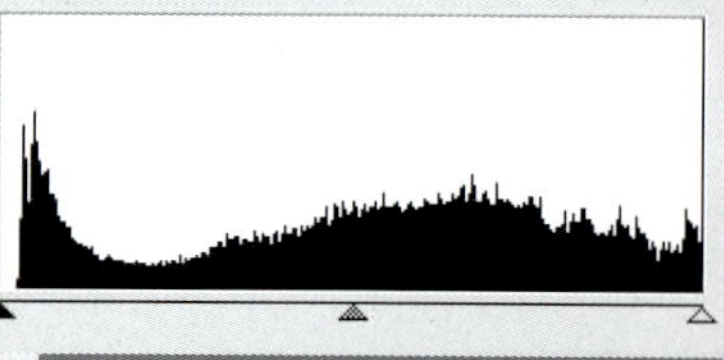

5 **Niveles (después)**

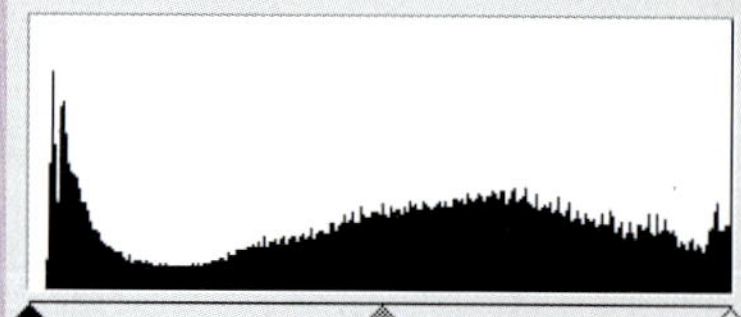

> Filtro infrarrojo
> Photoshop
> Recortar
> Recortar perspectiva
> Clonar
> Mezclador de canales
> Escala de grises
> Niveles
> Programa NeatImage
> Enfocar
> Virado
> Web

! Hay muchos filtros para la fotografía total o parcialmente infrarroja. En general, necesitará uno con una gama de transmisión superior a 800 nm (nanómetros) para impedir que otras partes del espectro cromático alcancen al sensor de la cámara y anulen el efecto infrarrojo. El espectro visible, en comparación, va de 400 a 700 nm.

7

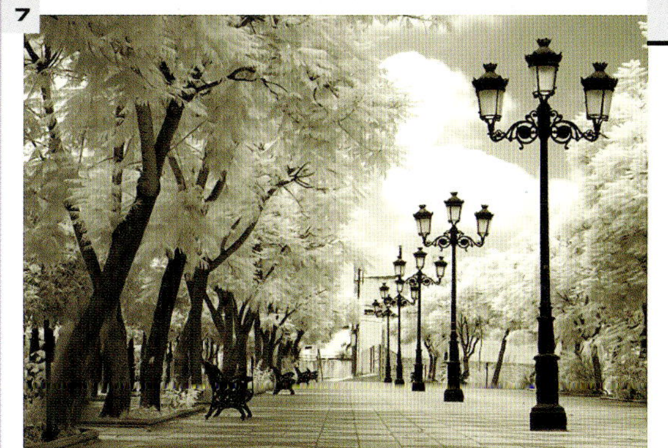

Disfrutar

Este archivo se creó para realizar grandes ampliaciones [6]. Se creó una versión más pequeña para internet con el programa NeatImage [7]. Felipe considera que esa diferente resolución es lo más adecuado con este programa, y que esta versión es más atractiva en pantalla.

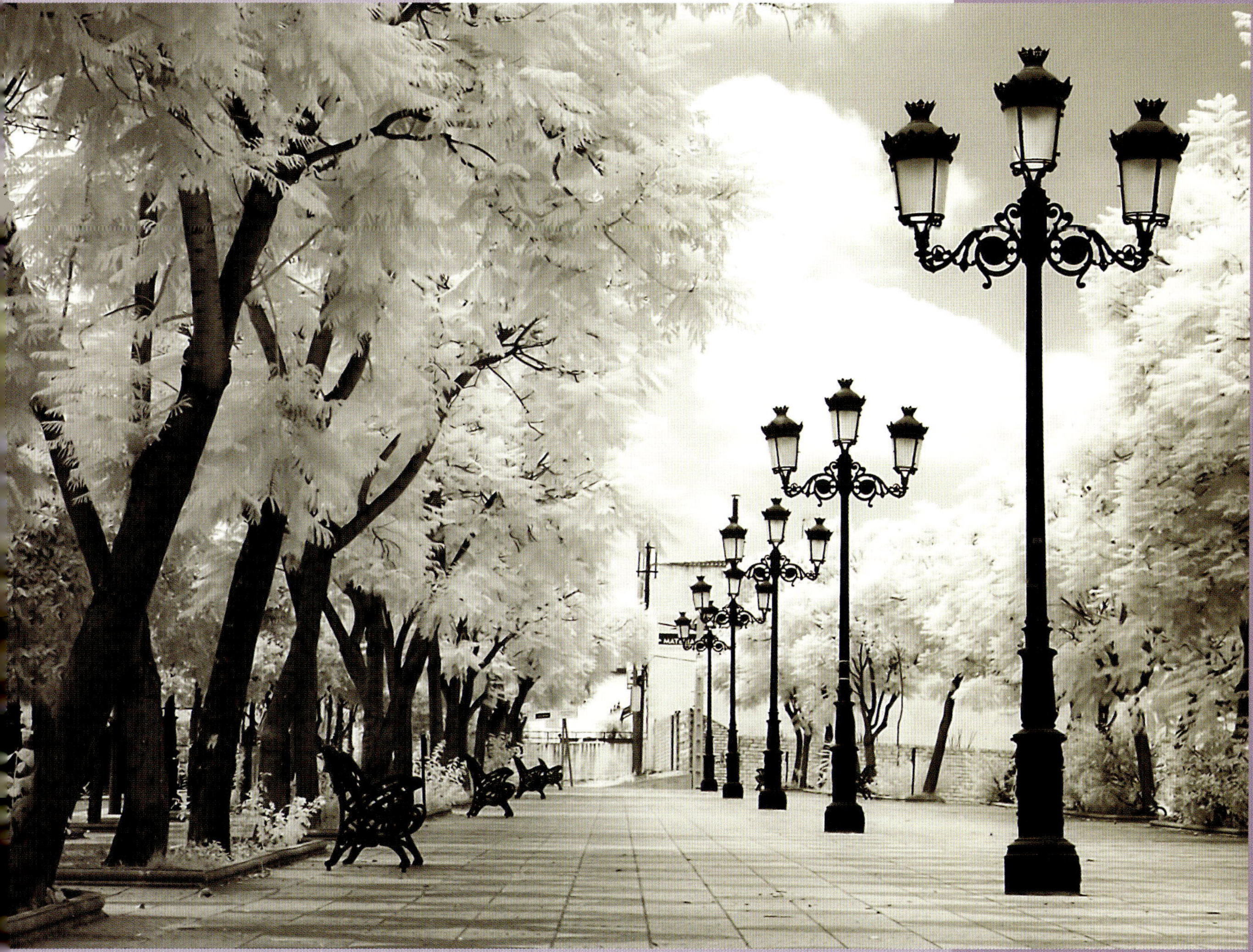

1/ La imagen original.

2/ Conversión a escala de grises con el mezclador de canales.

3/ 4/ 5/ Los Niveles se modificaron ligeramente para añadir contraste y ampliar la gama tonal.

6/ La imagen final.

7/ La misma imagen reducida para la web.

«Hay quien usa las capas de ajuste para hacer casi cualquier cosa. Yo uso las máscaras de capa del mismo modo. Descubra lo que más le conviene, experimente.»

«Si quiere que el resultado parezca real, fíjese en la luz. Cuando trabajo en una composición, procuro que todos los elementos tengan una iluminación y un sombreado similares. Las sombras y la iluminación pueden transformar el cortar y pegar propio de un aficionado en una obra de arte.»

Creación en blanco y negro

Hay varias formas de crear imágenes monocromas, y esta imagen muestra el impacto que puede causar una fotografía en blanco y negro en un mundo dominado por el color.

Disparar

Peter Casolino vive en New Haven (EE. UU.). Esta imagen se tomó en película, con una cámara de telémetro de 35 mm. Iba equipada con un objetivo de 35 mm que semejaba el ángulo de visión y la perspectiva del ojo humano. Peter es consciente de las ventajas de la toma digital, que valora por ser silenciosa y por sus archivos sin ruido, aunque también trabaja con película de formato medio.

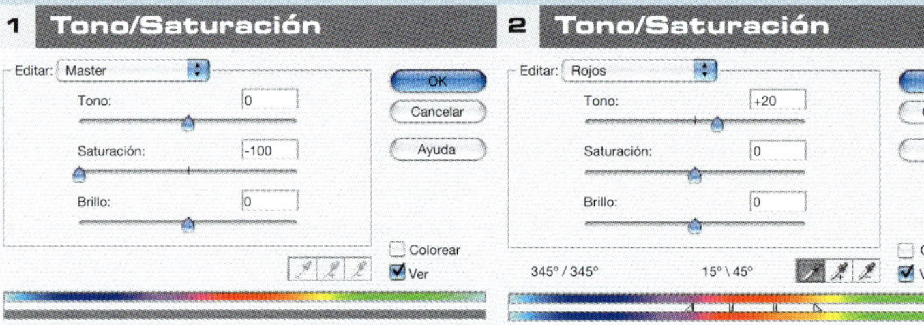

- > **Captura con película de 35 mm**
- > **Escaneado**
- > **Photoshop**
- > **Copiar**
- > **Voltear**
- > **Extender**
- > **Pegar**
- > **Nueva capa**
- > **Pegar**
- > **Capa superior**
- > **Máscara de capa**
- > **Pintar**
- > **Monocromo**
- > **Acoplar**

! *Reducir/Ajustar colores.* Hay muchas formas de crear una imagen monocroma, o incluso una toma virada al blanco y negro. Un medio habitual en Photoshop es eliminar los valores de color y pasar la imagen a escala de grises: Imagen > Modo > Escala de grises. Esto elimina el color una vez que se ha vuelto a guardar la imagen. Otros programas, como Photoshop Elements, tienen la opción Eliminar color (Mejorar > Ajustar color > Eliminar color), que hace lo mismo. Asimismo, pruebe con Imagen > Ajustes > Tono/Saturación y sitúe este último a –100 % (1)**, que no elimina el color permanentemente en esta fase. Si luego activa la ventana Colorear podrá regular los punteros para dar un color más suave o áspero a la imagen. Otra ruta consiste en seleccionar un canal de color específico antes de activar la opción Colorear** (2)**. Una opción menos usada es ir al Mezclador de canales de Photoshop o similar (Imagen > Ajustes > Mezclador de canales) cuando marca la ventana de Monocromo** (3)**. Eso permite ajustar el contraste de la imagen desplazando los punteros ligeramente. O también, si luego no verifica la ventana y regula los controles, el color se añade como un virado.**

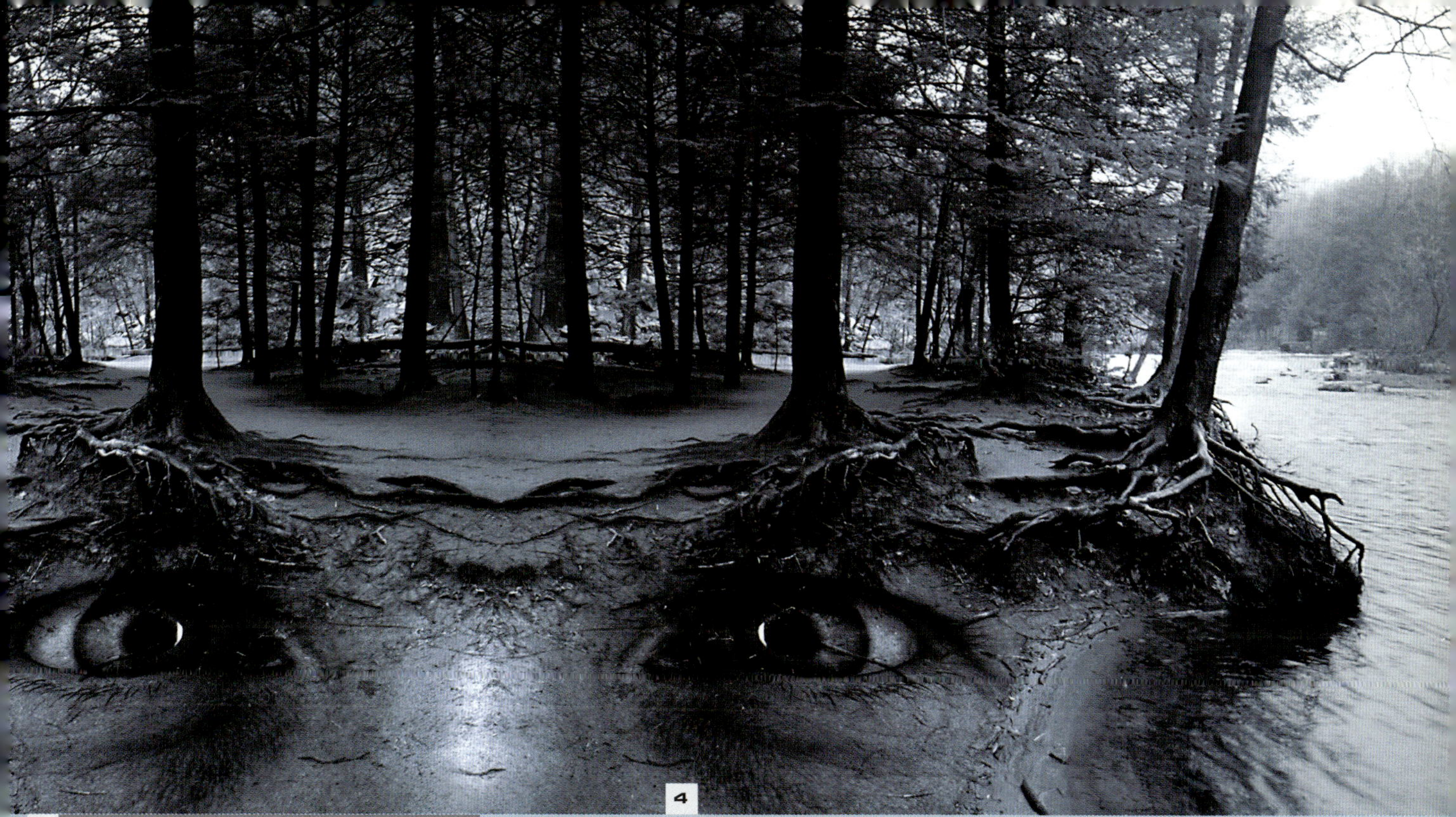

4

3 Mezclador de canales

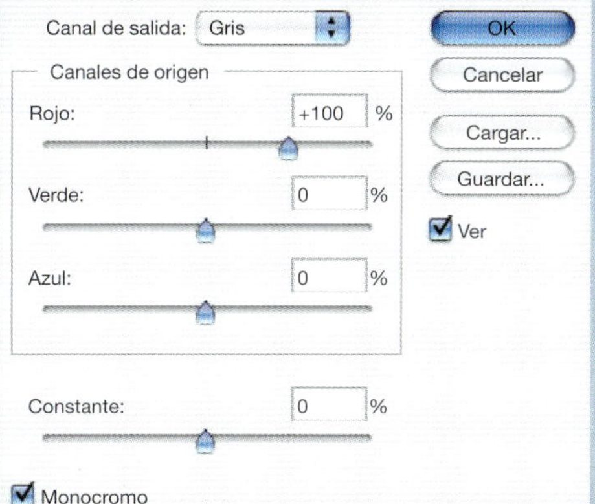

1/ Pasar a blanco y negro con Tono/Saturación.

2/ La opción Colorear de Tono/Saturación.

3/ Pasar a blanco y negro a partir del Mezclador de Canales.

4/ La imagen final.

Mejorar

Photoshop sirvió para crear y retocar la imagen final. El paisaje original, compuesto por un río y parte de un embarcadero, se copió y volteó horizontalmente (Imagen > Rotar lienzo > Voltear lienzo). Éste se pegó al original tras ampliar el tamaño del lienzo (Imagen > Tamaño de lienzo). Así se consiguió una imagen el doble de grande que la original, dando lugar a una panorámica. En el estudio, Peter fotografió el ojo y siguió el mismo proceso para crear una imagen horizontal de dos ojos, que luego se pegaron dos veces sobre el paisaje mediante Capas. La primera se hizo sobre una capa superior y la segunda se dejó como estaba. Peter usó Máscaras de capa en ambas capas para pintar sólo los ojos sobre el paisaje a fin de lograr el efecto. Luego, la imagen se pasó a blanco y negro. En total, dedicó casi una hora de trabajo.

! Empiece con una idea. Puede pasar horas experimentando con los programas de retoque.

Disfrutar

La imagen se creó para un banco de imágenes y se ha usado para ilustrar artículos de ciencia. La obra de Peter tiene varias salidas, que van desde la ilustración para periódicos al trabajo para revistas y agencias fotográficas. Algunas de sus imágenes manipuladas por ordenador se venden a coleccionistas en ediciones limitadas.

Algunos fabricantes ofrecen un servicio de calibrado basado en un sistema que tiene en cuenta el monitor, la impresora y el tipo de papel. Este sistema de «bucle cerrado» permite ver los resultados a partir de la imagen en pantalla.

1

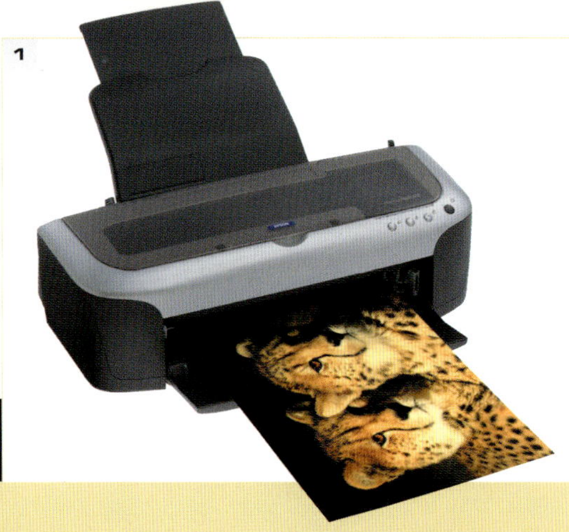

Impresión en blanco y negro

Muchos fotógrafos consideran que imprimir personalmente sus obras es una parte fundamental de su creatividad. Esto es frecuente entre quienes desean copias de alta calidad.

Disparar

Esta fotografía la tomó Andrew Maidanik, residente en Toronto, con una réflex digital de tipo profesional equipada con un objetivo de 20-35 mm y una exposición de 1/125 s a f/11. El lugar era un lago cerca de Toronto. Andrew aprecia el resultado porque aunque se toman muchas fotografías del puente, pocas lo hacen desde esa perspectiva.

Copia final. Las impresoras de inyección y los periféricos de nivel profesional tienen ya un precio razonable. Pero es mejor no comprar impresoras estándar para copias en color en general. Incluso las consideradas de calidad fotográfica pueden carecer de las tintas capaces de dar una buena gama tonal. Las copias en blanco y negro son mejores cuando salen de impresoras que usan unas siete tintas por separado, algunas de las cuales, o todas, se fabrican especialmente para copias en blanco y negro. También es útil probar con sistemas de tinta continua de laboratorios profesionales, donde los cartuchos de gran capacidad alimentan la impresora en todo momento. Así se ahorran tiempo y costes con grandes volúmenes de trabajo.

2

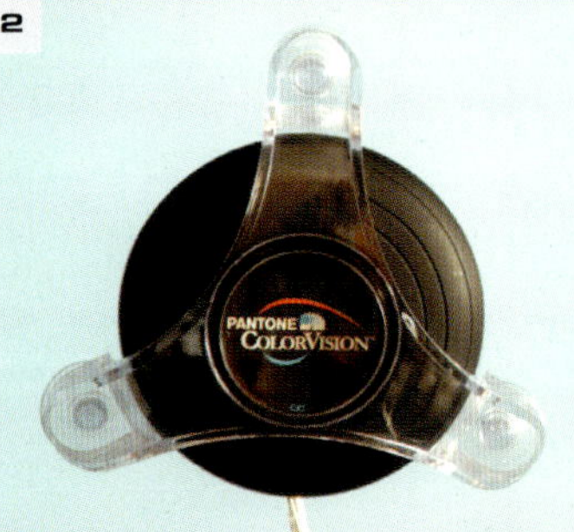

¿Cartuchos de tinta o de pigmentos? Las impresoras de chorro de tinta se dividen en dos tipos: las que usan tintas basadas en colorantes y las que utilizan pigmentos, cada una con sus pros y sus contras. Si usa su impresora para pruebas, los sistemas basados en los colorantes son más rápidos y más baratos. Las tintas también tienden a secarse antes. En cambio, los pigmentos tienen una mayor duración si se almacenan adecuadamente, aunque su gama de color no es muy amplia. La tecnología cada vez va a más, así que esté atento a los nuevos materiales.

Mejorar

Andrew mejoró esta imagen en Photoshop con una variedad de filtros como AutoFX y KPT. Empleó casi una hora en retocarla.

Disfrutar

Andrew hace ampliaciones de paisajes casi siempre para sus exposiciones, a menos que el trabajo sea de encargo. Cada vez vende más a coleccionistas.

1/ Las mejores impresiones se consiguen con impresoras de inyección que cuenten al menos con siete tipos de tinta.

2/ El mejor calibrado del monitor se obtiene con una medición física de sus características. Así se evita que el entorno de trabajo afecte al resultado. Una adecuada «spyder» merece el desembolso ya que tiene que repetirse a menudo.

3/ La mejor impresión en blanco y negro necesita tonos de gris sutiles.

> Photoshop
> Filtros
> TIFF

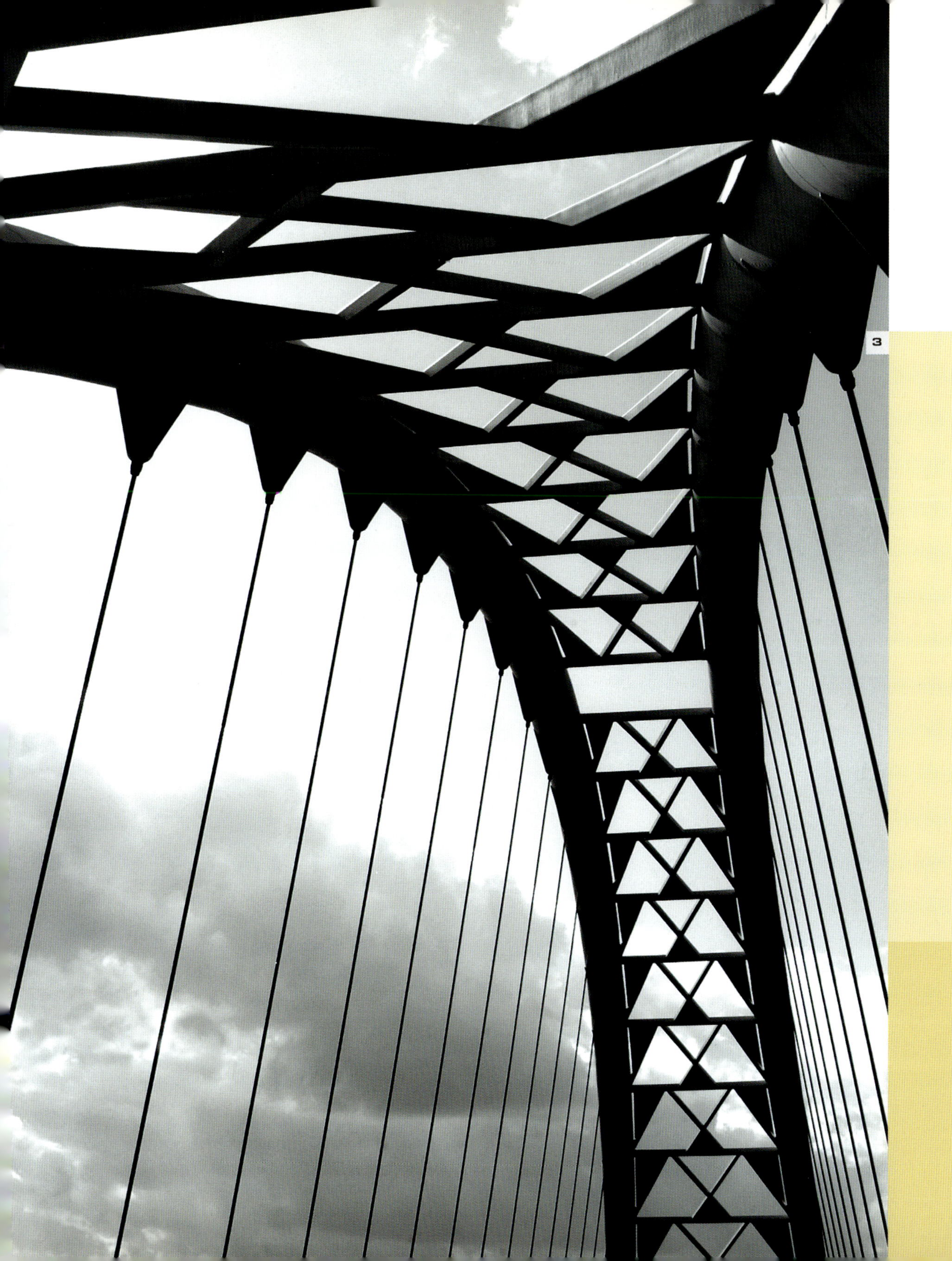

3

7 Imágenes conceptuales y surrealistas

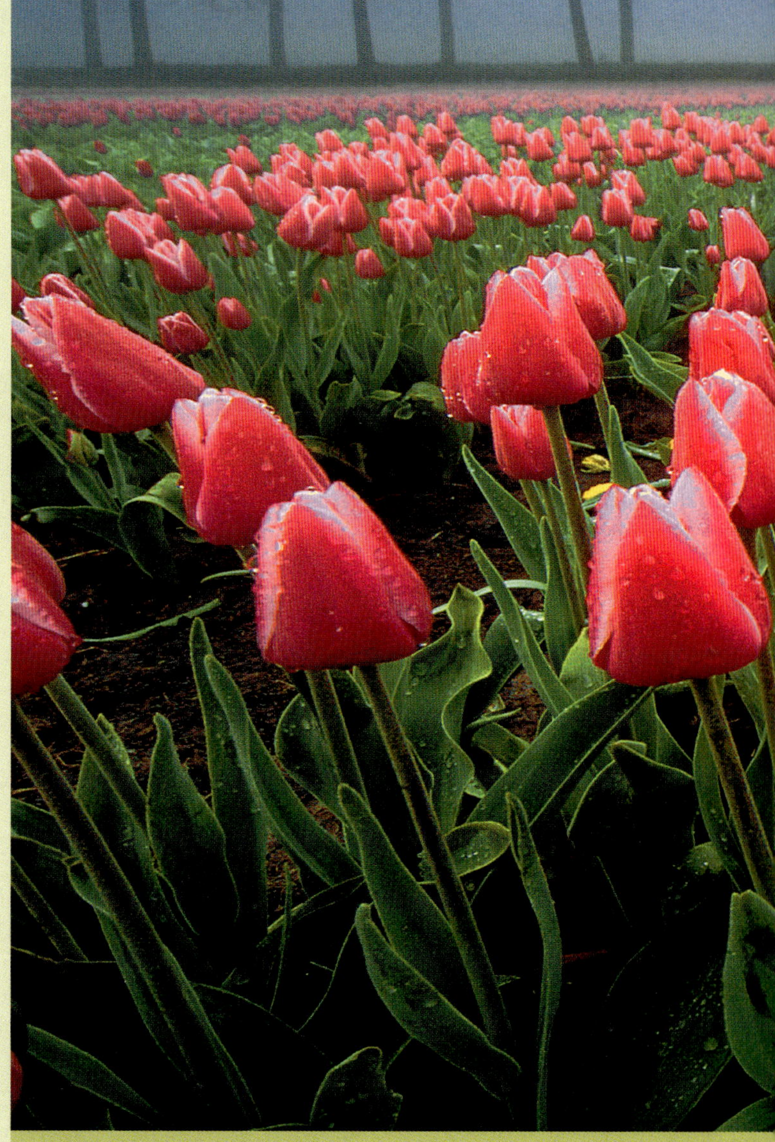

Campo de tulipanes rojos, de Jaap Hart

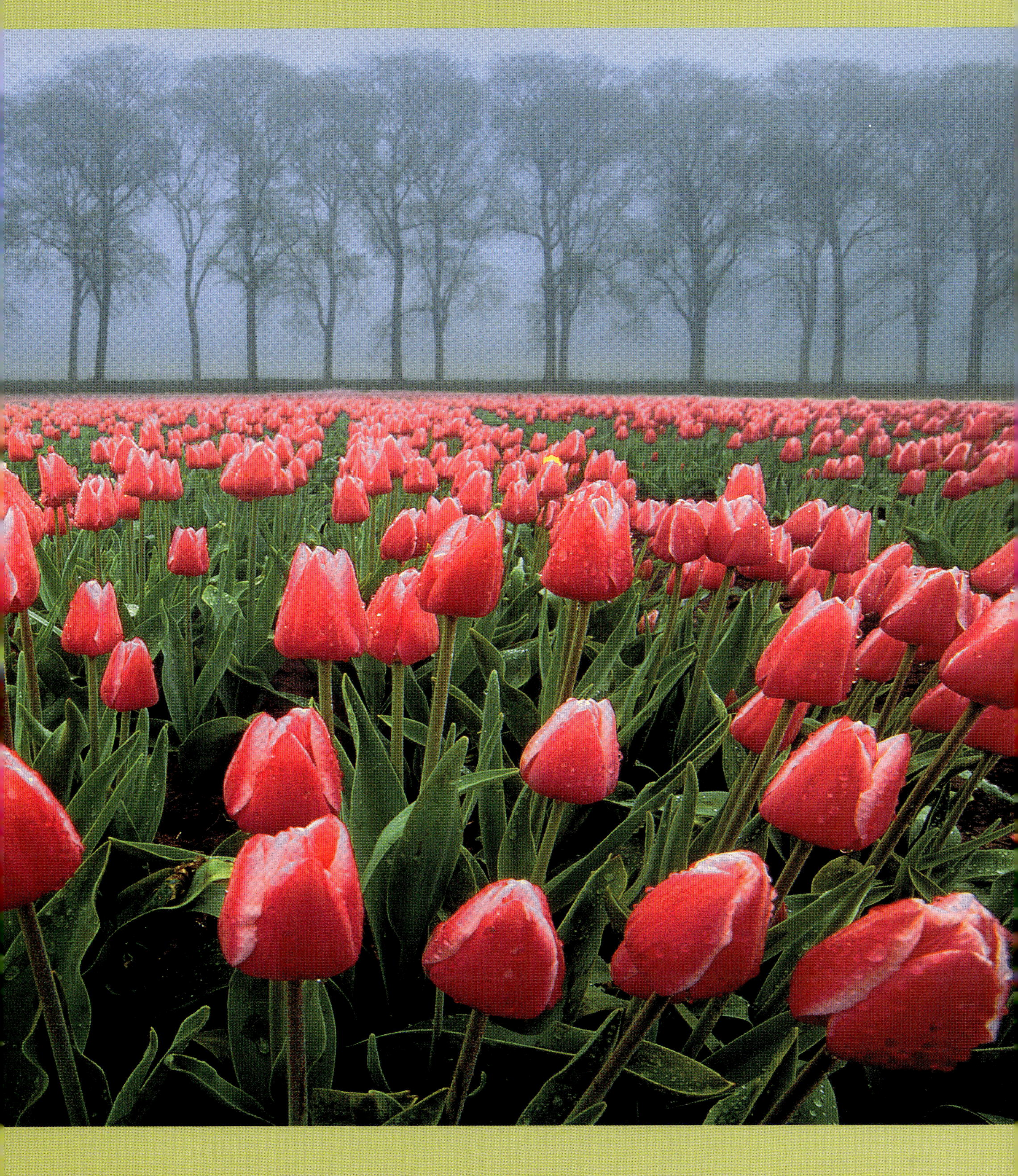

En este capítulo...

Las herramientas para la creación digital son excelentes para crear imágenes conceptuales y surrealistas, un género fascinante que no existiría con métodos convencionales.

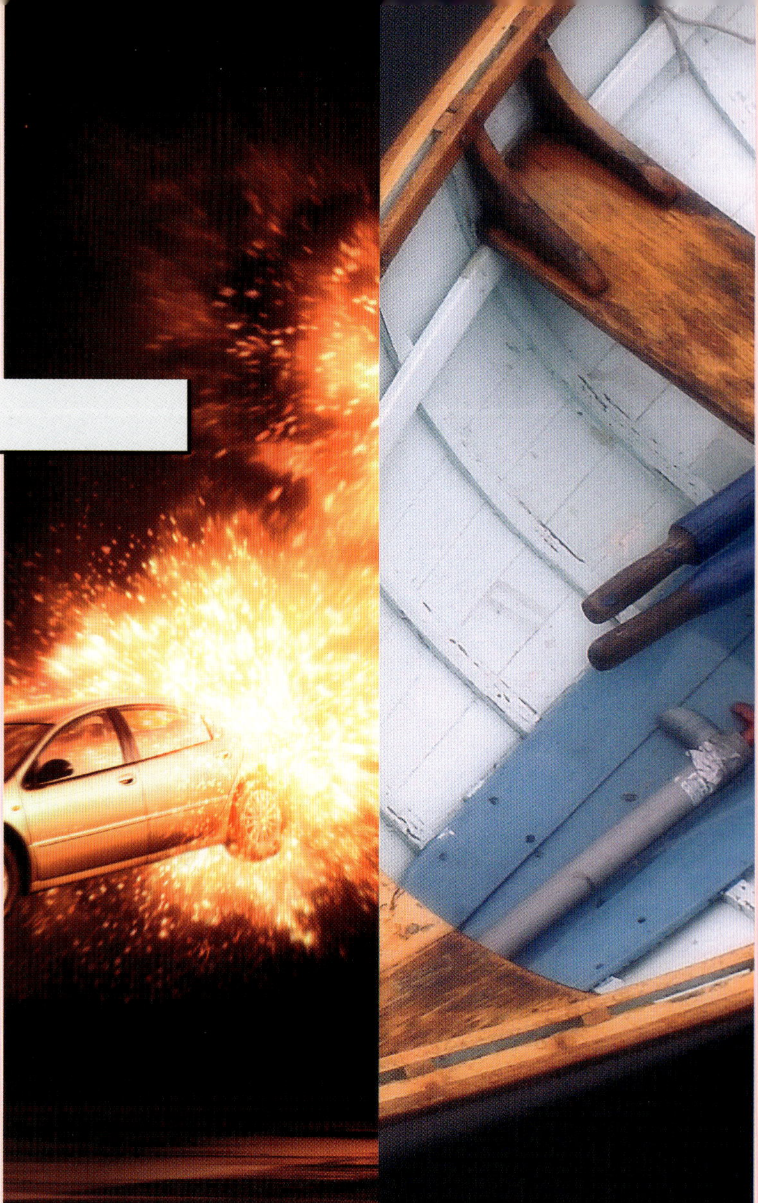

Montaje

Los montajes son un medio ideal para crear imágenes de gran impacto visual.

Páginas 118-121

Los filtros

Los filtros disponibles en los programas de retoque digital mejoran las imágenes de una forma sutil o muy evidente.

Páginas 122-123

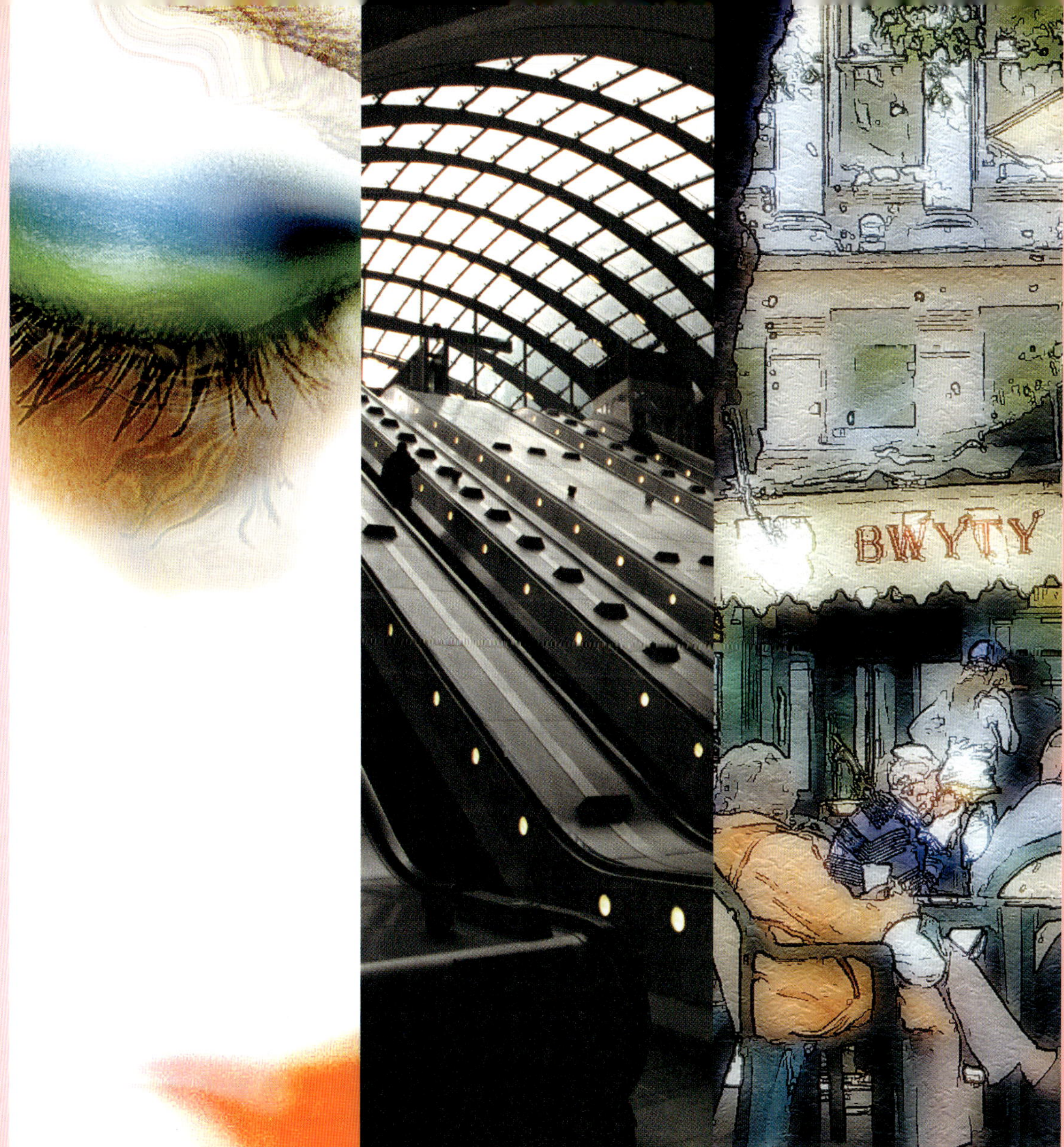

Colores intensos

Las herramientas digitales permiten manipular los colores de una imagen y crear efectos surrealistas, casi abstractos.

Páginas 124-127

Añadir movimiento

La adición de movimiento a una fotografía puede aportar una sensación de dramatismo.

Páginas 128-129

Trabajar con capas

Las capas son una herramienta muy valiosa con las imágenes complejas, sobre todo si se aplican diferentes efectos y filtros.

Páginas 130-133

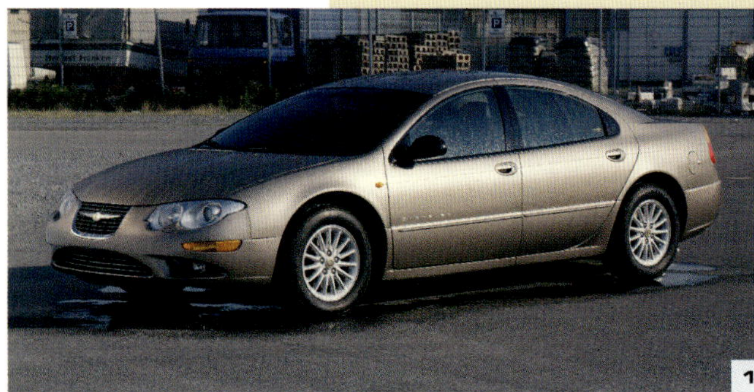

1

2

Montaje

Los montajes son una forma de crear imágenes sorprendentes que nunca se crearían con las técnicas tradicionales, a menos que se invierta mucho tiempo y dinero.

- > **Captura digital**
- > **Escanear**
- > **ECLIPSE**
- > **Curvas**
- > **Formas**
- > **Color**
- > **Pegar**
- > **Photoshop**
- > **Desenfoque de movimiento**
- > **ECLIPSE**
- > **Formas**
- > **Desenfoque de movimiento**
- > **Herramienta Marco**
- > **Color**
- > **Formas**
- > **Voltear**
- > **Formas**
- > **Viñeta de transparencia**
- > **Copiar**
- > **Pegar**
- > **Distorsionar**
- > **Viñeta de transparencia**
- > **Pincel de mancha**
- > **TIFF**
- > **Transparencia**

Disparar

Thomas Herbrich reside en Dusseldorf. Hasta hace poco, este fotógrafo profesional solía trabajar con película de medio y gran formato. Ahora sólo usa el soporte digital, pues es más rápido y no mucho más caro. Pero esta fotografía, *Coche explotando*, parte de una placa de gran formato de 10 x 12 cm, mientras que la explosión se obtuvo por separado, con una cámara de 6 x 6 cm. La imagen surgió cuando Thomas recibió el encargo de Chrysler de crear una imagen de calendario para su modelo 300M. Esta imagen es una de las dos que creó.

La imagen del coche se tomó una tarde en un aparcamiento cercano al estudio de Thomas (1). En la imagen final parece como si fuera una escena nocturna y que el coche está saltando. El convincente aspecto de la explosión fue fácil de simular, usando polvo blanco contra un fondo de cartón negro. Fue, como Thomas dijo: «Un truco que podría hacer un niño.» Una cucharada de polvo de talco o de jabón se colocó en medio de una pieza de cartón negro (70 x 100 cm). Luego, se lanzó aire comprimido (con la pieza que se usa para limpiar negativos) en el polvo, lo que provocó una nube gris en el cartón negro (2).

Mejorar

Thomas usa el programa ECLIPSE (www.formivision.de) para el 99 % de su trabajo y en menor medida Photoshop. ECLIPSE está diseñado para trabajar con archivos muy grandes pero sólo en algunas plataformas. Después de escanear las dos fotos se hizo una corrección básica de las curvas, dando el contraste deseado al fondo. Luego se añadió el color de las llamas (3). Con este programa se utiliza Formas, en lugar de las Capas de Photoshop, aunque el efecto de velocidad se obtuvo con el filtro Desenfoque de movimiento de

3 **Modificar corrección**

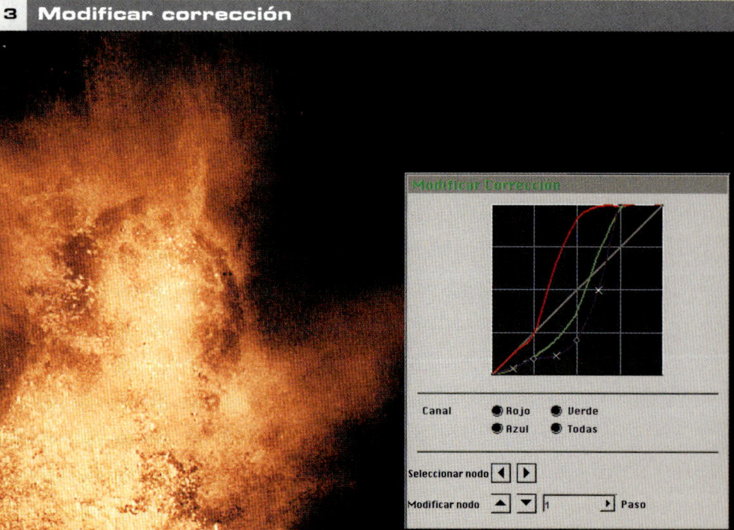

4 Relleno de forma

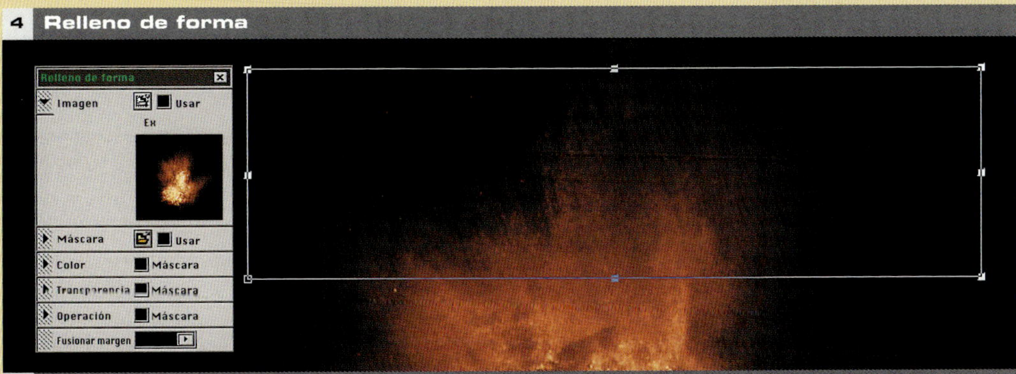

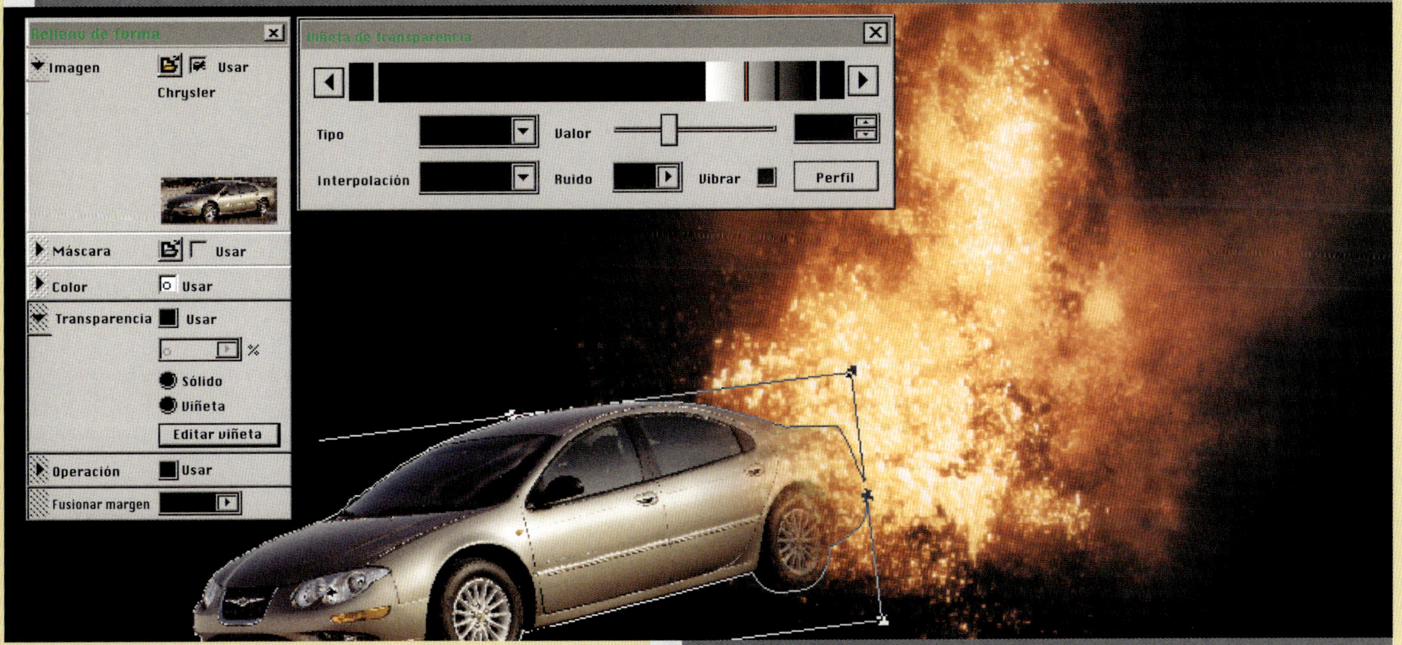

! Antes de empezar, piense en archivar la imagen y cómo localizarla. Un disco duro portátil le será más útil que una caja llena de CD-Rom.

5 Nueva forma

6 Viñeta de transparencia

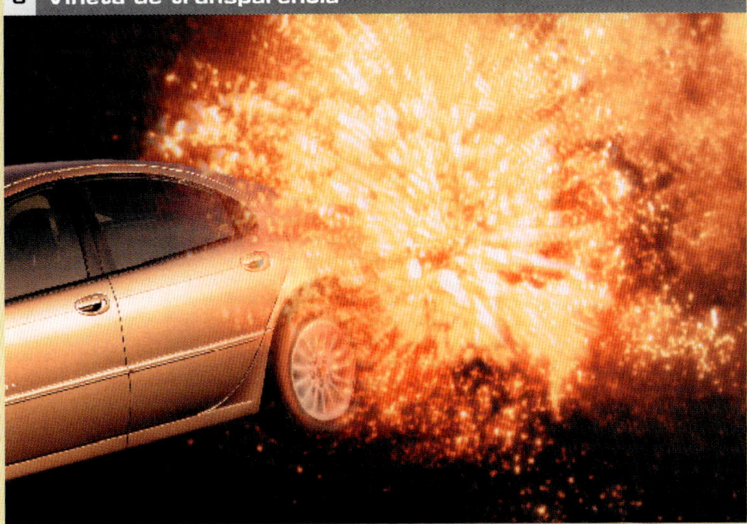

Photoshop. Las Formas se editan libremente. Son áreas móviles que pueden rellenarse con colores, una corrección, ruido u otros efectos, y son una función habitual de ese programa.

Sobre un área seleccionada creada con una herramienta tipo Marco se hicieron unas correcciones de color en las llamas para que no dieran un color naranja uniforme (4). Luego se colocó el coche encima de la primera imagen, se rotó en la posición deseada (5) y se añadió una viñeta de transparencia para que el coche se perfilara (6) como si las llamas estuvieran alrededor

1/ La imagen original del coche.

2/ La «explosión».

3/ Las «llamas» se crearon con ECLIPSE.

4/ El color de las llamas se corrigió para que parecieran más realistas.

5/ Las dos imágenes se combinaron y se corrigió la posición del coche para lograr un efecto dramático.

6/ Se usó una viñeta de transparencia para perfilar el coche contra las llamas.

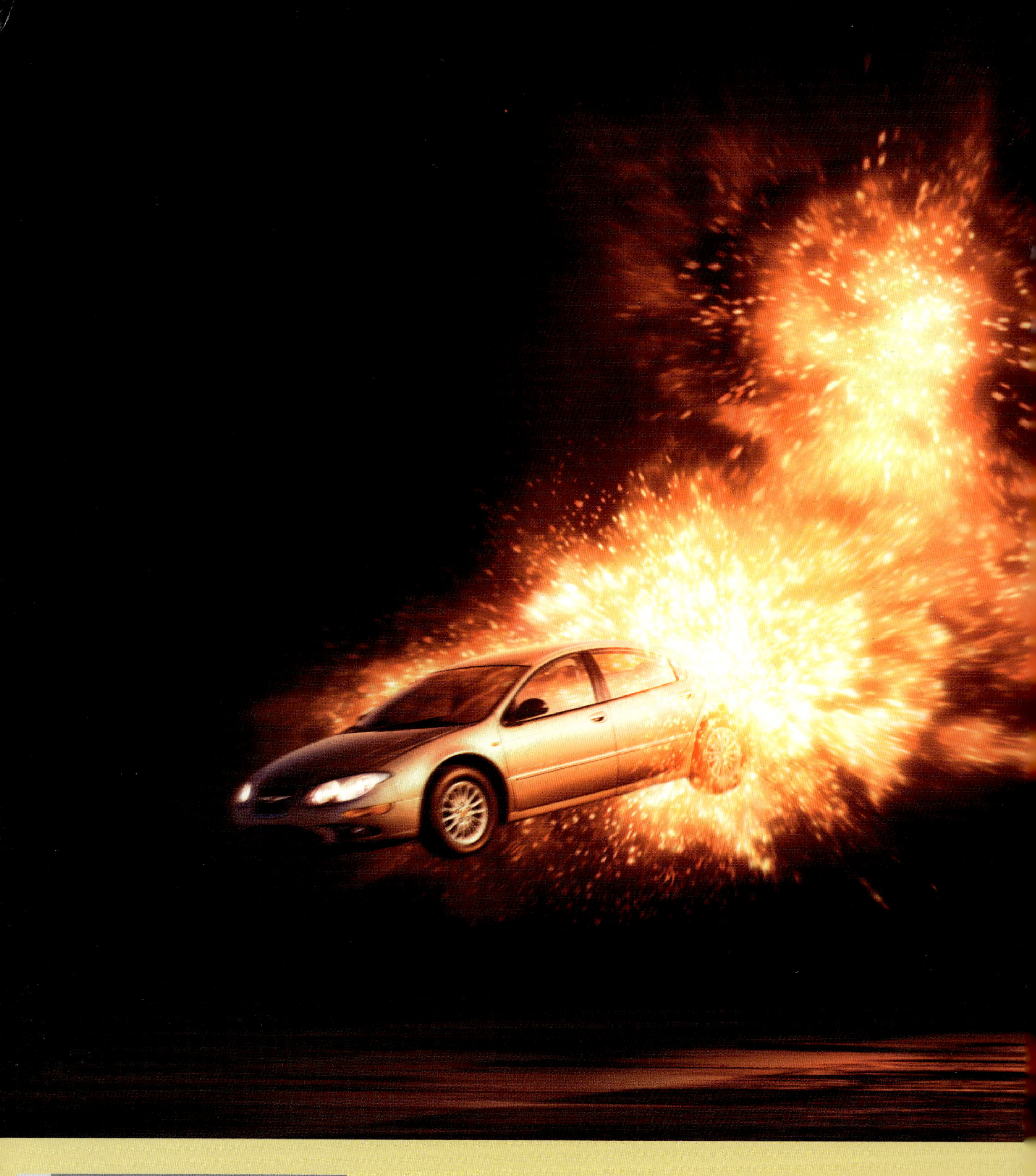

y no dentro. Para obtener el reflejo bajo el coche se copiaron las llamas y se colocaron en la posición correcta (7) distorsionándolas con la opción Ajustar forma y luego se aplicó una viñeta de transparencia (8), lo que redujo la iluminación hacia los márgenes. El paso final fue emplear un pincel de mancha para añadir un halo al borde de la llama.

7/ Un duplicado de capa sirvió para crear las «llamas» debajo del coche.

8/ Otra viñeta de transparencia se usó para los ajustes finales de las llamas.

9/ La imagen final.

7 Duplicar capa

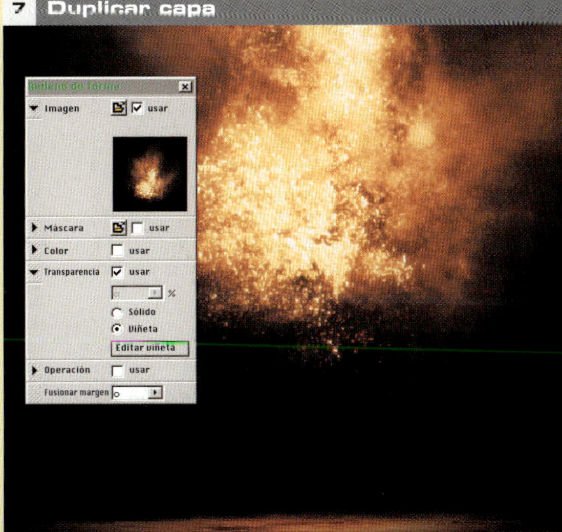

8 Viñeta de transparencia

Tipo Radial Valor 13
Interpolación Lineal Ruido 0 Vibrar Perfil

9

Disfrutar

Thomas no hace copias en papel, sino que pasa sus archivos a película diapositiva. Luego la imagen se aplana y se guarda como un archivo TIFF. Así aumenta su formato al de las diapositivas de 20 x 25 cm; también lo prefiere como sistema de almacenamiento. En total, empleó tres días en la posproducción.

«Trabajo el motivo observándolo desde todos los puntos de vista y disparo mucho a fin de obtener la imagen definitiva de ese tema en ese momento concreto.»

! Procure no sobreexponer. Los detalles quemados en las luces intensas (blanco puro) no tienen solución, pero una leve subexposición puede rectificarse con las capas de Photoshop y un tratamiento específico.

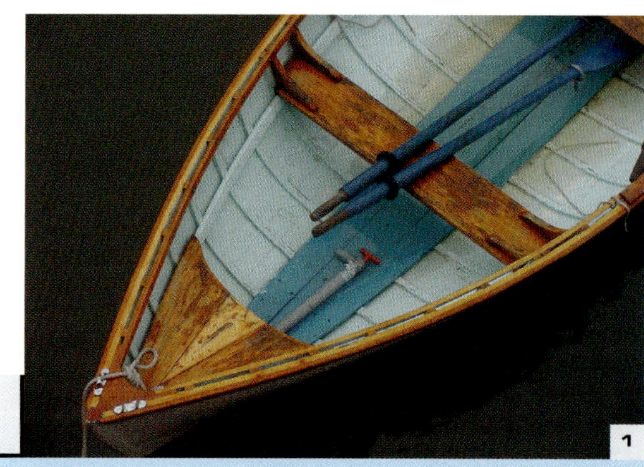

1

Los filtros

El uso de filtros en un programa de edición fotográfica es una forma muy útil de realzar una imagen, tanto si se desea un efecto espectacular como algo más sutil.

Disparar

Charlie Morey es un fotógrafo profesional residente en Los Ángeles. Esta imagen, *Barca de remo azul*, se tomó con una compacta digital antes de que Charlie empezara a usar una cámara réflex digital. La exposición fue de 1/60 a f/2,8. La imagen se realizó en un formato de archivo JPEG durante una sesión fotográfica en Maine para captar el follaje otoñal y otras escenas rurales. Justo después de amanecer, en el pueblo costero de Castine, Charlie encontró la barca y su encantadora estructura de madera. El ángulo en picado desde el límite del embarcadero aporta una interesante perspectiva (1).

Mejorar

Charlie usó, primero, Corel PhotoPaint como programa de retoque. Corrigió el brillo, el contraste y la intensidad antes de aplicar una pequeña cantidad de Máscara de enfoque para dar más nitidez a la toma. Pero el efecto era obvio, así que colocó una capa de Desenfoque gaussiano sobre la imagen original con una transparencia del 40-50 %. Esto dio un suave resplandor a la imagen, que resultaba más agradable (2). Luego, la imagen se retocó con Photoshop y se hicieron correcciones del brillo y el contraste básicos con Niveles. Después, la imagen se cambió a tamaño 28 x 35 cm con el programa Genuine Fractals, antes de enfocar más y desenfocar después con el efecto Desenfoque gaussiano.

Disfrutar

Barca de remo azul ha resultado ser una imagen versátil. Se han vendido copias a coleccionistas privados y aparece incluida en la serie de cuadernos «Momentos serenos» del fotógrafo. También se ha transformado en un archivo JPEG con suficiente compresión para permitir un tiempo razonable de descarga de la imagen para verla en la web.

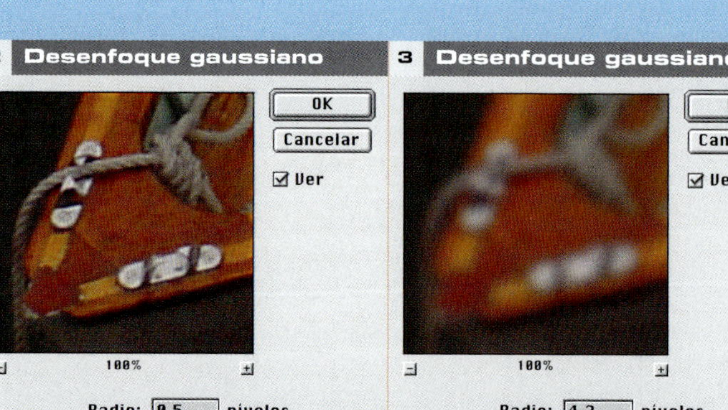

4

1/ La imagen original.

2/ 3/ El Desenfoque gaussiano es uno de los filtros más creativos a nuestra disposición.

4/ La imagen final.

> **JPEG**
> **Máscara de enfoque**
> **Desenfoque gaussiano**
> **Niveles**
> **Genuine Fractals**
> **Remuestreado**
> **Desenfoque gaussiano**

! Desde retratos a escenas generales, el efecto Desenfoque gaussiano (Filtro > Desenfocar > Desenfoque gaussiano) es una herramienta genial. Permite dar a una imagen diversos grados de nitidez en toda la superficie o en solo una parte. Los efectos pueden ir desde los casi indetectables a la más completa distorsión, sin dejar detalle de la nitidez (3). También puede usarse para atenuar el ruido. La cantidad se presenta en píxeles, con un radio de 0,1 a 250, pero sea conservador: para la mayoría de los temas basta una pequeña cantidad si quiere que sigan siendo reconocibles. El Desenfoque gaussiano funciona, como los filtros de desenfoque menos utilizados, haciendo un promedio del tono de los píxeles adyacentes en márgenes amplios o áreas de sombra, pero es más controlable. En este caso, se utilizó una ecuación matemática (la Ecuación de distribución gaussiana). Se puede ver el efecto en la ventana de vista previa de Photoshop, que puede ampliarse para mostrar partes de la imagen y moverla de un lado a otro con la herramienta Mano.

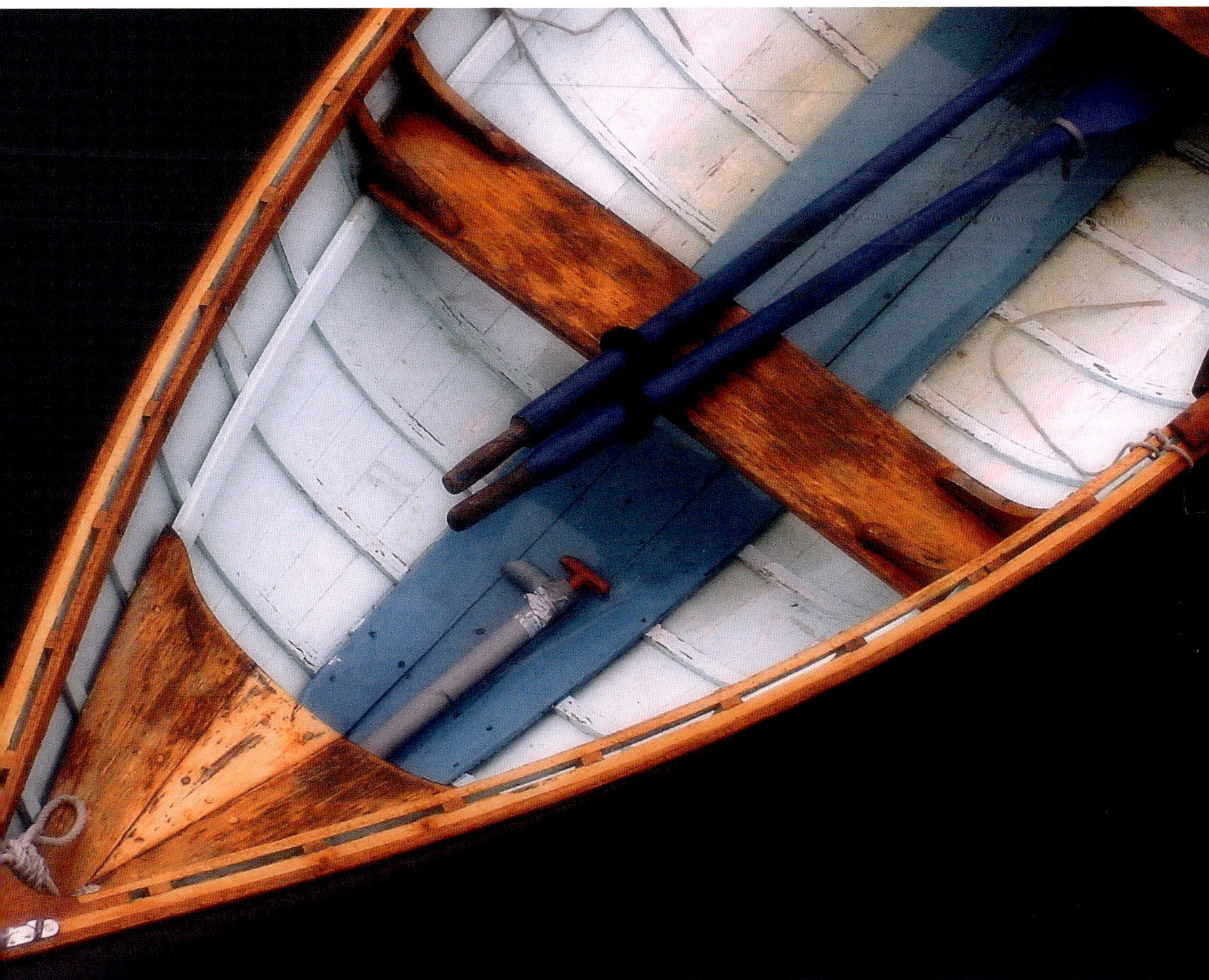

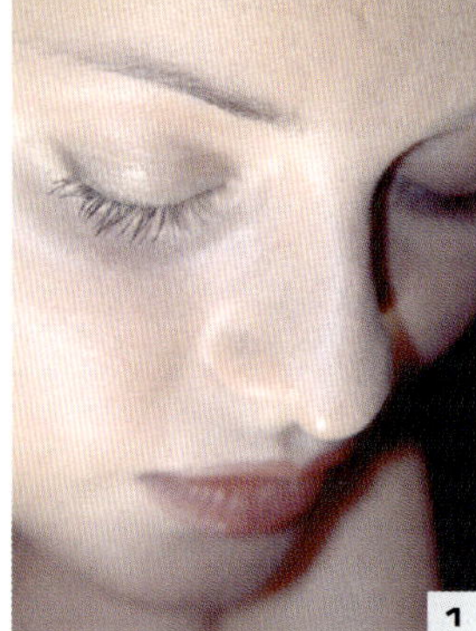

1

Colores intensos

Con las herramientas de retoque digital, los colores de una imagen pueden transformarse para crear resultados artísticos, dramáticos y casi abstractos.

Disparar

Walter Spaeth es un galardonado fotógrafo que trabaja con cámaras réflex tanto analógicas como digitales. En este caso usó una cámara con película diapositiva y un objetivo de 100 mm f/2 que le permitió encuadrar de cerca su tema. Aunque la foto original era poco interesante (1), la visión de Walter, combinada con las técnicas digitales, crearon una imagen final asombrosa.

Mejorar

La imagen se escaneó a fotograma completo con un equipo de sobremesa. Después de pasarla a Photoshop, el fotógrafo hizo una copia para crear una capa de fondo, a la que corrigió el Tono (+20) y la Saturación (–44) desde Imagen > Ajustes > Tono/Saturación (2). El párpado se seleccionó para trabajarlo con la herramienta Lazo (3). Luego, esta área se separó del resto de la imagen con la función Máscara rápida. Si es preciso, se puede usar la herramienta Pincel para añadir o quitar algo de una zona escogida. Con esta función hay pocos límites para las herramientas de selección o los filtros que pueden usarse. La herramienta Pincel (4) permitió pintar las zonas superiores e inferiores con los colores del fondo y del primer

2 Tono/Saturación

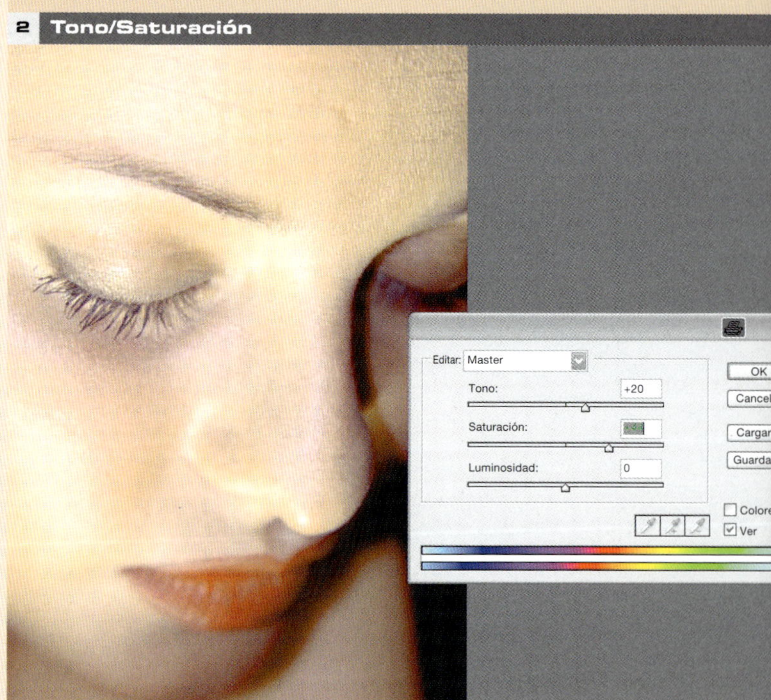

- > Captura con película de 35 mm
- > Escanear
- > Photoshop
- > Tono/Saturación
- > Herramienta Lazo
- > Máscara rápida
- > Herramienta Pincel
- > Herramienta Lazo
- > Máscara rápida
- > Herramienta Borrador
- > Filtro
- > Herramienta Cortar
- > Filtro

! Los colores pueden ajustarse con diferentes funciones. En la ventana de herramientas, los colores de primer plano y de fondo son fáciles de seleccionar. Si hace doble clic en el color de primer plano o de fondo, aparecerá un Selector de color de Photoshop desde el que podrá cambiar la selección. Los símbolos que remedan los cuadrados mayores para cada uno, al hacer clic, devuelven los colores de fondo y de primer plano a blanco y a negro en el panel de iconos.

3 Lazo **4 Herramienta Pincel**

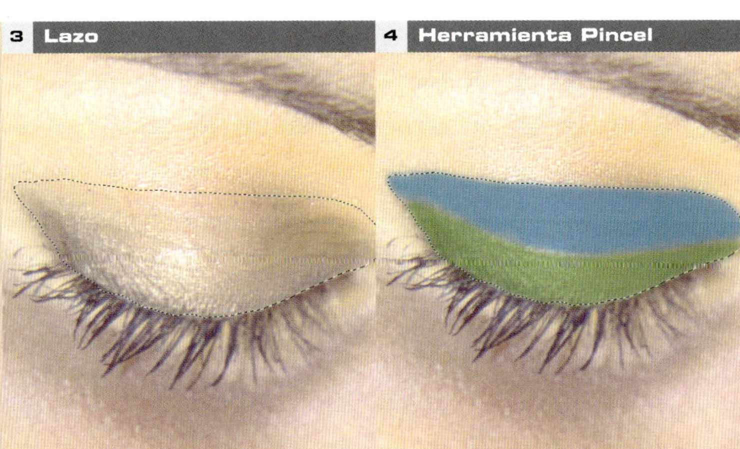

1/ La imagen original.

2/ Ajustes de Tono/Saturación.

3/ Selección del párpado con la herramienta Lazo.

4/ La herramienta Pincel se usó para pintar la mitad superior e inferior del párpado.

5/ A la herramienta Borrador se le asignó una opacidad para lograr el detalle deseado.

plano marcados en el Selector de color. Luego, Walter se desplazó por la cara, hasta los labios, seleccionados igual que los ojos. Pero para rebajar el detalle entre el labio superior y el inferior usó la herramienta Borrador (5), a la que asignó una opacidad. Con el 100 % se borran todos los píxeles, pero el autor quiso dejar algún detalle y optó por un valor del 60 %. Si se elige un valor superior al máximo, los píxeles adquieren el color del fondo. El efecto de fusión de Iluminación se

5 Herramienta Borrador

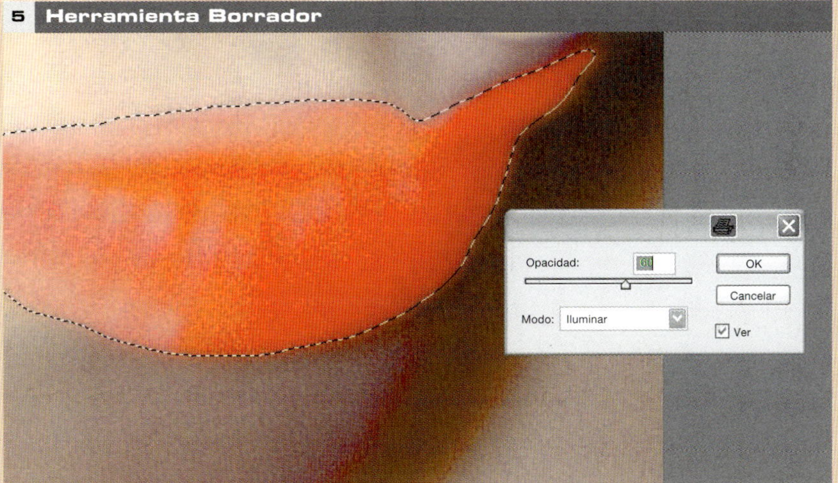

eligió en el menú Modo de fusión. Un software complementario llamado Eterizar, de Flaming Pear, se usó para ajustar el suavizado, el color y la nitidez (6). La imagen se reencuadró después con la herramienta Cortar para resaltar la parte deseada de la cara. Un filtro final, Desviar (también de Flaming Pear) sirvió para crear el efecto final (7).

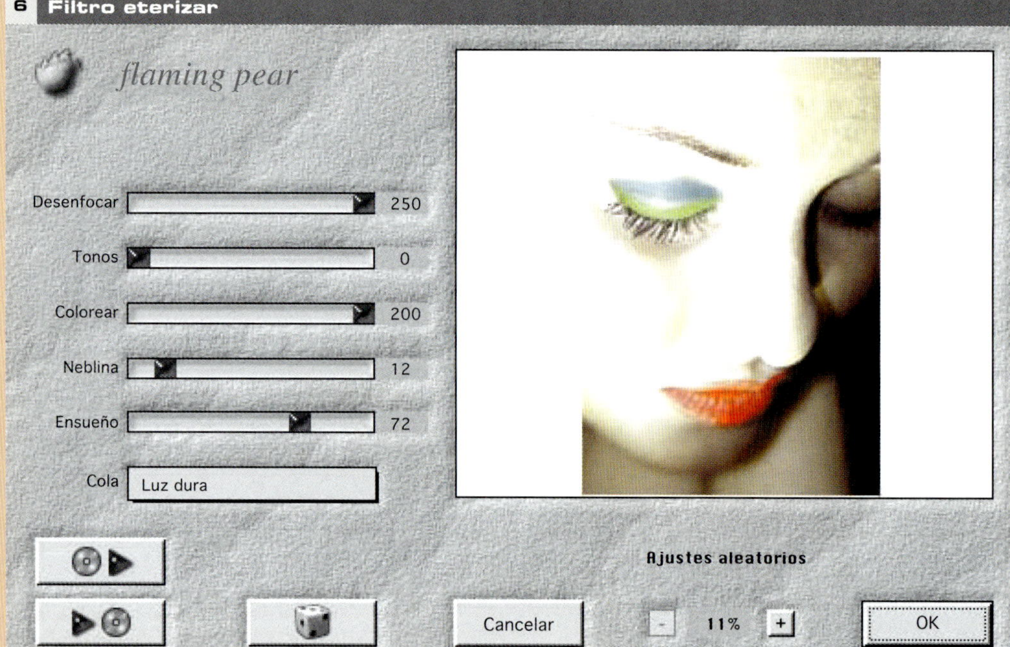

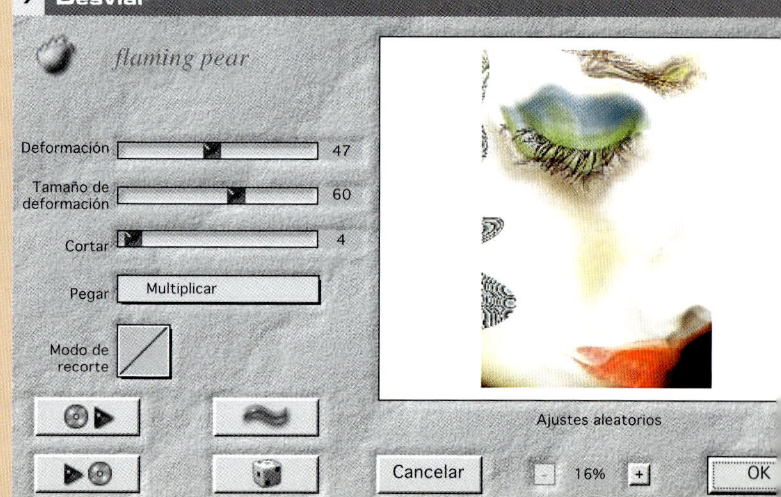

6/ El filtro aportó un mayor control del color.

7/ El filtro Desviar permite controlar los contornos de una imagen.

8/ La imagen final.

Disfrutar

Esta imagen ha sido muy solicitada para exposiciones. Se hizo una serie de diez copias Giclée de 40 x 60 cm. Walter acude a un laboratorio profesional para producirlas, pero él también imprime por su cuenta con papel de alto brillo de DIN A3 con tinta de pigmentos. Treinta de esas copias se imprimieron para una edición limitada.

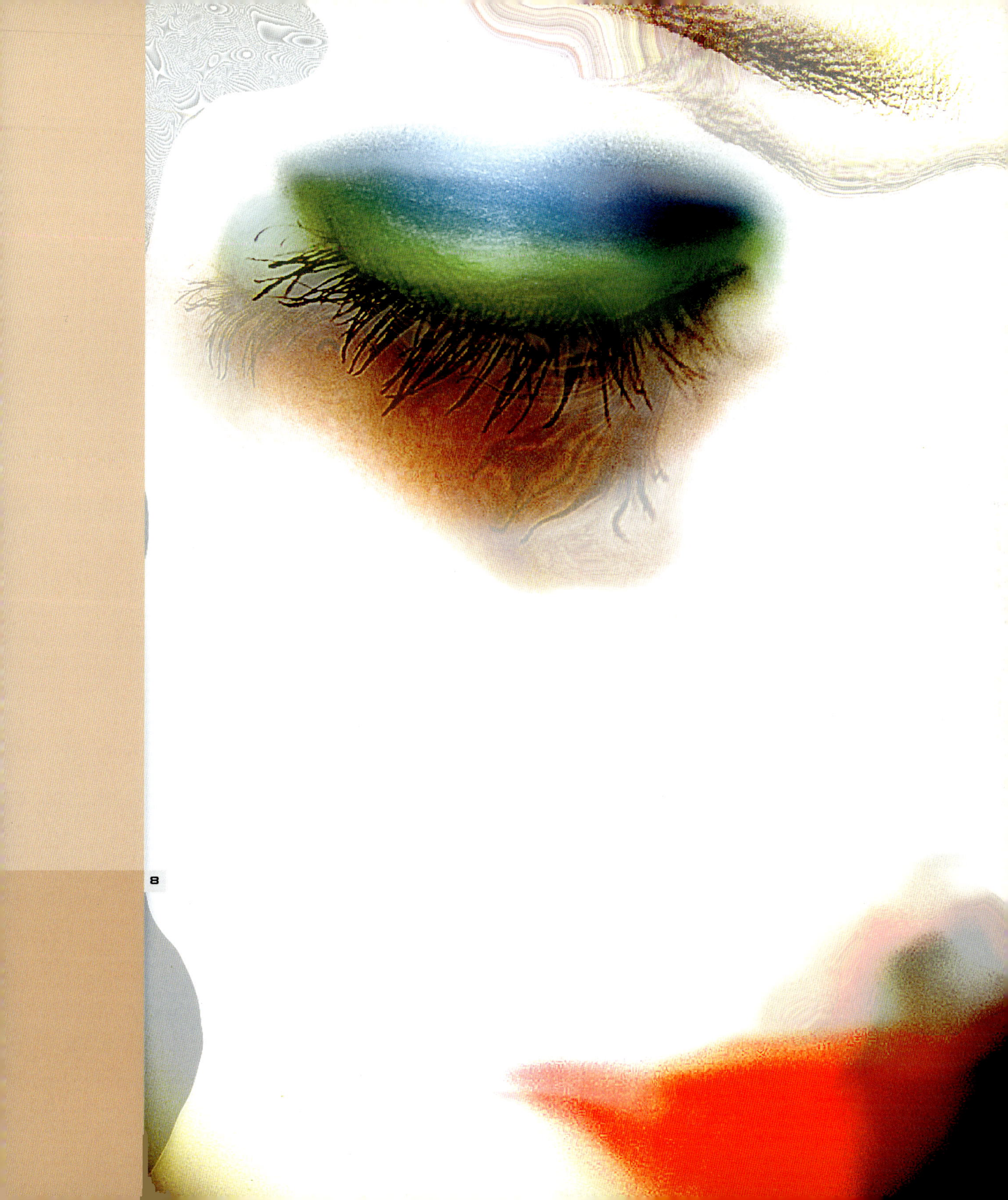

8

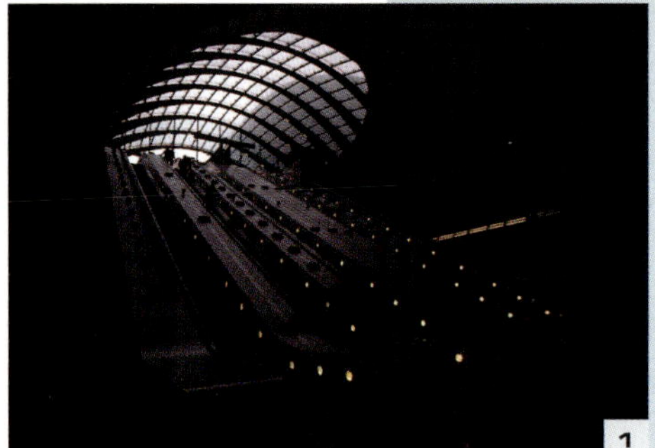

1

Disparar

Phil Preston fue capaz de ver una buena fotografía aquí, no sólo por el contraste de iluminación en la escena sino también por los sencillos y efectivos elementos de una larga escalera mecánica. La toma se hizo con una cámara de 35 mm equipada con un zoom 20-35 mm y cargada con negativo color de 800 ISO, pero una vez más el fallo de reciprocidad se hizo evidente en el resultado (1).

Añadir movimiento

Añadir movimiento a una imagen estática puede ayudar a atrapar la atención del observador. No es fácil hacerlo, pero las herramientas de software permiten rectificar la toma.

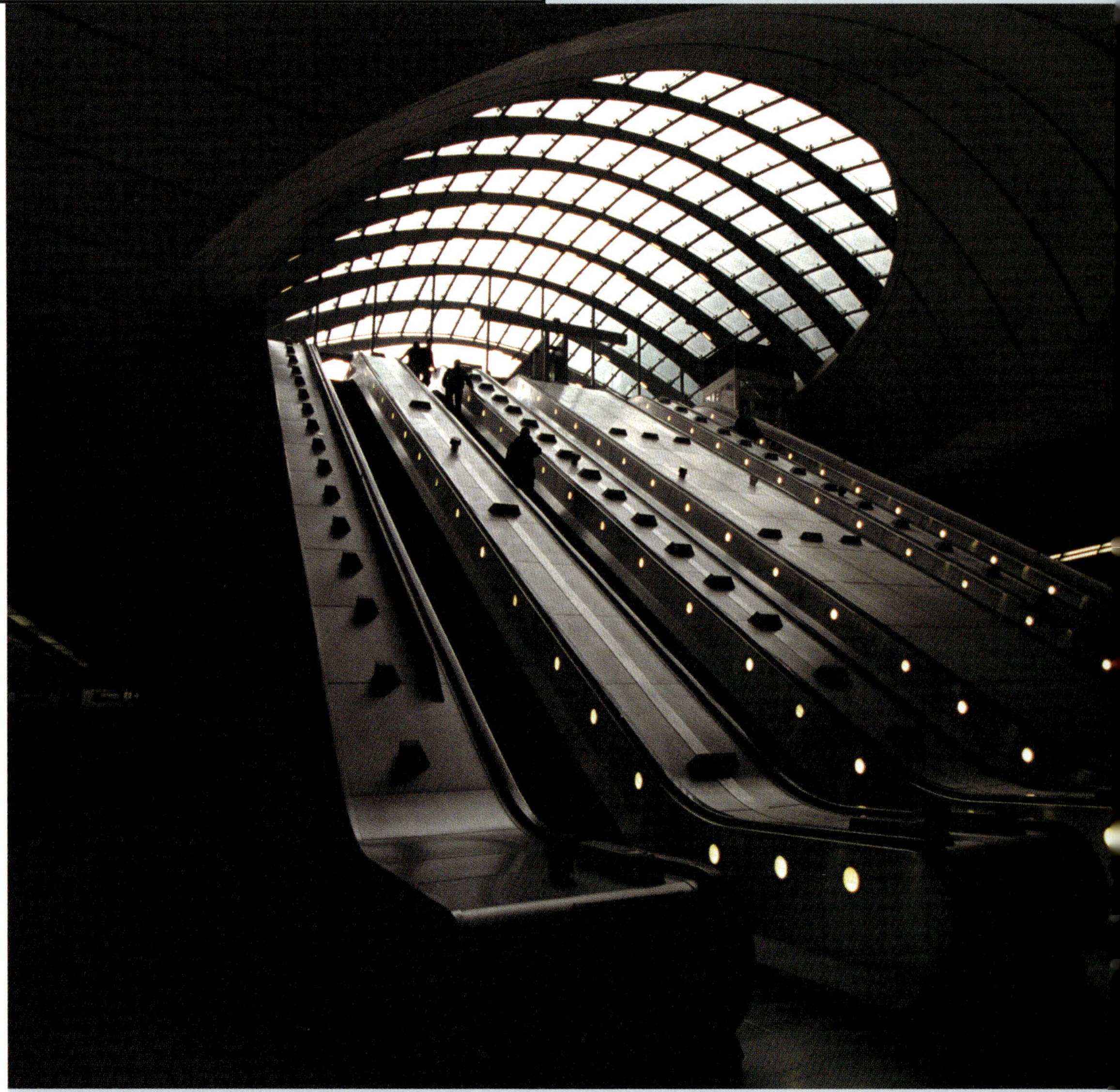

«Mejore sus conocimientos y habilidades para manipular imágenes. Los potentes programas actuales pueden contribuir al éxito y el disfrute de la fotografía.»

- > **Captura con película de 35 mm**
- > **Escanear**
- > **TIFF**
- > **PhotoImpact**
- > **Niveles**
- > **Desenfocar zoom**
- > **Equilibrio de color**
- > **JPEG**
- > **Web**

Mejorar

La imagen se digitalizó y guardó como un archivo TIFF de 21 megas con un escáner de película de 4.000 ppp. El tamaño de la imagen resultante fue de 3.300 x 2.277 píxeles y el archivo se abrió con PhotoImpact 8. Con los Niveles se corrigió la gama tonal, dando detalle a las sombras y contrarrestando el fallo de reciprocidad. Luego se usó la herramienta Desenfocar zoom (2). Seleccionando Vista doble se podían ver ambos efectos antes y después. Era el momento de eliminar la dominante de color restante registrada en el original (3). Como conviene mantener la relación entre las diferentes áreas de luminosidad se activó la opción Preservar luminosidad.

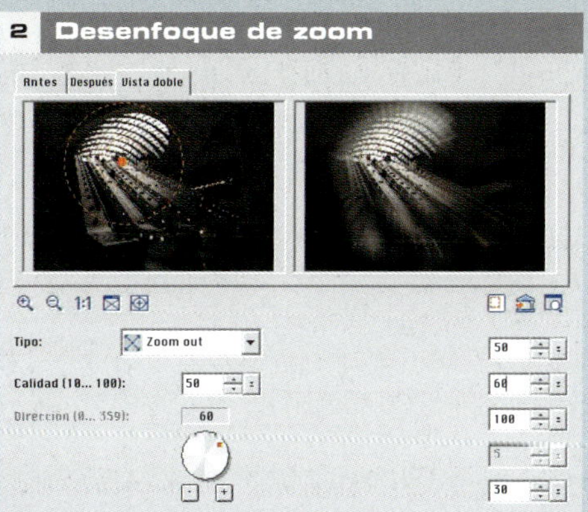

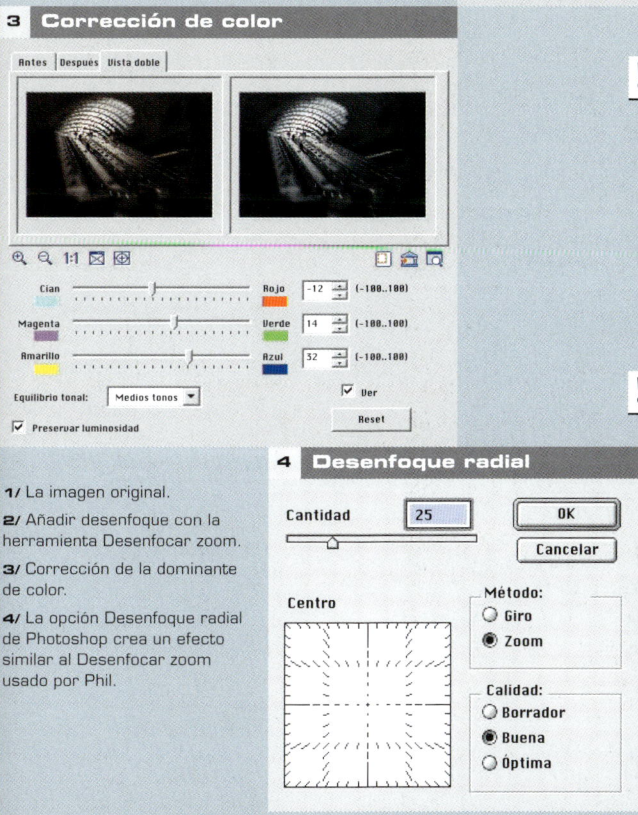

1/ La imagen original.

2/ Añadir desenfoque con la herramienta Desenfocar zoom.

3/ Corrección de la dominante de color.

4/ La opción Desenfoque radial de Photoshop crea un efecto similar al Desenfocar zoom usado por Phil.

! *Desenfoque de movimiento.* **Es un popular filtro de Photoshop que se usa para dar sensación de movimiento. Atenúa una imagen haciendo un promedio de la densidad de los píxeles alrededor de un borde. El efecto de un sujeto en movimiento se crea ajustando el ángulo y la dirección del desenfoque, así como su intensidad. Use ambos con cautela para mantener la sensación de realismo.**

! *Desenfoque radial.* **Crea un efecto similar a la herramienta Desenfocar zoom usada por Phil Preston. Tras abrir la ventana de zoom se ajusta la cantidad de desenfoque, lo que da el efecto de una exposición lenta cuando el zoom del objetivo se mueve al mismo tiempo. La posición de partida puede alterarse desplazándola sobre la ventana esquemática y los efectos se atenúan para adaptarse a la opacidad.**

Disfrutar

Esta imagen está en la web del fotógrafo, preparada con PhotoImpact 8. Primero se redujo el tamaño de la imagen (con el método bicúbico), rebajando la resolución a 72 ppp. Luego, con el optimizador de imágenes se guardó como archivo JPEG antes de descargarla.

! **Cuando se trabaja con capas es recomendable darles un nuevo nombre.**

Trabajar con capas

Con la tecnología actual, cada vez se desechan menos imágenes, incluso las que no parecen estupendas. Lo importante es tener un enfoque imaginativo para adaptar el material de partida y mejorarlo. Las Capas son una herramienta que puede ayudarle a conseguirlo.

Disparar

David Rowley tomó esta original fotografía de un café. Al principio era más una instantánea que una imagen propiamente dicha; pero, con imaginación, la imagen de partida ganó mucho.

1/ Capas.
2/ Herramienta Espátula.
3/ Corrección de Tono y Saturación.
4/ Opciones de Desenfoque gaussiano.
5/ Pincel seco.
6/ Paleta de historia.
7/ Adición de Desenfoque suavizado.

Mejorar

Tras pasar la imagen a Photoshop, David, primero, corrigió la imagen reencuadrando para pulir y equilibrar la composición. Los Niveles también se modificaron para dinamizar el contraste y el brillo. Se hicieron tres copias de capas de fondo arrastrando la capa del fondo sobre el icono Crear nueva capa. Las dos últimas se ocultaron haciendo doble clic en el icono Ojo (1). En la siguiente capa, David trabajó con la Espátula (Filtro > Artístico > Espátula), un maravilloso instrumento para crear un efecto pictórico. Aquí, los valores se situaron en 6 (tamaño de trazo) y 3 (detalle de trazo) (2). Esta capa se llamó «Espátula». La Saturación se situó en +70 (Imagen > Ajustes > Tono/Saturación) y el brillo en +5 (3). Para fusionar los colores y lograr un mejor efecto, David aplicó una pequeña cantidad de Desenfoque gaussiano (Filtro > Desenfocar > Desenfoque gaussiano) para suavizarlas. Para esto eligió un radio de 4,0 (4). En la segunda capa nueva

1 Capas

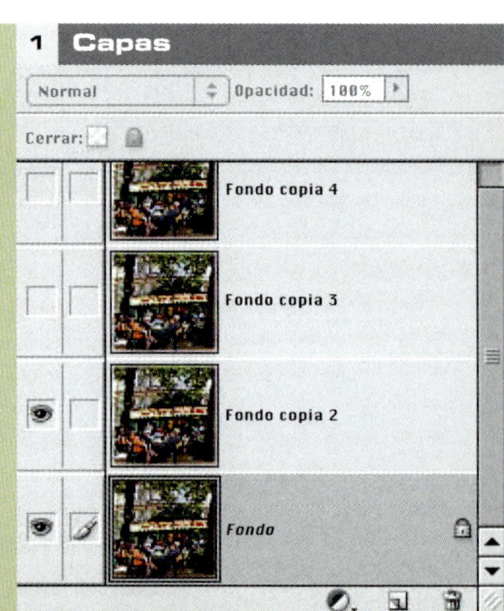

2 Herramienta Espátula

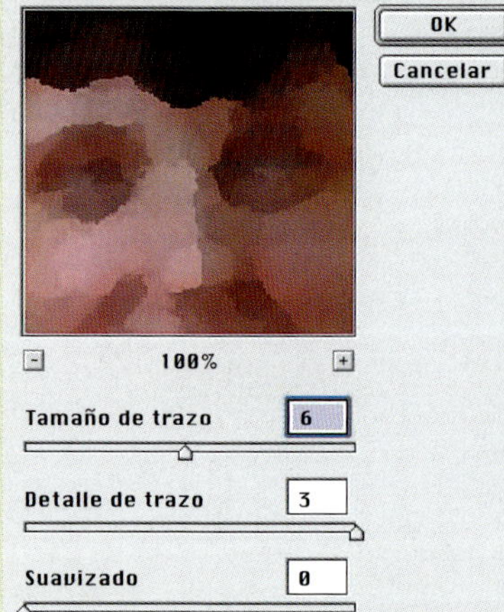

> **Reencuadrar**
> **Niveles**
> **Capa de fondo**
> **Espátula**
> **Tono/Saturación**
> **Desenfoque gaussiano**
> **Pincel seco**
> **Desenfoque suavizado**
> **Invertir**
> **Bordes añadidos**
> **Fusionar luz suave**
> **Texturizar**
> **Capa de ajuste**
> **Tono/Saturación**
> **Viñeta**

! **Saber lo que se ha hecho y en qué orden puede ser una ventaja cuando se trabaja con imágenes complejas. La Paleta de historia** (6) **proporciona una referencia clara.**

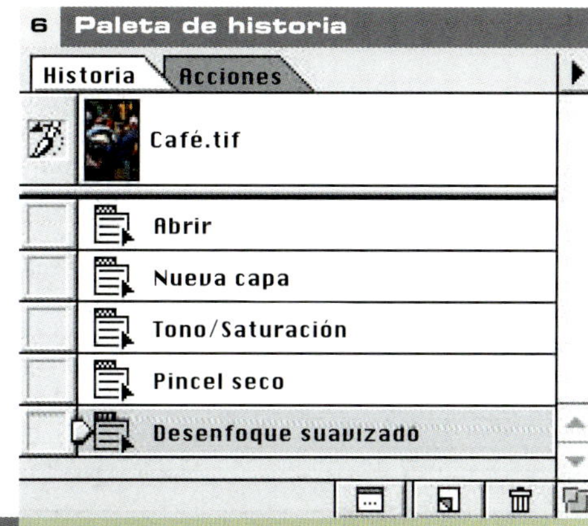

6 Paleta de historia

prosiguió el trabajo con Pincel seco (Filtro > Artístico > Pincel seco). El efecto deseado se creó con las guías de desplazamiento y comprobando en la ventana de Vista previa (5). Esta capa se llamó «Pincel seco».

Luego se corrigió la otra copia de capa aplicando el Desenfoque suavizado (Filtro > Desenfocar > Desenfoque suavizado). En las opciones de Modo se seleccionó Sólo borde (7) y se eligió un radio de 15 y un umbral de 52. Esta capa se llamó «Desenfoque suavizado». Las líneas blancas contra el fondo negro se invirtieron con Imagen > Ajustes > Invertir. Así se le dio un aspecto de carboncillo a la imagen. El efecto puede mejorarse; David sugirió Filtro > Artístico > Bordes añadidos y probados con las opciones.

El siguiente paso fue fusionar las capas. Se seleccionó Luz suave

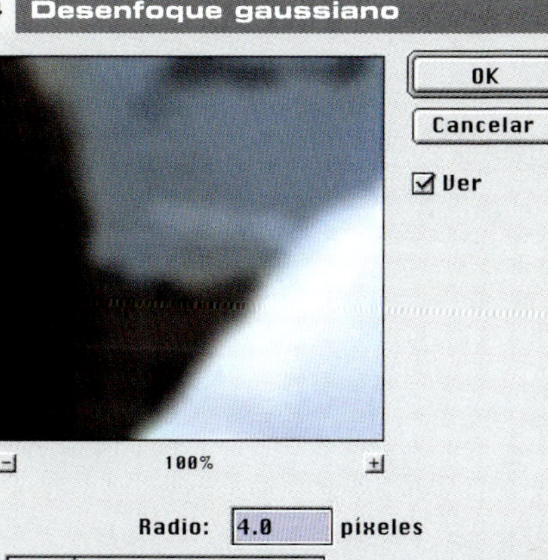

4 Desenfoque gaussiano

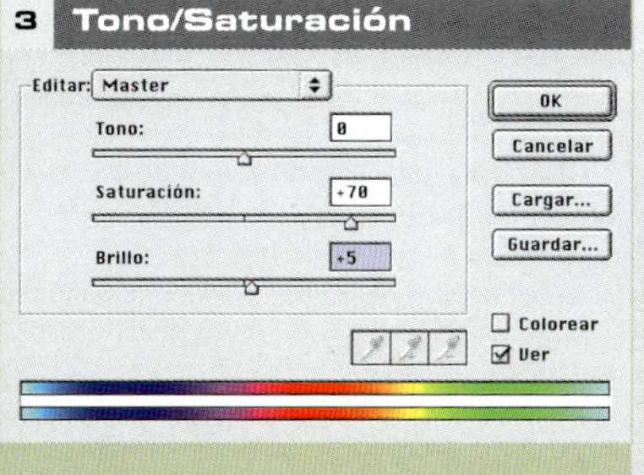

3 Tono/Saturación

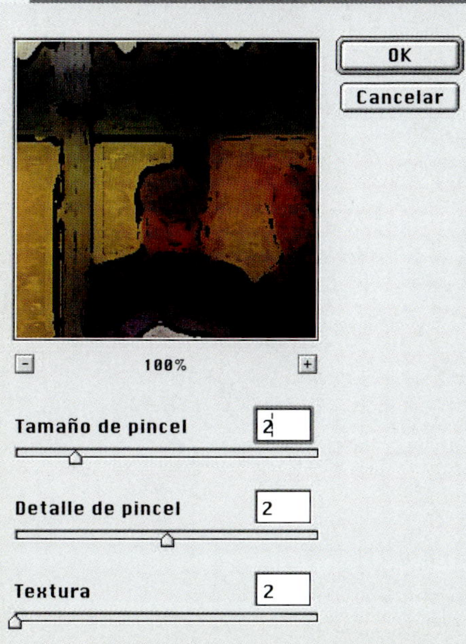

5 Pincel seco

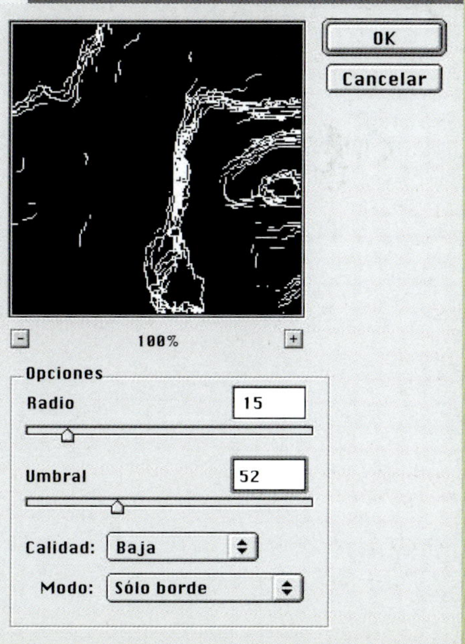

7 Desenfoque suavizado

! ***Creación de una viñeta.*** **Para la viñeta de esta imagen se arrastró la herramienta Marco rectangular sobre la imagen desde los bordes y luego se invirtió: Seleccionar > Invertir. Usando Seleccionar > Suavizar, el radio se situó en 15. Tras escoger el blanco como color de fondo en la ventana de iconos se seleccionó el Cubo de pintura del submenú de la herramienta Degradado. Haciendo clic entre la selección y los bordes de la imagen se creó una sutil viñeta. Pueden surgir muchas opciones creativas variando el tamaño y el color de la viñeta.**

8 **Estilo de capa**

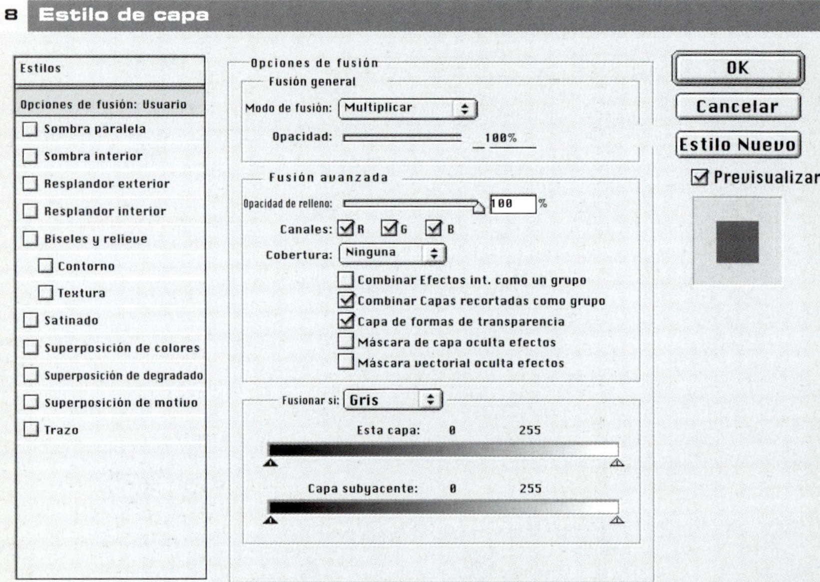

8/ Estilo de capa.

9/ La imagen final.

como modo de fusión (Capa > Estilo de capa > Opciones de fusión > Luz suave) [8]. Casi al final de la sesión se eligió Filtro > Textura > Texturizar. Hay muchos efectos que pueden añadirse. Los toques finales se lograron con un ajuste de capa para hacer pequeños cambios de tono y saturación. Por último, se creó una viñeta desde una nueva capa vacía.

Disfrutar

Esta imagen aparece en el sitio web del fotógrafo.

9

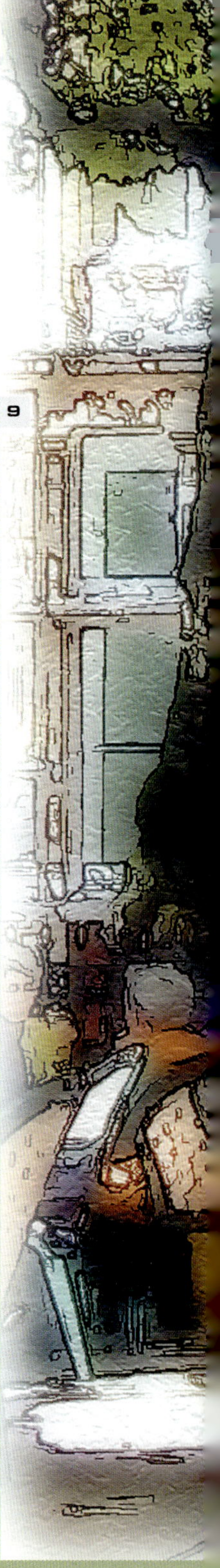

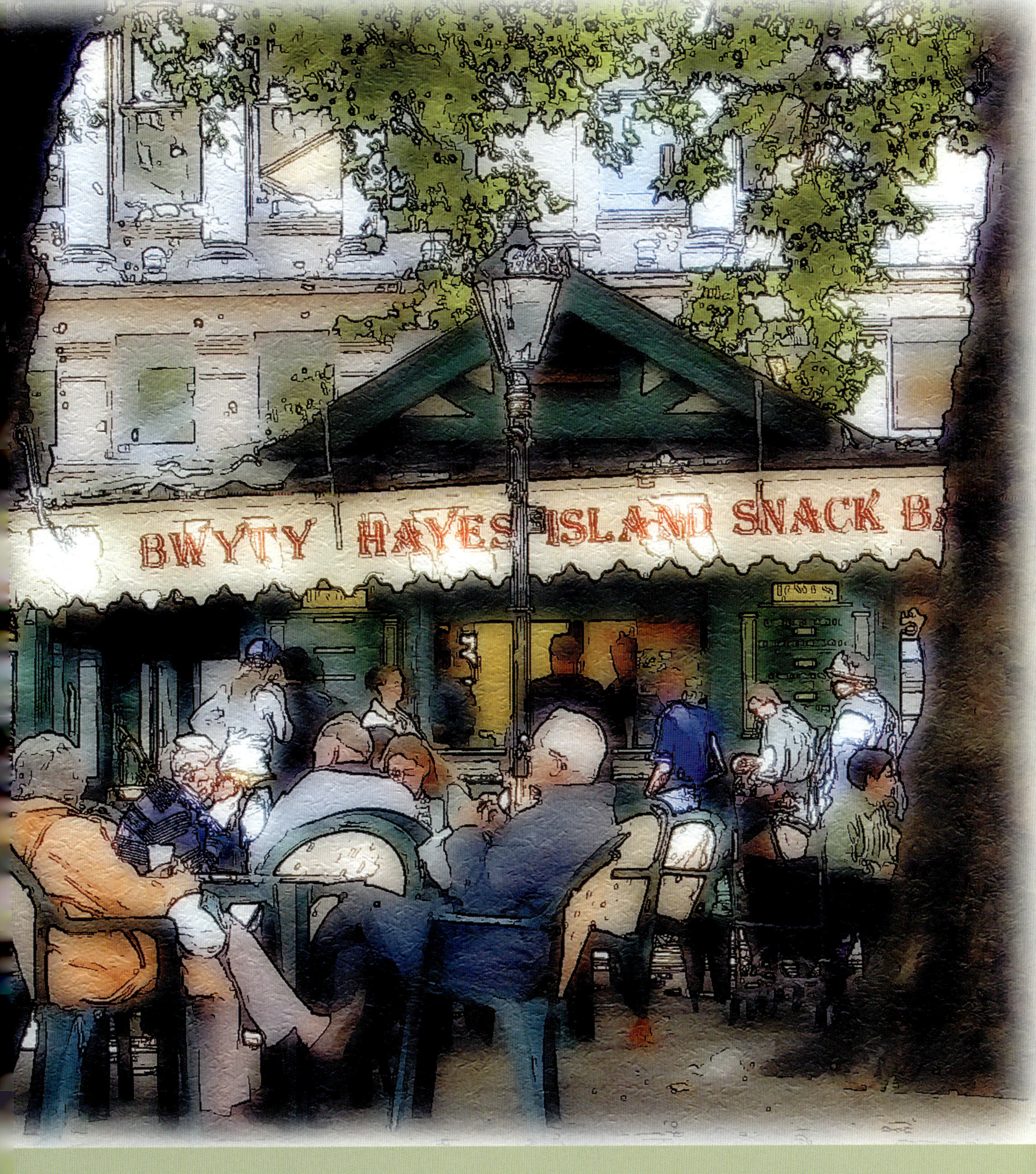
BWYTY HAYES ISLAND SNACK B

Apéndice

Último paseo, de Hans Claesson

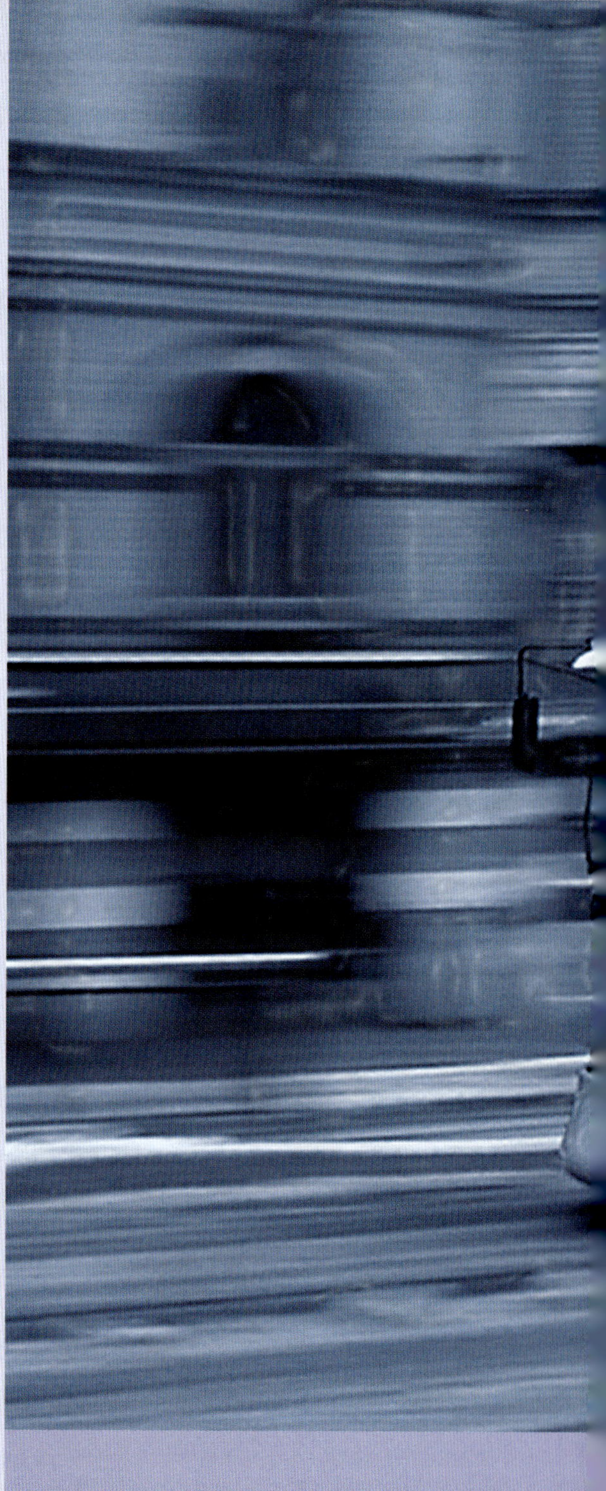

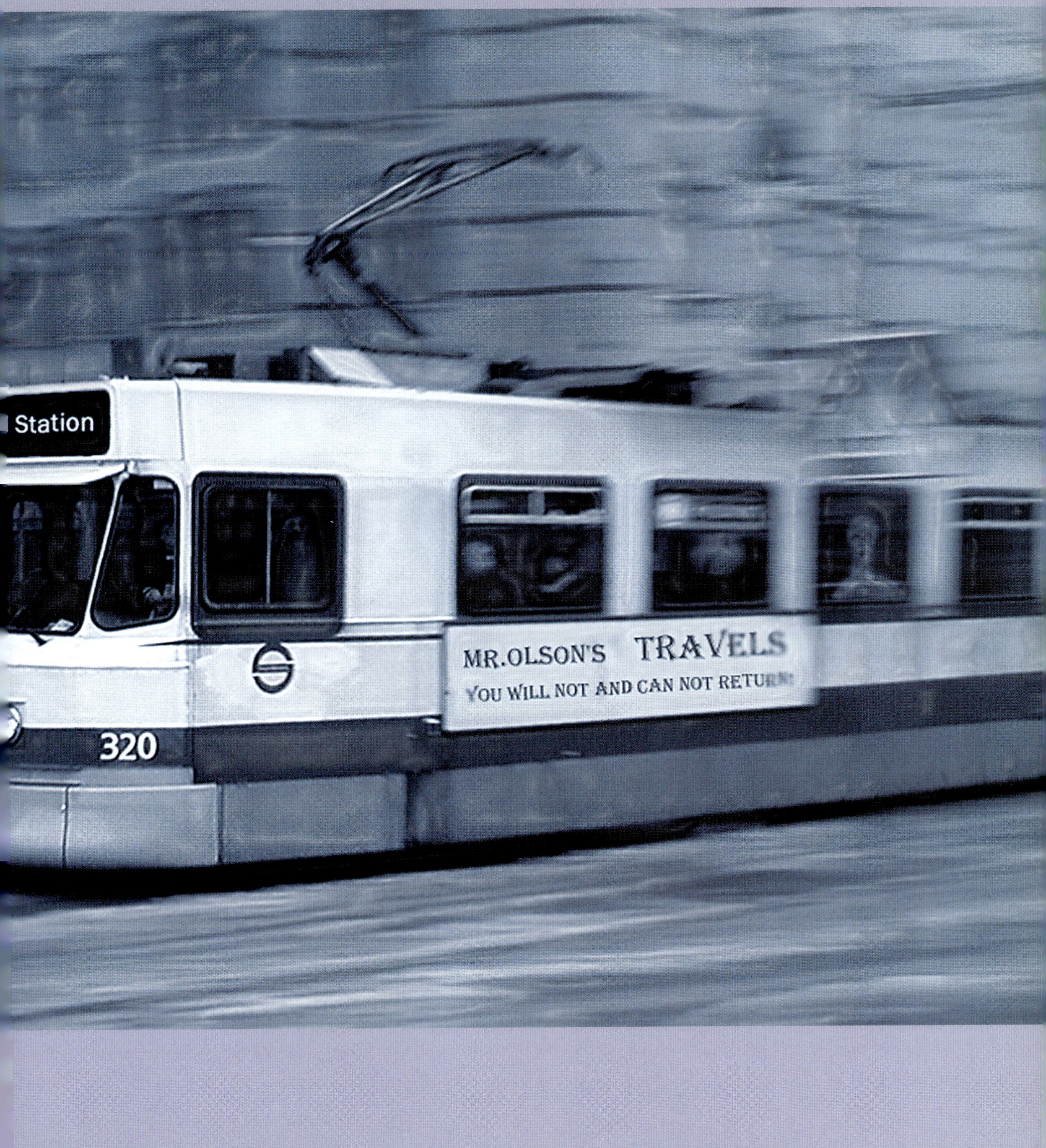
Station
MR.OLSON'S TRAVELS
YOU WILL NOT AND CAN NOT RETU
320

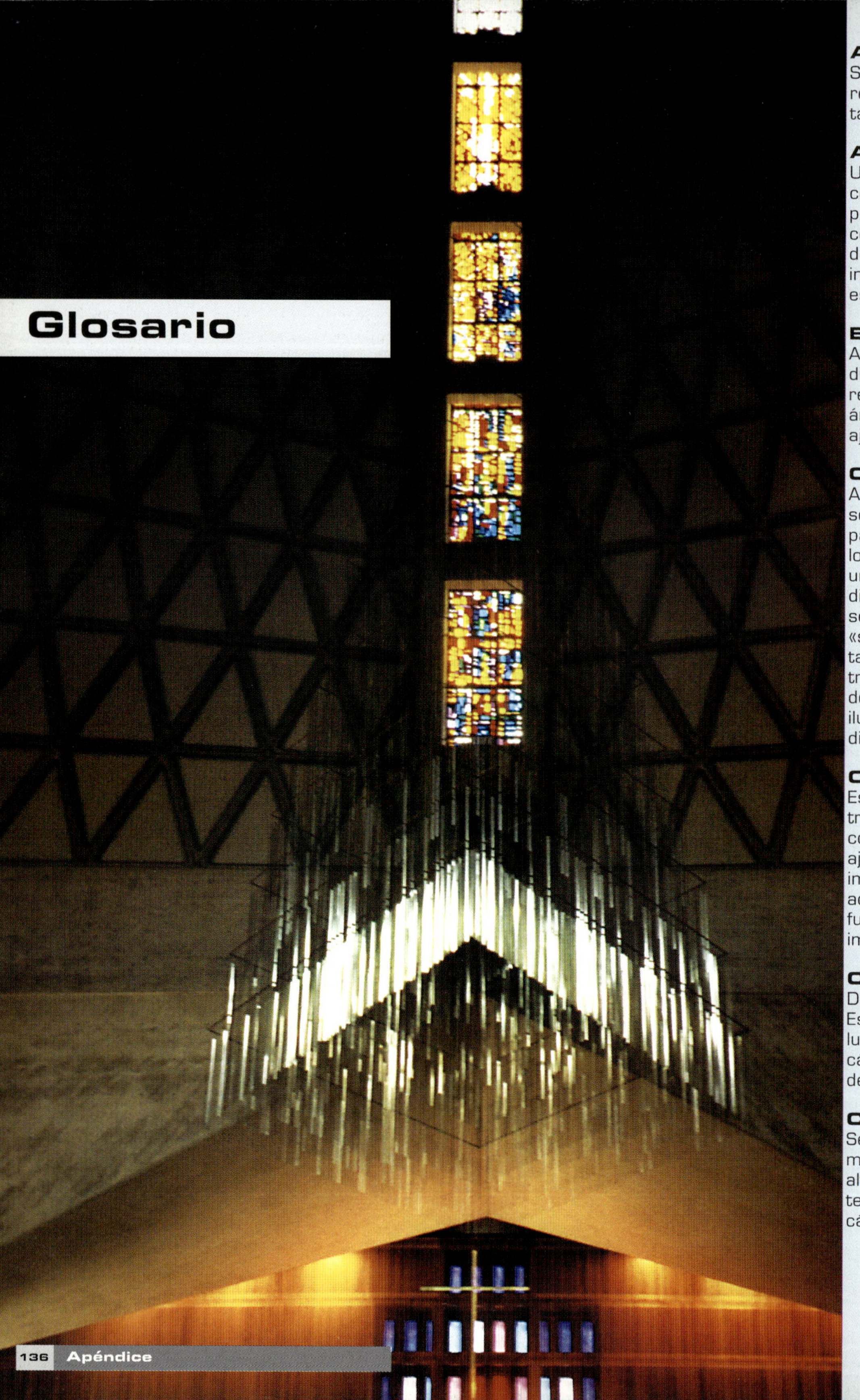

Glosario

Acciones
Secuencia de ajustes y efectos resultantes. Ahorra tiempo con tareas repetitivas.

Analógica
Una señal de información continua. En el caso de la película aporta un tono continuo. Las imágenes digitalizadas producen series de información no lineal o escalonada.

Brillo/Contraste
Ajuste básico en las imágenes digitales. Se obtienen mejores resultados trabajando en un área concreta usando Capas de ajuste o una función similar.

Calado
Algunas herramientas de selección permiten establecer parámetros para desenfocar los píxeles de los márgenes de una imagen y suavizar las diferencias entre éstos, lo que se conoce también como «suavizar». Este término también se emplea en el trabajo de estudio para describir el efecto de iluminación de bordes de un difusor colocado sobre un flash.

Capas
Esta función es primordial para trabajar con imágenes complejas. Cada capa permite ajustar áreas concretas de la imagen de forma aislada. Al acoplar las capas al final se fusionan para dar lugar a la imagen final.

CCD
Dispositivo de carga acoplada. Es el componente sensible a la luz en la mayoría de las cámaras y escáneres digitales de calidad alta.

CMOS
Semiconductor de óxido metálico complementario. La alternativa más frecuente a la tecnología de los CCD en las cámaras digitales.

CMYK
Abreviatura en inglés de Cian, Magenta, Amarillo y Negro. Son los colores básicos, que se usan en copias en papel de color, incluido el papel con haluros de plata, para impresora de tinta o reproducciones en revistas.

Color LAB
Una fórmula flexible de trabajar con el color y la luminancia. La última aparece separada en su propio canal con los colores situados en otros dos canales. Cada canal puede ajustarse independientemente.

Escala de grises
El término que se suele usar para las imágenes con tonos blancos, grises y negros.

Espacio de color
Nombre que se da a la gama de colores que puede reproducirse por un dispositivo. Ninguno de ellos puede igualar la amplitud y sutileza de la visión humana, pero algunos son más capaces que otros.

Filtro
Un complemento de la cámara o del programa de procesado para modificar o mejorar la imagen.

Formato de archivo
Los datos producidos por una imagen pueden crearse de distintas formas. Cada una de ellas alude a un formato de archivo. Los más usuales son JPEG, TIFF y PSD.

Formato RAW
Información básica captada por un sensor digital y procesada por el programa. Puede ajustarse después de la toma. No tiene pérdidas, pero los archivos RAW (en bruto) son mucho más pequeños que los archivos TIFF.

Gamma
La gama de colores que puede mostrarse o imprimirse.

Herramienta Clonar
Una popular herramienta también llamada Tampón. Se usa para copiar un área de una imagen encima de otra.

Interpolación
Término usado para describir la adición de píxeles a una imagen, creada por remuestreo de información de los píxeles cercanos. También se conoce como remuestrear.

JPEG
Un popular formato de archivo que usa la compresión para desechar datos y mantener el tamaño de archivo bajo y la velocidad de escritura alta. JPEG es el acrónimo de Joint Photographic Experts Group, la suma de empresas que dieron origen a la idea.

Lienzo
Área de la imagen sobre la que se puede trabajar. Se puede ampliar o reducir la forma de una imagen. Útil para imágenes compuestas.

Niveles
Una forma sencilla de corregir el contraste de la imagen y la gama tonal.

Pincel corrector
Una variante de la Herramienta Clonar que ayuda a que el tono y la textura parezcan naturales.

Profundidad de bit
La profundidad de bit indica el número de gradaciones cromáticas de una imagen. Cuanto mayor sea su número, mayor será ésta.

Punto blanco
La herramienta Cuentagotas se usa para seleccionar píxeles con el valor de brillo deseado y cambiarlos a uno de 255 (blanco). Ayuda a eliminar las dominantes de color además de dar más luminosidad a la imagen.

Punto negro
La herramienta Cuentagotas selecciona un nivel de brillo de píxel y lo lleva al nivel cero (negro).

Remuestrear
Véase interpolación.

RGB
Los colores rojo, verde y azul se usan para crear imágenes en la cámara y en el monitor.

Selector de color
Un medio de seleccionar el color deseado.

Suavizado
Efecto mostrado por los márgenes mellados entre píxeles cuando deberían verse rectos o curvados. Un filtro antisuavizado reduce el efecto, pero también hay programas que cumplen esta función.

Temperatura de color
Se mide en grados Kelvin (K). Los sensores de la cámara y las películas registran los colores de forma distinta a nuestros ojos y cerebro, lo que puede producir un color con aspecto poco natural y algunas dominantes de color. Una medición manual o automática del equilibrio del blanco antes de la toma es lo mejor para corregirlo. En muchos casos pueden hacerse ajustes después.

TIFF
Tagged Image File Format. Esta opción sin pérdidas ofrece un archivo de imagen estable que puede abrirse con numerosas aplicaciones. Crear archivos TIFF en la cámara lleva más tiempo y ocupa mucha memoria. Pero es el formato de archivo externo con mayor calidad y el preferido para reproducciones en libros o revistas.

Tono/Saturación
Una forma habitual de ajustar los colores y su intensidad.

USM
La Máscara de enfoque es un medio de aumentar la nitidez ajustando el contraste entre píxeles.

Perfil de iglesia, de Vikas Shah

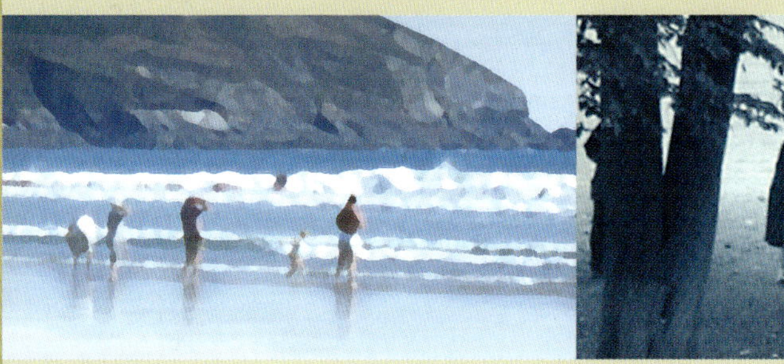

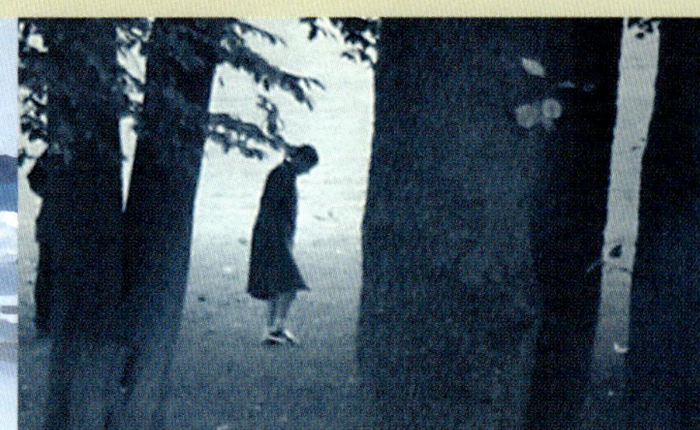

Contactos

Bruce Aiken

En los años sesenta, las escuelas de arte animaban a los estudiantes de diseño gráfico a experimentar. Esto insufló en Bruce el deseo y la libertad de experimentar en los diferentes ámbitos del diseño, realizando encargos de fotografía, pintura, animación y demás. La fotografía y el retoque digital de imágenes se han convertido en un apreciado campo de experimentación.

Algunas de las obras de Bruce pueden verse en postales y tarjetas de felicitación.

Página 86

www.aikengraphics.co.uk

René Asmussen

La carrera profesional de René empezó hacia 1998. Le fascinaba la idea de tener una imagen en la cabeza y trasladarla a un papel. René comenzó haciendo fotografías allá adonde iba. Pronto empezó a desmontar los elementos de cada foto. En opinión de René, la fotografía consiste en destacar sus componentes, estableciendo un contraste entre color y contenido.

René ha ganado varias medallas en el Campeonato de Fotografía para Aficionados de Dinamarca y en el Golden, que es el segundo mayor concurso de fotografía para aficionados.

Página 82

www.asmussenfoto.dk

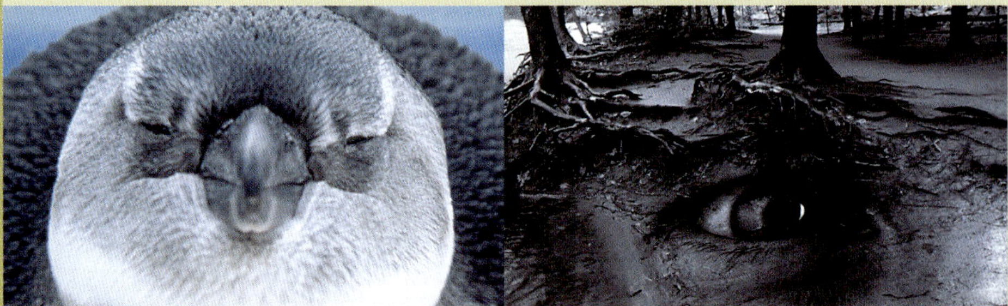

Jon Bower

Como científico en el Reino Unido, Jon Bower ha tenido la suerte de visitar muchos lugares del planeta y crear un amplio repertorio de fotografías de paisajes y naturaleza. Trabaja con película y luego usa muchas técnicas digitales para elaborar sus imágenes.

Página 50

www.apexphotos.com

Peter Casolino

Peter estudió pintura y fotografía en la Universidad del estado de Connecticut del Sur y fue reportero del *New Haven Register* desde 1991. Ha ganado muchos premios, como el National Press Photographer, el de Fotógrafo del Año de Nueva Inglaterra (1994) y la Foto del Año 2001 de Editores y Redactores. Ha realizado varias exposiciones individuales e ilustrado 14 libros para niños editados por Blackbirch Press. Entre sus clientes están *Life*, *Time*, *The New York Times* y *The Washington Post*. The Image Bank y Corbis son dos de las agencias que representan su obra.

Página 110

www.casolino.com

petercasolino@mac.com

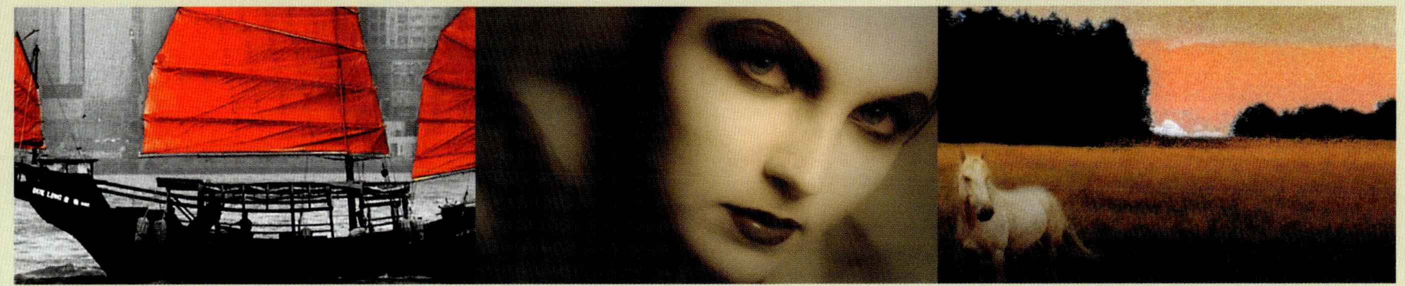

Paul Aylott

Paul Aylett vive en Hong Kong desde 1995. A los nueve años le picó el gusanillo de la fotografía, cuando su padre, también aficionado, le regaló una cámara alemana de 35 mm. Al final de su adolescencia, armado con una Konica SLR FT-1 y un par de objetivos zoom, Paul empezó a tomarse su pasatiempo más en serio. El cambio al soporte digital hace dos años fue un paso de gigante para él: «Es genial tener un control completo sobre todo el proceso, desde la toma de la imagen hasta la edición e impresión, algo que no ocurría con la película.» Paul, ahora, dispara con una Olympus E-10 y edita sus imágenes con Photoshop 7 en un iMac. Su mayor ambición es convertirse en fotógrafo profesional.

Página 58

PJAylett@netvigator.com

Theo Berends

Theo Berends describe su trabajo con sus propias palabras: «Fotografío a partir de la emoción. Las ideas me llegan sobre la marcha o durante una sesión. Muy a menudo, un disparo sólo es el principio del proceso. Me entretengo en lo que sentí durante la toma, en el porqué y la historia del tema. La nueva información o los nuevos sentimientos ligados a ello se añaden a la fotografía en el último momento. Uso las modernas técnicas digitales, pero también busco entre los negativos, los acumulo o los corto para crear nuevos elementos. Suelo trabajar en una fotografía hasta que siento que ya es perfecta.»

Página 22

www.theo-berends-fotografie.nl

Tom Bjornland

Tom Bjornland (nacido en 1962) fue un fotógrafo de éxito en su juventud, y ganó el Campeonato de Fotografía en Color de Noruega a los 19 años. Al cabo de 20 años como hombre de negocios sintió que necesitaba hacer algo creativo de nuevo. Estudió el programa Picture Publisher y le prestaron una de las primeras cámaras digitales. Esta mezcla de nuevas tecnologías y libertad de expresión hizo que la fotografía digital y la posproducción se convirtieran en sus herramientas creativas. Tom hizo su primera exposición en 1997 y fue uno de los primeros en usar la tecnología como arte en Noruega.

Página 98

www.bjornland.com

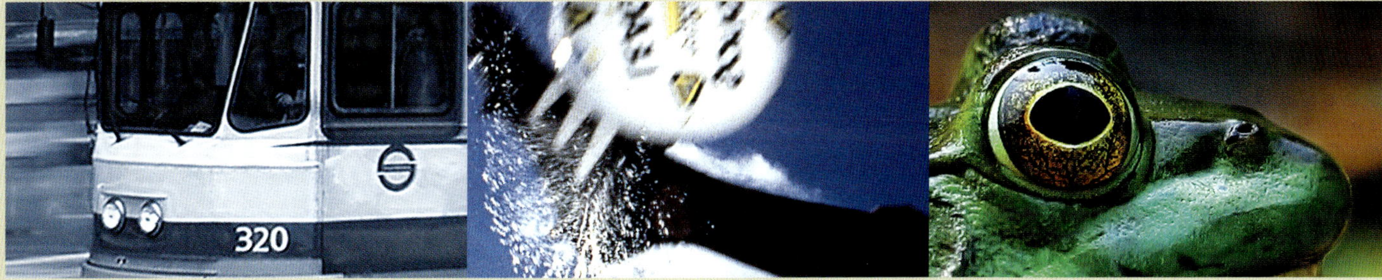

Hans Claesson

Hans Claesson nació en 1966 en una pequeña isla del mar del Norte, al oeste de la costa de Suecia. Ve la fotografía como un medio para hacer sentir y pensar, un reto para el artista y su público. Suele inspirarse en la naturaleza, pero trata de explorar la fotografía y la humanidad desde muchas perspectivas. Tiene un enfoque más simbólico que realista sobre cualquier escena o tema.

Página 134

www.go.to/photonart

John Clements

El autor, John Clements, trabaja como fotógrafo profesional y colabora en muchas revistas sobre imagen digital, como *The British Journal of Photography*, *PC Pro* y *Mac User*. Ha trabajado como asesor para muchas empresas fotográficas, incluidas Nikon UK, de la que fue asesor de fotografía, y Olympus Optical UK. John es el autor o coautor de 11 libros de fotografía, entre ellos, *A comprehensive Guide to Digital Landscape Photography*, también publicado por AVA.

Páginas 34-36, 38, 68

George Dangerfield

Pueden verse ejemplos de la obra de George en la sección de archivo del sitio web citado a continuación.

Página 24

www.digitalphotocontest.com

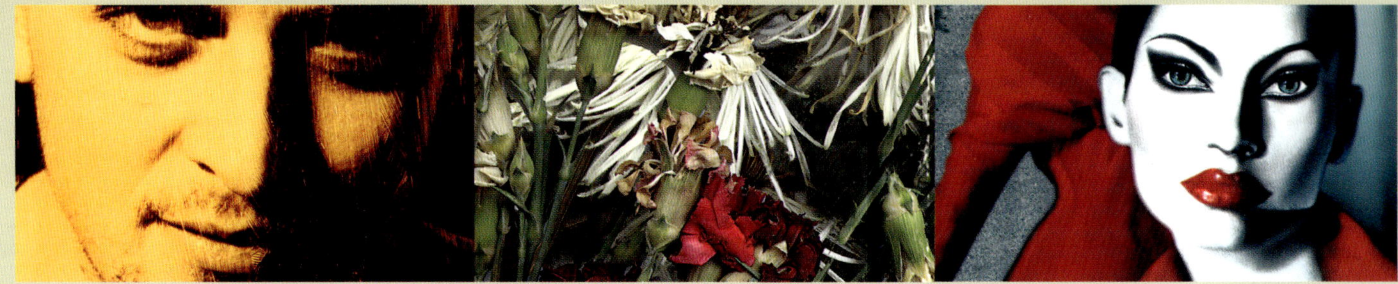

John Deaville

Pueden verse ejemplos de la obra de John en la sección de portfolio del sitio web citado a continuación.

Página 20

www.nxmd.co.uk

Georgia Denby

Georgia siente pasión por el dibujo y la pintura, y también disfruta tomando fotografías, así que, cuando apareció la fotografía digital, sintió que era la respuesta a sus deseos. Podía combinar sus habilidades artísticas con sus intereses fotográficos y por fin pudo crear las imágenes que soñaba. La autora confiesa: «Mis imágenes producen reacciones, y de eso se trata. Sé estimular a la gente, agitar sus emociones. ¡Para bien y para mal! La mayoría de mis imágenes las creo casi inconscientemente. Algunos son garabatos elaborados porque a veces no tengo pensada una idea cuando empiezo a trabajar, pero luego la dejo crecer y desarrollarse hasta el final.»

Página 28

www.georgiadenby.co.uk

Gry Garness

Gry Garness ha trabajado como fotógrafa de moda, de editorial, publicidad y música desde 1996. El año 2000 se especializó en posproducción de imagen digital. Prefiere trabajar con película (por sus cualidades excepcionales), pero el montaje fotodigital le permite crear imágenes que son imposibles de realizar en la toma. Gry posee un título del London College of Printing, pero se considera una autodidacta en los aspectos técnicos de la fotografía. También enseña fotografía y Adobe Photoshop ya que es una experta titulada (ACE) en este programa.

Imagen de portada

www.ggarness.dircon.co.uk

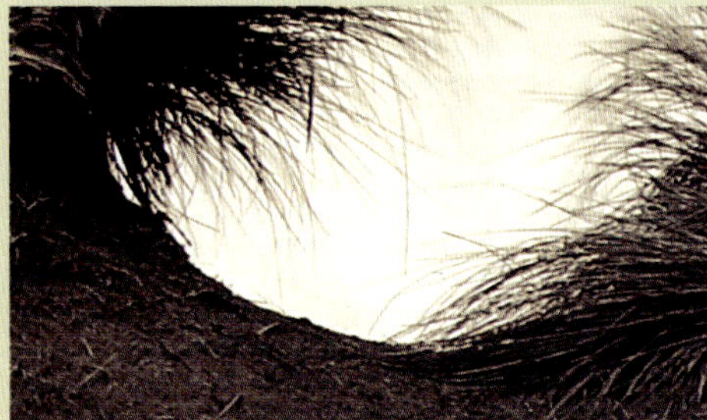

Juergen Kollmorgen

Juergen se pasó a la cámara digital cuando estuvieron disponibles en 1990 y las usó junto con las cámaras analógicas de paso universal. Recientemente ha trabajado con cámaras de medio y gran formato para experimentar con la fotografía panorámica. Aunque ésta obliga a usar película, prefiere el entorno digital al cuarto oscuro. Una vez escaneado el material, procesa esas fotografías igual que las captadas digitalmente. Aprecia los grandes archivos que puede obtener a partir de placas de 10 x 12 cm y 13 x 18 cm.

Páginas 104-106

www.lightandpaint.com

juergen@lightandpaint.com

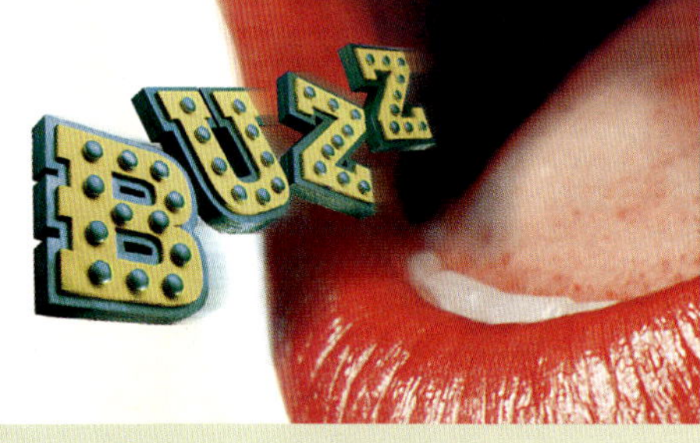

César Lima

César Lima es especialista en moda, belleza y catálogo. La fusión de fotografía y ordenadores es lo que hace despuntar su trabajo. César siempre está buscando novedades o innovaciones como luces robot controladas por ordenador. «Tengo la mente abierta a nuevas ideas, abierta las 24 horas del día», dice. Cuando piensa en el futuro, César imagina los avances tecnológicos que permitirán la superación de los límites actuales y el aumento de la creatividad artística.

Páginas 30-33

www.caesarphoto.com

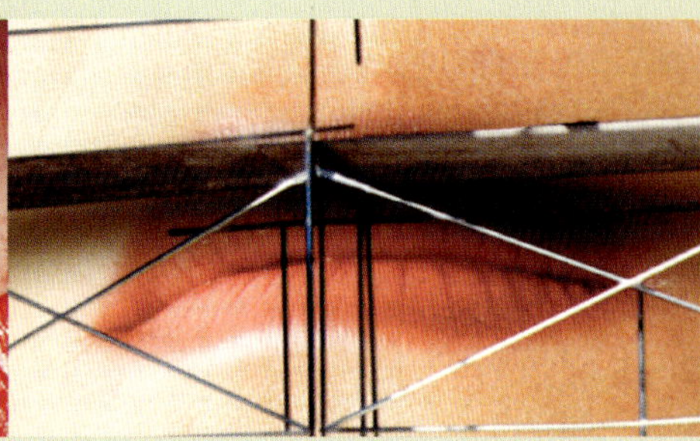

John Lund

John Lund ha sido profesional desde 1976. En 1990 empezó a usar Photoshop para retocar imágenes en el ordenador. La obra de John ha ganado muchos premios y ha aparecido en *Professional Photographer*, *Macworld*, *PDN*, *Mac Art & Design*, *Design Graphics*, *Photo Metro*, *Computer Artist*, *Shutterbug*, *Commercial Image*, *Photo Electronic Imaging*, *Commercial Printer*, *Digital Imaging* y otras. El archivo conceptual de John se comercializa a través de Stone, The Stock Market, Workbook Stock y The Stock Connection, y de su estudio.

Páginas 6, 76

www.johnlund.com

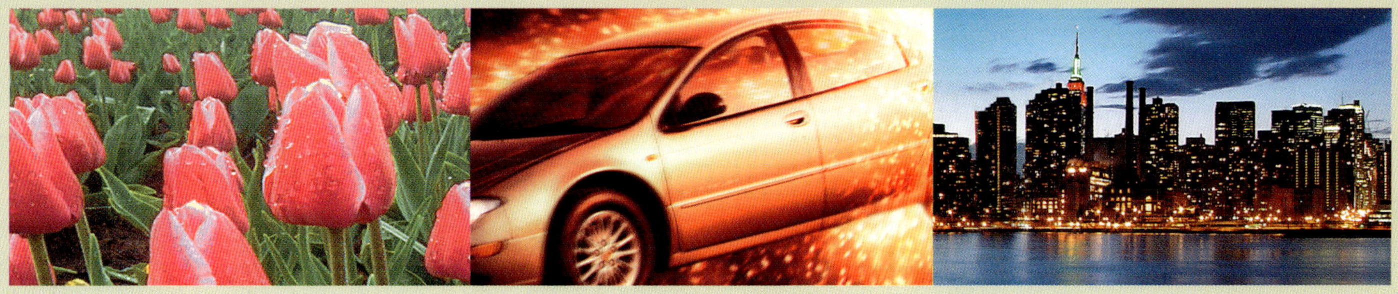

Jaap Hart

Jaap Hart se considera un aficionado entregado. Sus géneros favoritos son los paisajes y las vistas urbanas, pero en general intenta plasmar imágenes sorprendentes. Su lugar de residencia, Alkmaar y sus alrededores, al noroeste de Holanda, le proporcionan muchas oportunidades, como el mercado del queso, los bosques, las dunas, playas y tierras bajas del siglo XVII con sus campos de flores, molinos y otros típicos elementos.

Páginas 10, 52, 114

www.photo.net/photodb/folder?folder_id=254108

Thomas Herbrich

Thomas Herbrich reúne todas las cualidades de un fotógrafo profesional y comercial. El retoque digital le permite crear resultados visualmente impactantes, que a menudo combinan elementos inesperados.

Páginas 118-121

www.herbrich.com

Yann Keesing

El interés de Yann por la fotografía empezó en 1993, con una vieja cámara Asahi Pentax Spotmatic. La abandonó al cabo de un año, frustrado por la falta de control en la fase de posproducción. Pocos años después, mientras estudiaba diseño gráfico en la Parson's School de Nueva York, se inició en Photoshop y quedó fascinado. Empezó a trabajar como director de arte para una editorial y compró su primera cámara digital. Le pareció que era todo lo que necesitaba: control total sobre las imágenes. Desde entonces nunca ha vuelto la vista atrás.

Páginas 88-93

ykeesing@wanadoo.fr

www.pbase.com/ykeesing

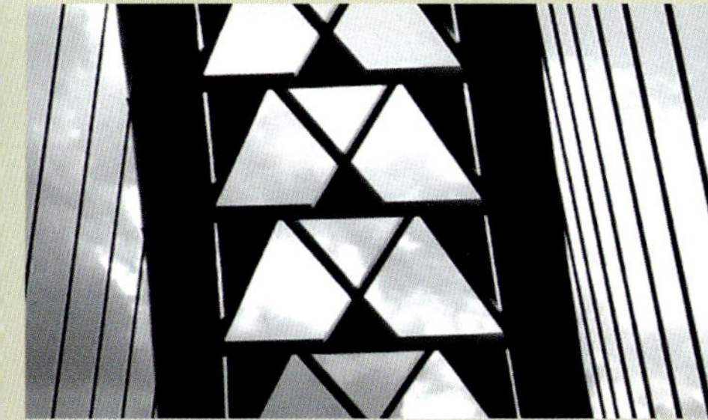

Andrew Maidanik

Andrew Maidanik nació en Odessa en 1975. Quedó fascinado por la fotografía a los ocho años cuando su abuelo le regaló una cámara Zeiss 6 x 9 de 1945. Hacer retratos, paisajes y pasar largas horas en el laboratorio revelando negativos y haciendo ampliaciones se ha convertido en su pasión, que transformó en su carrera profesional tras emigrar a Canadá. Desde entonces, Andrew ha experimentado con varias cámaras y técnicas. En los últimos años ha desarrollado una extensa experiencia en fotografía digital, la nueva frontera que le cautiva.

Página 112

www.andrewmaidanik.com

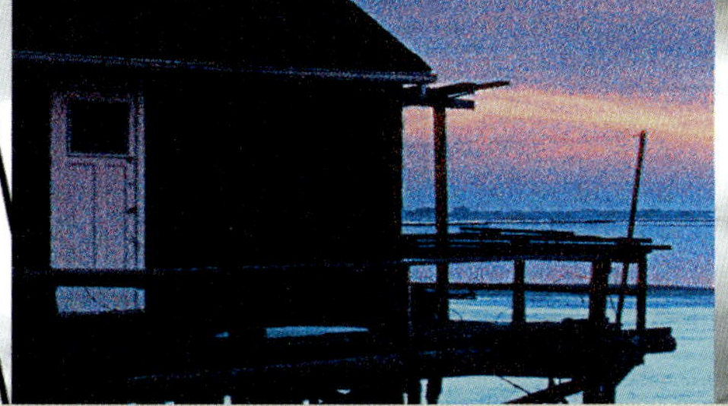

George Mallis

Residente en Long Island, George Mallis se inspira en la belleza de la costa y los paisajes de esa zona. George es un fotógrafo autodidacta y la llegada de la fotografía digital en 1990 le abrió un mundo de posibilidades. George ha ganado numerosos premios por su obra y ha expuesto en colectivas e individuales. Actualmente es el fotógrafo oficial del Walt Whitman Birthplace Museum de Huntington en Long Island y ha publicado en revistas especializadas y en la *New York State Preservationist Magazine*.

Página 14

www.georgemallis.com

gmallis@optonline.net

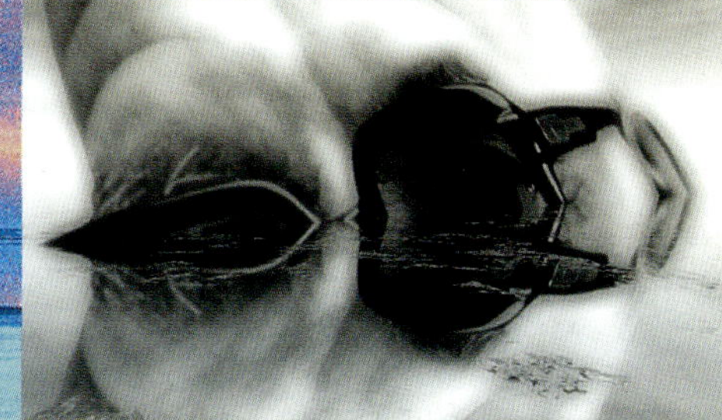

Royston Matthews

Royston inició su carrera profesional en 1985 como ayudante de fotógrafo en el estudio de una gran editorial del Reino Unido. En 1991 empezó como *free-lance* realizando fotos de viaje para bancos de imágenes y proyectos de encargo. Adoptó Photoshop para la posproducción y suele estar inmerso en la creación de originales digitales para diversos usos, así como en fotografía comercial de arquitectura de interior y exterior en empresas del centro de Londres.

Página 100

www.rjmphotography.com

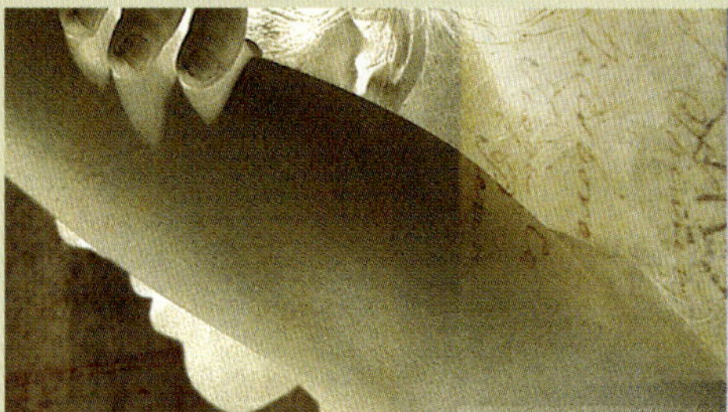

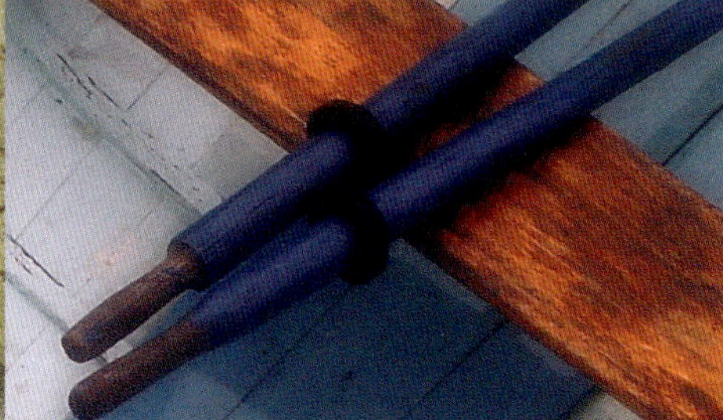

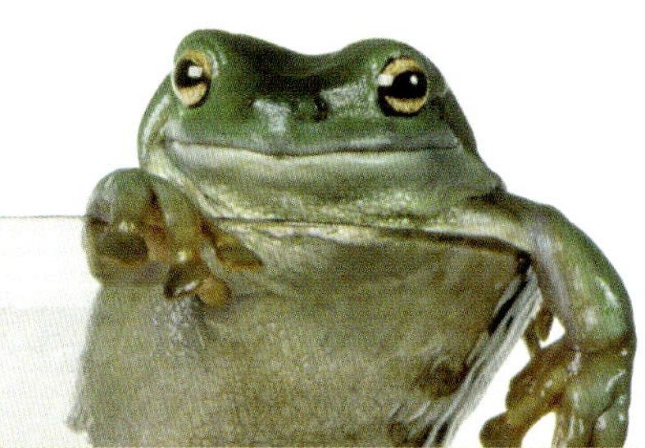

Catherine McIntyre

Catherine es una artista e ilustradora por ordenador residente en una zona rural de Escocia. Su afición al *collage* hizo de Photoshop un regalo del cielo. Catherine, ahora, trabaja para revistas, ilustra libros y carátulas de CD, así como tarjetas de felicitación, además de escribir manuales de Photoshop.

Páginas 78-80

http://members.madasafish.com/~cmci/

http://mcintyre.dkx.ru

http://www.intangible.org/Features/mcintyre/mcihome.html

cmci@madasafish.com

Charlie Morey

Cuatro décadas de experiencia, rica en fotografía tradicional, fotoperiodismo, periodismo, escritura creativa, diseño gráfico y gráficos para ordenador, han preparado al artista digital autodidacta Charlie Morey para su último reto: producir copias Giclée a partir de fotografías digitales retocadas por ordenador. Durante años, las imágenes de Morey han ganado concursos internacionales, aparecido en portadas y páginas interiores de revistas y se han expuesto en galerías estadounidenses. Su cámara habitual es una Nikon D100.

Páginas 4, 122

www.digitalphotography.tv.

Natural Moments Photography

Natural Moments Photography es un equipo formado por el matrimonio Anita Dammer y Darwin Wiggett. Anita tiene 17 años de experiencia como fotógrafa de plantilla en el Glenbow Museum de Calgary y suele hacer fotografía de archivo como *free-lance*. Darwin ha trabajado para bancos de imágenes desde 1990 y ha publicado dos libros con Whitecap, de Vancouver: *Darwin Wiggett Photographs Canada* y *Seasons in the Rockies*. Actualmente, Anita y Darwin son editores en jefe de la revista *Canadiense Photo Life*. Además de sus tareas editoriales, están especializados en fotografía de paisaje, naturaleza, animales y humor.

Páginas 62-65, 72-75

www.portfolios.com/NaturalMomentsPhotography

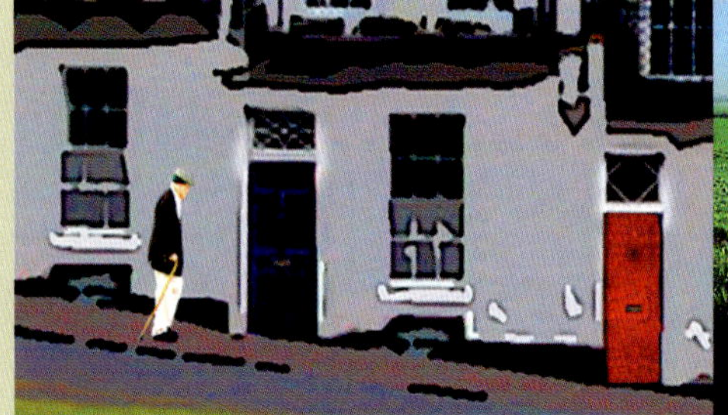

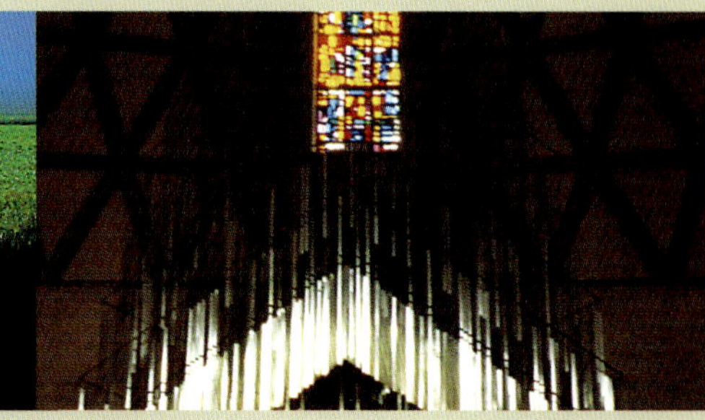

David Rowley

David empezó a tomarse en serio la fotografía en 1995 y luego se especializó en blanco y negro. En 1997, un amigo le inició en Photoshop y David quedó subyugado. Tras una larga etapa de aprendizaje empezó a producir imágenes y en 2001 fue invitado a unirse al IDIG (Internet Digital Imaging Group), lo que supuso un gran estímulo. Ahora sólo se dedica a la fotografía digital, escribe manuales y artículos para revistas de fotografía y da charlas sobre un tema que nunca deja de sorprenderlo.

Páginas 40, 130-133

www.davrodigital.co.uk

Allan Schaap

Allan es un fotógrafo semiprofesional residente en Holanda. Aunque ha recibido formación técnica, se considera un artista fotográfico. Pueden verse algunos ejemplos de la obra de Allan en el sitio web citado a continuación.

Páginas 18, 44

www.photosig.com

Vikas Shah

Vikas Shah es el fundador y director de arte de Ultima Group, una multipremiada agencia de diseño con clientes en todo el mundo. Vikas tiene más de ocho años de experiencia y ha trabajado en proyectos de fotografía de viaje, editorial, moda/retrato y catálogo. Vikas escribe habitualmente en varias revistas y expone su obra en lugares selectos, que compran coleccionistas privados e instituciones.

Página 136

www.ultimagroup.com

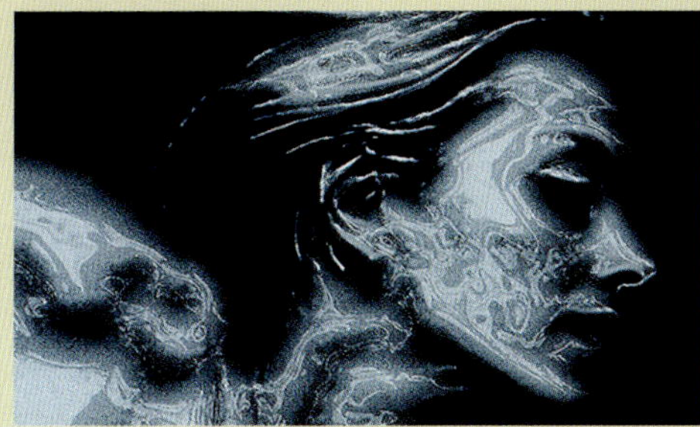

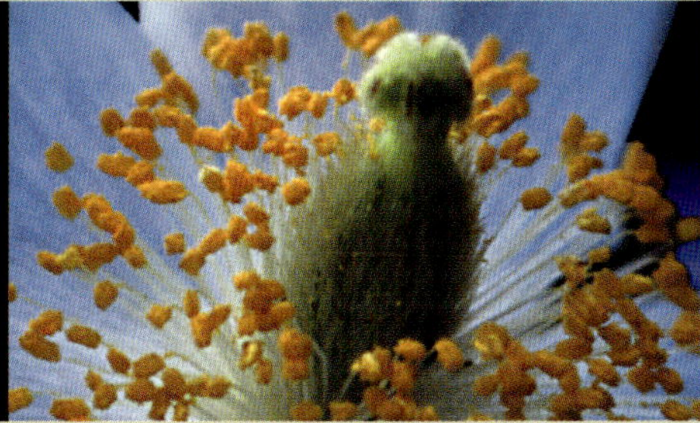

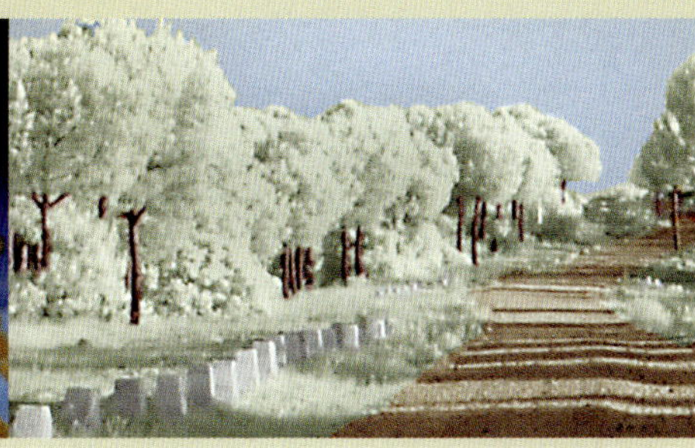

John Peristiany

John empezó con la fotografía a temprana edad, una pasión que pronto se convirtió en obsesión. Cuando descubrió la manipulación digital, la convirtió en un compulsivo pasatiempo. John afirma: «La fotografía es un medio de personalizar el mundo en el que vivimos y de dar un punto de vista con el que podemos identificarnos. Lo mismo vale para la gente que fotografío. La habilidad técnica del fotógrafo y cómo se comunica con sus modelos son importantes, pero el resultado dependerá de la reacción, lo que explica que dos retratos o estudios de figura no sean nunca iguales cuando los efectúan dos personas distintas.»

Páginas 16, 96

peristiany@hotmail.com

Phil Preston

Phil Preston vive en Buckinghamshire (Reino Unido) y es aficionado a la fotografía desde hace 30 años. Sus temas preferidos son los paisajes, la naturaleza y la arquitectura. Phil se interesó por la fotografía digital en 1999 después de ver el potencial de los programas de edición de imágenes. Tras adquirir una réflex digital, ahora sólo trabaja con este formato. Sus fotografías se han publicado en varias revistas del Reino Unido, y tiene un sitio web donde pueden verse más obras.

Páginas 54-57, 128

www.digital-fotofusion.co.uk

phil@digital-fotofusion.co.uk

Felipe Rodríguez

Felipe siempre ha amado la fotografía, sobre todo la obra de Robert Capa y Henri Cartier-Bresson. Compró su cámara digital en el año 2000. Nunca ha entrado en un cuarto oscuro y piensa que nunca lo hará porque se define ante todo como fotógrafo digital, y uno de los más obsesivos. Ahora tiene una réflex digital y detesta los momentos que no puede dedicar a tomar o manipular imágenes.

Páginas 46-49, 108

www.beatusille.net

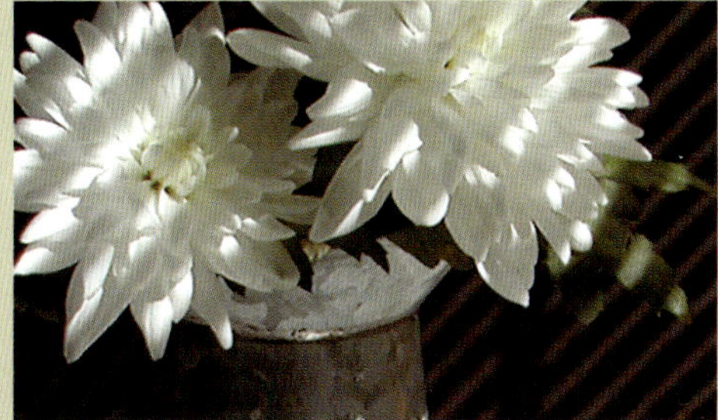

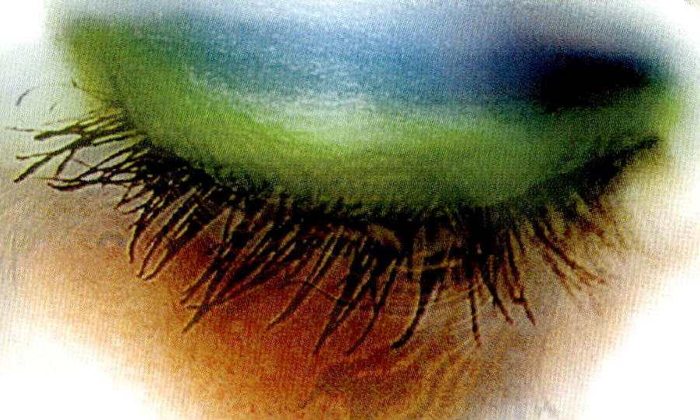

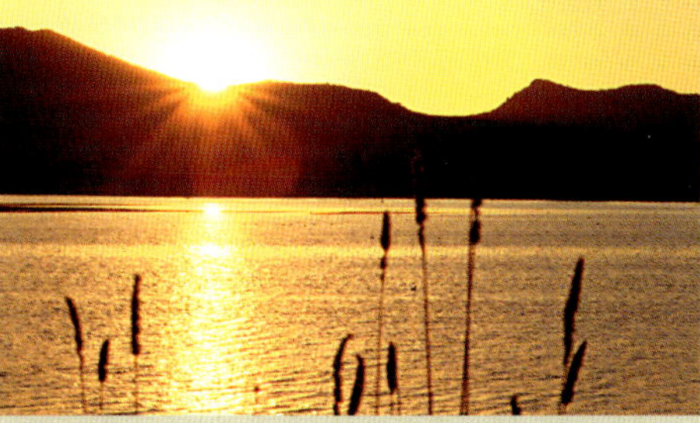

Sharon Smith

A Sharon siempre le ha gustado la fotografía pero no se obsesionó con ella hasta el año 2000, cuando compró su primera cámara digital. Inmediatamente se enamoró de su laboratorio digital. El control total sobre el resultado final era lo que echaba de menos en sus fotografías. Ya va por su cuarta cámara y se dedica a las naturalezas muertas. Aunque la fotografía es por ahora sólo un pasatiempo para Sharon, ha colaborado en varios sitios de fotografía *on-line* y ha empezado a vender su trabajo.

Página 70

www.digitalphotocontest.com/archivedisplay.asp

Walter Spaeth

Los ordenadores hicieron su aparición a mediados de los años noventa, permitiendo el retoque de fotografías, a lo que Walter se sumó con gran entusiasmo y éxito. Entre 1990 y 2000, Walter ganó más de 30 premios por sus imágenes, y desde 1990 ha participado en varias exposiciones individuales y colectivas.

Páginas 66, 124-127

www.photopage.de

www.artside.de

Wayne Suffield

Wayne trabaja como profesor de inglés e informática en Ararat (Australia). Empezó con la fotografía en 1999 para ayudarse en las clases de informática. Su primera cámara fue una Pentax MZ-5n. Internet le enseñó cómo componer las panorámicas y después de este éxito ya quedó atrapado. Usa el programa Panavue Image Assembler para juntar fotografías y Photopaint para la posproducción. Vende las panorámicas localmente y a los turistas. Sus imágenes se encuentran en paredes (o en techos) de diez países. Trabaja codo con codo con su esposa, Francesca, bajo la marca Suffield Panoramas. Su actual cámara es una Minolta 7 Hi.

Página 94

panos@swiftdsl.com.au

Agradecimientos

Cualquier libro es el resultado de un esfuerzo de equipo, y nosotros tuvimos uno muy bueno trabajando en este título. Doy mis más sinceras gracias a las siguientes personas.

En primer lugar a Brian Morris, por llegar hasta mí con la idea, por respaldarme después mientras progresaba –no en las mejores circunstancias– junto con sus sinceros y profundos comentarios sobre la elección de imágenes.

He contraído una gran deuda de gratitud con Nicola Hodgson, el más profesional y relajado de los editores, que fue muy valioso y muy paciente. El diseño de Bruce Aikren y su penetrante intuición para la creación de imágenes fueron fundamentales para esta obra y su finalización. Gracias también a Sarah Jameson, quien se mostró infatigable en la localización de imágenes para este exigente autor.

Por último, mi gratitud se dirige a los fotógrafos de todo el mundo que han atendido a nuestros requerimientos, no sólo por sus refinadas imágenes sino también por la información que las acompañaba. Sin vosotros este libro no sería posible.

John Clements